パウロ

伝道のオディッセー

E・ルナン 著
忽那錦吾 訳

人文書院

目次

パウロ——伝道のオディッセー

SAINT PAUL

par Ernest Renan

Histoire des Origines du Christianisme, vol. 3

Edition établie par Laudyce Rétat, Laffont 1995

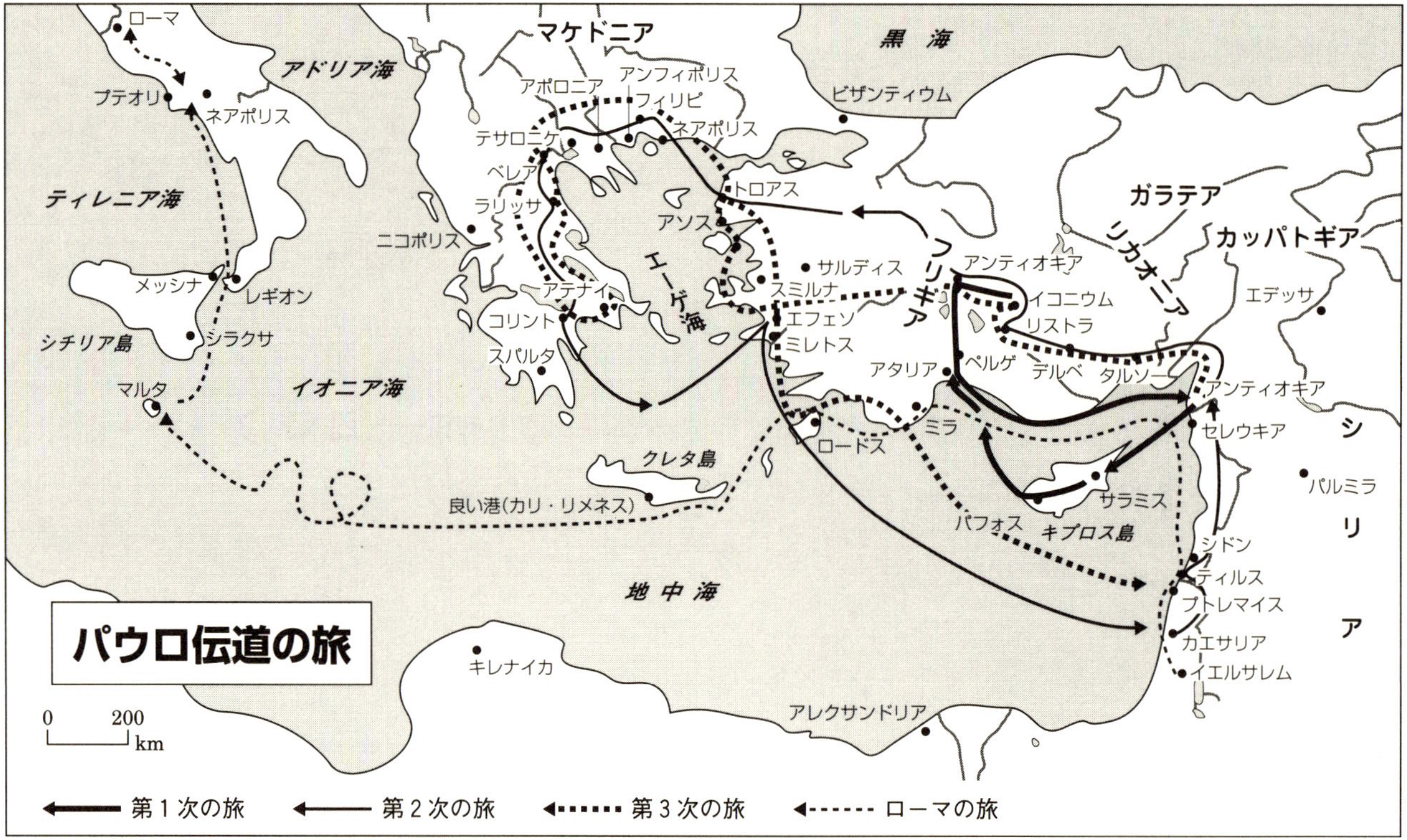
パウロ伝道の旅
ローマ
プテオリ
ネアポリス
アドリア海
ティレニア海
メッシナ
レギオン
シチリア島
シラクサ
マルタ
イオニア海
マケドニア
アポロニア
アンフィポリス
フィリピ
ネアポリス
テサロニケ
ベレア
ラリッサ
ニコポリス
アテナイ
コリント
スパルタ
エーゲ海
アソス
トロアス
ビザンティウム
黒 海
サルディス
スミルナ
エフェソ
ミレトス
フリギア
ガラテア
リカオニア
カッパトキア
アンティオキア
イコニウム
リストラ
デルベ
タルソ
ペルゲ
アタリア
ミラ
ロードス
クレタ島
良い港(カリ・リメネス)
パフォス
キプロス島
サラミス
アンティオキア
セレウキア
エデッサ
パルミラ
シ
リ
ア
シドン
ティルス
プトレマイス
カエサリア
イエルサレム
地 中 海
キレナイカ
アレクサンドリア
0
200
km
第 1 次の旅
第 2 次の旅
第 3 次の旅
ローマの旅

第一章　第一次の旅――キプロス

一大オディッセー始まる

アンティオキアを出立したパウロとバルナバは、ヨハネ・マルコを連れてセレウキアに向かった。アンティオキアからこの町までは歩いて一日である。道はオロント河の左岸をはるかに見て、ピエリ山脈の最後の起伏を越え、そこから流れ出る無数の川の浅瀬を横切ってのびている。どちらを向いてもキンバイカ、アルブートス、月桂樹、ヒイラギガシの雑木林である。左手にオロントの平野のまばゆい耕作地が広がる。ダフネの山々の森林におおわれた稜線が南側の地平線を閉ざしている。ここはもうシリアの国ではない。伝統のある、植林され、肥沃で、開化した土地である。どの地名を見ても、ギリシャ人の強大な植民地を想い起こさせるが、植民地化によってここは歴史上の重要な地となった。時にはセム的精神と激しく対立し、抗争の本拠地となった。

旅立ち——厳かなひととき

セレウキアはアンティオキアの港で、北方シリアの西洋への重要な出口だった。オロントの河口から北に約六キロのところにあった。コリフェ山の麓とオロント川の土砂堆積がつくった三角州が広がり、町の一部は平野部に、また一部は険しい高台に位置している。ここはローマに押し寄せ、悪弊にそまり俗臭にまみれた自堕落な群衆が毎年のように上陸していた。山岳信仰で広く知られたカシウス山は、オロントの川向こうに、さまざまな伝説に彩られた端正な山容と秀麗な頂きを見せている。海岸は素っ気なく、海はよく時化《しけ》る。湾に吹き下ろす風が海上の逆流にぶつかって、沖に大きなうねりができた。船溜まりが人工的につくられ、狭い港門から外海に通じており、時化ると船はここに避難した。巨大な石で造った埠頭の桟橋は今も姿をとどめて、セレウキアの町が往時に戻る日の早からんことを、ふたたび、にぎやかな〝地球の終着駅《ターミナル》〟になる日をつくねんと待っている。黒い砂浜に集まってきた兄弟たちと最後の手を取り合って挨拶するパウロの目前には、オロント河口が美しい半円形を描いている。左の方は、コルフェ山の切り立った斜面、後ろには雲の合間に雪のタウルス山、イスス湾を取り囲むキリキの海岸。厳かなひとときである。キリスト教はもう何年も前から揺籃の地を出て発展していたけれども、まだシリア圏内に留まっていた。当時のユダヤ人はアマヌスまでのシリア全土を聖地の一部と考え、特権、祭礼および義務に与るものとしていた。したがって、この時初めてキリスト教は名実ともに生地を離れ、広大な世界に足を踏み出したのである。

〝寒さに凍え、裸でいたこともあった〟

パウロはすでにイエスの名を広めるため何度も旅に出向いている。キリスト教徒になって七年になるが、信念に燃え一日たりとも気を抜くひまはなかった。それでもやはり、バルナバを伴ってのアンティオキア出立は、パウロの生涯に決定的な変化を画すものである。比類ない活動と、はかり知れない熱意、情熱を傾注した伝道の生涯はここに始まる。当時、海路をとらなければ旅は困難をきわめた。車の通れる道も乗物もまったくない。そのためキリスト教の布教は海岸沿いと大きな河沿いに行なわれている。キリスト教揺籃の地に近接している多くの町がまだイエスの噂を耳にしなかった頃すでに、プッゾーリ（ナポリ近郊の都市）やリヨンにキリスト教徒がいたのはこういうわけである。

パウロはいつも徒歩だったろうし、パン、野菜、牛乳で糊口をしのいでいたにちがいない。この果てしない行脚の道々、なんという不如意と試練を被ったことか！　警吏は投げやりで乱暴だった。七度もパウロは鎖につながれた。彼はでき得るかぎり船旅をとっている。おだやかな日は確かに海はすばらしい。だが気まぐれに豹変して荒れ狂うこともあり、座礁したり、海上に投げ出されれば浮遊物にしがみついているのが関の山だ。破滅はいたるところにあった。この剛の者はわが身を顧みて次のように記している。

苦労したことはずっと多く、投獄されそうになったことはずっと多く、鞭打たれたことは比較できないほど多く、死ぬような目に遭ったことも度々でした。ユダヤ人から四〇に一つ足りない鞭を受けたことが五度、ローマ人に鞭で打たれたことが三度、石を投げつけられたことが一度、難船したことが三度、一昼夜海上に漂ったこともありました。しばしば旅をし、川の難、盗賊の難、同胞からの難、異邦人からの難、町での難、荒れ野での難、海上の難、贋の兄弟たちからの難に遭い、苦労し、骨折って、しばしば眠らずに過ごし、飢え渇き、しばしば食べずにおり、寒さに凍え、裸でいたこともありました。

パウロがこれを記した時、齢《よわい》五十六になっていたが、試練の終わる日はまだ遠い。その死だけがしかるべき栄光の冠を贈ってくれるだろう命を、これから更に苦渋の十年の間、永らえることになる。

テント職を生業《なりわい》にしながら

ほとんどどの旅にも、パウロには道連れがいた。使徒たち、とりわけペテロは大いに慰めてもらった安らぎの人、はっきり言えば、同伴した妻に大きな安堵と助力を求めていたが、パウロはこれを主義として拒否している。彼の結婚忌避はデリケートな理由から込み入っている。彼は二人の糊口の資を教会に求めようとはしない。バルナバもこの方針に従った。パウロは常々教会に負担をかけないという考えを述べている。使徒は共同体によって生きるべきであり、教理問答の教師は教訓を受ける相手とすべてを共にすることが正しいと考えていた。ただもっと恰好がいいのだ。正当であるからといってそれに甘えることは潔しとしなかった。一つ例外があったがこれを除いて、変わらぬ姿勢とは自分の生業によってのみ生活の糧を得るべし、だった。パウロにとって、それはモラルとよき手本に関わっている。「働きたくない者は、食べてはならない」(Ⅱテサロニケ 3 十―十二)といういましめを彼は口にしているからだ。そこには倹約家の素朴な心がけが見られ、また不平の声が起こらないよう警戒し、妻に費用がかかるという非難がでるのを恐れ、細心の注意を払うよう強調もしている。金銭問題を強く意識する人々と共同生活しているため、いきおい皆しまりやとなった。どこへ行ってもしばらく逗留するときパウロは、その地に腰を据えてテント作りの仕事を再開した。彼の生活を外面から見ると、後世の職人がヨーロッパを巡回し、身についた持論の種子を、辺りに播いていったのに似ている。

このような生計様式は、近代社会にあっては職人の場合を除いてできなくなったが、信徒団体や、商業的な特権階級がフリーメーソンのような形態を維持している社会では容易である。たとえばイブン・バトゥータのようなアラブの旅人たちの生活はパウロの生活にきわめて類似している。彼らはイスラム社会を端から端まで巡回する途すがら、大きな町で腰を据え、裁判官や医者の仕事につき、結婚したり、またどこに行っても厚遇を受けて仕事をすることができた。トゥデラのベンヤミン(十二世紀のシナゴーグの祭司)とか中世のユダヤの旅人も似たような流れ暮らしで、ユダヤ人街からユダヤ人街へと移り歩き、宿の主人に親しく迎えられた。こうしたユダヤ人街ははっきり別に区切られた界隈で、しばしば門を閉ざし、区の長老がいて大きな権限をもっていた。中心部に共同の集会所、通常は集会と祈りを行なう場所があった。今日でもユダヤ人どうしの付き合いは同じような形をとっている。ユダヤ人の生活が強固に組織化されているところなら、今でも推薦状を持ってゲットーからゲットーへどこまでも旅が続いていく。この点で現在のトリエステ、コンスタンティノープル、スミルナで見られる風習には、パウロ時代にエフェソ、テサロニケ、ローマで行なわれていたことがそっくり残っている。土曜日にシナゴーグに姿を見せた新参者は注目をあびて皆に取り囲まれ、質問を受ける。どこからきたのか、父親はだれか、どんなニュースを持ってきたかと尋ねられる。ほとんどすべてのアジアとアフリカの一部において、ユダヤ人がつくった一種の秘密結社があったし、また異国の内紛には中立をとっていたので、彼らにはこのようにかなり特殊な旅行上の便宜があった。トゥデラのベンヤミンはユダヤ人としか付き合わないで、またイブン・バトゥータはイスラム教徒としか付き合わないで、世界の果てまで行き着いた。

こうした小さな仲間内が教義の伝道にはすぐれた伝達手段《メディア》になった。そこで多くの人々と知りあい、たえず情報を探り合う。人と人とがほとんど接し合わない、われわれ近代社会における平凡な自由からこれほど遠いものはない。政治が町の最大の心配事でなくなると次には宗教が原因で派閥間の分裂が生じた。信心深いイスラエル人の諸委員会に持ち込まれた宗教論争が燃え上がり、分裂と殴り合いが始まる。たいていの宗教問題は成員の数に加えてもらい、指名されるための口実に、古いうらみの燃えさしを、蒸しかえしたに過ぎなかった。

地中海沿岸の世界に、パウロや他の使徒たちが伝道に出かけたときにはシナゴーグがすでにたくさん存在していた。この事実を差しおいてはキリスト教の確立は説明がつかない。これらのシナゴーグは通常ほとんど人目につかないもので、他の家と変わりがなく、界隈の中心となり、つながりを作って、小さな村ないし裏通りを形成していた。この地域には他にない特徴がある、それは生物を彫った装飾が見当たらないことだ。いきおい装飾としては拙く、大げさで、変わった手法のものになる。セレウキアやカイサリアを出て上陸した新参者にユダヤ街の在りかを教えてくれる、もうひとつのものは、派手な原色の白、赤、緑の衣服をまとった若い娘と、温和な赤ら顔で母親のやさしいまなざしをした威厳のある、でっぷりした中年女だ。なんといってもこれは民族の特徴だ。使徒たちは到着すると、いつも早々に歓待を受け、土曜日になるのを待ってシナゴーグに出向く。学識あり、熱心そうな他国の人が現われると、会衆に向かって教訓を言ってもらう習わしがあった。使徒はこの慣習を活用してキリスト教の主張を披露した。イエスもこれと同じやりかたをとっていた。一般の人々の反応はまず驚きだ。すこしたって会話が交わされるまで異議は出ない。やがてシナゴーグの長老が怒り狂い始める。ある時は異端者に課す恥ずべき、きつい罰を使徒に与えるように命じ、またある時にはこの新参者を追放するか、棒で叩くようその筋に申立てた。使徒たちはユダヤ人の後でしか異邦人に説教しなかった。異邦人で改宗した者の数は一般に少ない。ほとんどの場合すでにユダヤ教に接触したことがあり、その教えを信じたい気分になっていた人々が改宗した。

当然、布教は都市にしか及ばなかった。初期の使徒たちは田舎では布教していない。農民は一番後になってキリスト教徒になった。共通ギリシャ語によって根絶やしにならなかった方言の壁もあった。実は、当時キリスト教が最初に広まった地方で、町の外に農民が分散している例はかなり稀であった。集会《エクレシア》による使徒的信仰の組織化はすぐれて都会的なものだ。イスラム教も同様に典型的な都市の宗教である。それは大きな寺院《モスク》、学校、神学者《ウラマー》、祈禱時報係《ムアッジン》が一揃いになって、はじめて完全となる。

キプロス島に到着

福音のオディッセーが発散していた華やかさ、若さには斬新でオリジナルな人をひきつけるものがあった。キリスト教精神の初の飛躍《エラン》の表出である『使徒行伝』は、喜びと秘めた熱意の書である。ホメロスの詩以降、これほどみずみずしい感覚に溢れた書物はなかった。この書のどこを読んでも、活き活きと、またフォルテに胸にひびくものがあり、たとえて言うと朝の微風と磯の香りが吹きわたっているから、旅のこよなき友となり、また南の海浜に古代の遺跡を辿る者にはすばらしい〝旅の伴侶〟、こよなき座右の書となっている。これはキリスト教詩集の第二部なのだ。ティベリア湖と海士《あま》の小舟が第一部の詩集だった。さて、沖をわたる強風がわれわれをもっと遠くへと外海へいざなっている。先に進もう。

三名の宣教師が最初に足をとめたキプロス島は古くから複合民族の地で、当初はギリシャ人とフェニキア人が寄りそって住んでいたが、やがて、ほとんど混合してしまっていた。ここはバルナバの故郷である。そこで、ここを伝道の第一歩に決めたにちがいない。キプロスには既にキリスト教信仰の種子が蒔かれていた。ともかく新しいこの宗教は、そのふところに何人かのキプロス人を擁していた。ここのユダヤ人居住区の人数はかなりなものだった。またセレウキア、タルソー、キプロスのこれらのサークルはきわめて小さな広がりしかもっておらず、これらの地に住みついたユダヤ人たちの小さなグループは、サン・ブリユー、サン・マロ、ジャージィに定住した親戚の家族どうしと似た状況にあったことを考慮しなければならない。この意味で、パウロとバルナバはなじんだ国からまだあまり離れていなかったと言える。

伝道の一行はサラミスの古い港に着き、南回りに全島を東から西に、おそらく海沿いに縦断した。このあたりは島の中でも、もっともフェニキア的なキティオム、アマソント、パフォスの町は旧いセム族の中心地で、その特質は当時まだ失せていなかった。パウロとバルナバはユダヤ人のシナゴーグで説教した。この旅では小事件がひとつだけ知られている。ネオパフォスでのことである。そこはヴィーナス信仰で有名な古代都市（パレパフォス）からすこし離れてできた新興の町だ。当時ネオパフォスにはキプロス島を統治していたローマ総督の住まいがあったらしい。名門出の総督《プロクラトル》、セルギウス・パウルスは当時ローマ人にありがちなことだったが、偶然はまりこんだ魔術による幻術と迷信に興じ入っていたようだ。身辺に魔術師として知られ、エリーム、「賢者」を意味する称号を名乗るバルイエスという名のユダヤ人がいた。あたかもセバストで使徒たちと魔術師シモンとの間で起った場面によく似たシーンがここで展開したという。バルイエスはパウロとバルナバに猛烈に敵対した。後になって伝説はこの争いに賭けられたのは、総督の改宗だったとしている。公開討論でパウロは相手を粉砕するために、彼をいっとき失明させざるをえなかった、そして総督はこの奇跡に感じ入って改宗したという。

盲にされた魔術師エリーム，総督パウルスの回心

当時、この階級のローマ人が改宗することは絶対に許されなかった。パウロはセルギウスが彼に与えた好意のしるしを入信として受け取ったものに違いない。おそらく、アイロニーを善意と誤解して受け取ったのだろう。東洋人はアイロニーを理解しない。それに彼らの処世訓では自分に反対しない者は賛成者となる。セルギウス・パウルスが示した好奇心は伝道者たちの目には善意ある態度と見えたことだろう。多くのローマ人と同じくパウルスもいとも軽々しく信じたのかもしれない。パウロとバルナバが一度ならず頼った魔術を疑うことは残念ながらわれわれに許されないが、セルギウスには非常に強い印象を与え、バルイエスのものよりもっと強力だったのだろう。だが、この驚きの気持ちと改宗とでは天と地のへだたりがある。伝説はセルギウス・パウルスにユダヤ人かシリア人の考え方をとらせたようだ。ユダヤ人とシリア人は奇跡を魔術師が説く主張の証明と見なしていた。教養のあるローマ人は、奇跡をおもしろいトリックのたぐいと見ていた。おめでたい無知なローマ人は奇跡はままあることだと信じていたが、奇跡はどのような教義をも証明するものではない。ローマ人は、はなから神学的視点を欠いていたので、教義なるものが、神が奇跡を用いてまで自らに課す目標になりえようとは想像できなかったのである。彼らにとって奇跡は自然であるとしても気まぐれか（自然法則の観念はギリシャ哲学を学ばない限り、彼らのあずかり知らぬものであった）、神の存在を悟らしめる業《わざ》なのだ。もしプブリウスがほんとうにパウロの奇跡を信じたとしたら、彼が推理したところはきっと「この男は実に大変な奴だ、多分神の一人だ」であって、「この男が説いている教義は真理だ」ではなかった。いずれにせよ、もしパウルスの改宗がこのような脆弱な理由にもとづいていたのなら、それを改宗と呼ばなくても、またパウルスをキリスト教徒のリストから消しても、われわれはキリスト教の栄誉を讃《たた》えている者だと信じる。

おそらく彼は伝道者たちと良好な関係をもったのであろう。というのも伝道団は彼が賢明で善良な人物だったという思い出を持ちつづけた。聖ヒエロニムスの推定によると、サウロはこのセルギウス・パウルスからパウロという名をもらったとある。これはあくまで推測である、ただこの推測はあながち無理とはいえない。『使徒行伝』の著者はこの時からサウロの名をパウロに変更している。使徒パウロはパウルスを自分の保護者と考え、庇護のしるしとしてその名を名乗ったのだろう。また次のようにも考えられる。多くのユダヤ人がそうであったように、パウロも名前をヘブライ語のものとそれが訛ったギリシャ語またはラテン語形と二つもっており（ヨゼフがヘゲシップと呼ばれるたぐい）、彼が異教の世界とより継続的で直接の関係に入ったときにパウロの名だけを用いはじめた、ということである。

バルナバ

キプロスでの布教がどれくらいの日数だったのかは不明である。この伝道は明らかにあまり重要なものではなかった。パウロは手紙のなかでこのことに触れていないし、彼がこの島で基礎を作った教会に後日再会しようとはまったく思わなかったからである。おそらく彼はこの教会をバルナバのものと見なしたのだろう。ともあれこの第一次の伝道の旅はパウロの生き方を決めた。この時期から彼がイニシアティヴを握る。それまでの彼はバルナバに従っているかのようであった。バルナバはこの教会では古参であり、パウロの紹介者、保証人でもあるし、人々はより以上に彼を信頼していた。伝道を行なっているうちに、役割が変わったのである。宣教に関してはパウロに才能があったので、話す役目はほとんど彼に割り当てられた。これから後、バルナバはパウロのお伴、随行の一員でしかなくなる。真の聖者であるこの人物は、自己を犠牲にし、何事につけても人に合わせ、すべてを大胆な友の手にゆだね、彼の上位を認めた。ヨハネ・マルコについてはこうはいかなかった。まもなく意見の対立がマルコとパウロの間で表面化し、遂には絶交状態となる。その原因については分からない。多分ユダヤ人と異教徒との関係についてパウロが抱いた原則がイエルサレム派の先入観をもっているマルコを不愉快にし、また師匠であるペテロの考えとも相反していることにあった。これもまた〝多分〟であるが、パウロの絶えず大きくなってゆく自我を、日ごとに押しつけがましく、高慢になってきていると感じる者たちには、我慢ならなかったことだろう。

ただし、この頃からパウロが使徒という呼称を用いたとか、そう呼ばれるままにしたということはなかった。この肩書はイエルサレムの十二人にしか用いられていなかった。称号が譲渡可能とは考えられなかったし、イエスだけがそれを授けることができると信じられていた。パウロはダマスコへの道すがら自分もまた姿を見たイエスから、直々《じきじき》にその称号を授かったと、よく独りごちていたかもしれない。が、パウロはまだそれを堂々と打ち明けなかった。我ながら軽率と当初は思っていたにちがいない行動に移るについては、敵対者の執拗な挑発がなければならなかった。

第二章　第一次の旅――ガラテヤ

大賑わいの俗信、迷信

キプロスでの成果に満足した伝道の一行は、小アジアの隣接した沿岸をアタックすることに決めた。この方面のローマ属州では、キリキアだけが新しい教えに耳を傾け、教会ができていた。われわれがいま小アジアとよんでいる地理的な地域にはなにも統一性はなかった。民族と社会状態から見ると実に様々な地方からできていた。西部と沿岸全域は、遠い昔から地中海を中心にした大きな文化圏の渦中にあった。ギリシャとプトレマイオス朝エジプトが衰退して後、これらの地域はかつてない教養ある地方、少なくとも文学において傑出した人物を輩出する地方とされた。アジア地域、とりわけペルガモンの古代王国は今日知られているように発展の先頭を切っていた。だが半島の中部は平均以下にみすぼらしい。公道の状況はひどいものだ。実はこの国々も一つの性格だけは共有していた。地方の生活は古代と同じ状態のままだ。さまざまな地方特有の言語がまだ残っていた。

やくたいもない俗信、迷信への極端なのめり込みである。古代信仰はギリシャ、ローマにより変質を受けながらも原始の特徴を多く残していた。様々な土着信仰が大賑わいで、ギリシャ・ローマの神々よりも多少の優位を保っていた。こんなに降神術と神智学（人にそなわった霊知により、直接に神を見ようとする）を創りだした地域は他にもない。ティアナのアポロニウスはこの時期、奇妙な運命をその地で準備していた。アボノティクスのアレクサンドルとペレグリニウス・プロテウスが間もなく地方の人心を籠絡しようとしていた。前者は、奇跡、預言、信仰の一大誇示によって、後者は知略を用いることによって。エフェソのアルテミドルスとエリウス・アリスティデスは、真剣で真面目な宗教感情におかしな迷信やペテン師の邪説を結び付けて奇妙な人間模様を演出している。前一世紀末に発生した古代宗教を肯定し、実証哲学を否定する敬虔派の反動は、ローマ帝国の支配地のどこにも見られた。小アジアはパレスチナに次いで世界でもっとも信心深い国になっていた。フリギア、ティアナ、ヴェナセス、コマナ、カッパドキアのカイサリア、ナジアンザのような地方がすべて、何か神秘的なものに献身していた。多くの地方ではまだ僧侶が至上権を持っていた。

政治生活に関して言えば、これはもう無残なものだ。どの町も争って皇帝やローマの官吏にへつらうことに汲々としていた。〝皇帝の友〟という肩書を手に入れようと大わらわなのだ。町々は子供じみた虚栄心から「属州首府」とか「別格の」とか、ローマ皇帝の勅令によって賜った仰々しい肩書を得ようと競いあっていた。この地方は力による征服なしに、少なくとも民衆の抵抗もなくローマ人に従属していた。歴史上、深刻な政治的反乱はただの一度の記録もない。タウロス山脈、イサウリア、ピシディヤに難攻不落の砦を築いて続けてきた山賊行為やアナーキー（政府の否定）

は、ローマ人とその同盟者の勢いにあえなく屈した。文明が驚異的スピードで広まる。抵抗運動がないわけではないが、クラウディウスの善政および民衆がこれに感謝した形跡が今なおいたるところに残っている。これがパレスチナだったら、古来の組織と風習が頑強な抵抗を生んでいたところだ。イサウリア、ピシディヤ、なおわずかな独立を保持していたキリキアの各地、ガラテヤの一部を除くと、この地域は民族意識を喪失していた。そこには固有の王朝は一度も成立しなかった。フリギア、リディア、カリア地方の独自性は、政治的統一体制としては久しく消滅していたのである。ペルガモ、ビテュニア、ポントスのぎこちない王朝もまた死に絶えた。全半島がローマの支配を喜んで受け入れていた。

アウグストゥス皇帝信仰

感謝をこめて、と付け加えることもできよう。実際、支配がこれほど善政によって正当化されたためしはない。「アウグストゥスの神」がまさしく国の守護神となっていた。皇帝信仰とりわけアウグストゥスとその妃リヴィア崇拝が小アジアにいきわたった。ローマの神と常に結びついた世俗の神々の寺院は、いたるところで数を増やしていた。大司祭（首都大司教や首座大司教のようなもの）の下で属州ごとに配置されたアウグストゥスの祭司はコンスタンティヌス以降にキリスト教の聖職者団とよく似た団体を後に形成する。アウグストゥスの政治的遺言がいわば聖なる文言、公的遺訓となり、美麗な碑が万民の注視を促すべく、また不滅の願いをこめて掲げられた。町も部族も、偉大な皇帝の記憶を持ちつづけていることを証する碑を競って建てた。古代カリアのニノエはヴィーナスの息子たるカエサルと縁づけるため、古代シリアのミリタ信仰を口実に使った。卑屈さと猥雑さが見え見えである。が、そこには、これから先、いささかの疑念もなく何世紀も存続するはずの新時代を前にした、かつて味わったことのない幸せな気持ちが滲み出ている。国の征服に立ち会ったと見られるハリカルナスのデニス（ギリシャの歴史家）は『ローマ史』を著わして、ローマ人の優秀さを同胞に示し、彼らが同じ民族であり、ローマの栄誉の一部は自分たちのものであると説いている。

小アジアは、エジプト、キレナイカに次いで、ユダヤ人のもっとも多い国だった。彼らは強力な地域社会を作り、権利にこだわり、迫害には即座に非難の声をあげ、ローマの権勢にたえず不平をとなえ、市政の頭越しに保護を訴え出るという、うるさい性向の持ち主だった。彼らは強力な保護を授けてもらうことに成功し、他の民衆とは違った特権を手にしていた。彼らには信仰の自由があっただけでなく、良心に反すると主張して種々の共同負担を免れた。ローマ人はこれらの属州ではユダヤ人にきわめて好意的で、一般民衆とのいざこざがあると、ほとんどの場合ユダヤ人の肩を持った。

三名の伝道者はネオパフォスで乗船し、パンフィリアのケストルスの河口に向けて進み、やがて川を一〇キロほど遡った上流のペルゲに到着する。ここはたいへん栄えた町で古代ディアナ信仰の中心地としてエフェソと同じくらい有名であった。その信仰はパフォスの信仰ときわめて類似し二つの町は常時航路で結ばれており、このことが使徒たちの旅程を決めたと考えられる。キプロスと小アジアの平行した海岸は呼応していたようである。いずれの住民もセム系だが、いろいろな要素が混じり合って本来の性格はあらかた無くなっていた。パウロとヨハネ・マルコとの断絶が決定的となったのはこのペルゲでのことだ。ヨハネは伝道を中止し、イエルサレムに戻る。この状況はバルナバにとって辛いものだったろう。ヨハネ・マルコは彼と縁続きだったからである。だがバルナバは居丈高な連れの側に立って、いつものようになにごとも辛抱し、小アジアを横断して教えを根付かせていくという大計画を放棄しなかった。両使徒は内陸部深く進み、ずっと北を目指してケストルスとエウリメドンの間の盆地に入り、パンフィリア、ピシディヤをよぎり、山の多いフリギアまで足を延ばした。困難で危険な旅だった。起伏の多い山々の迷路は、ローマ人に膝を屈しない、山賊行為をなりわいとする蛮族の縄張りであった。シリアの事情には慣れているパウロも、マッジョーレやテシンコ湖周辺によく似た、湖と深い渓谷のある、雅趣に富み魅惑的な、アルプスのような景観には驚いたことだろう。使徒たちは一見、奇妙な行程をとっている。大きな中心地と往来のはげしい道から外れているのだ。間違いなくこの度も、彼らはユダヤ移民の跡を追っている。ピシディヤとリカオニアにはアンティオキアやイコニウムなどユダヤ人の大きな同郷グループができている町があった。このユダヤ人たちの多くが「神をあがめる者」だった。彼らはイエルサレムから遠く離れ、パレスチナの狂信《ファナティスム》の影響を免れて、異教徒と仲良く暮らしていた。異教徒もシナゴーグにきていた。混合結婚もけっして稀では無かった。新しい信仰をここで立ち上げ、実らせるためにはどのような条件が必要かをパウロはタルソーの経験から学んでいた。デルベとリストラはタルソーからそれほど遠くない。パウロの家族にこちらに知り合いがあったかもしれないし、あるいは少なくとも、この遠隔の土地の事情についてかなり通じていたかもしれない。

アレクサンドロス大王の魂を持つパウロ

ペルゲを発った二人の使徒は約一六〇キロ歩いて半島の高地の中心部にあるピシディヤ州のアンティオケないしアンティオキア・カイサリアに着いた。このアンティオキアはアウグストゥスによりイタリア特権を与えられたローマ植民地として建設されるまでは、さして目立たなかった。その後、非常に重要視され、町は部分的に性格を変えた。それ以前はコマナに似た祭司の町だったように思われる。神殿に仕える奴隷と豊かな領地で有名だった寺院はローマ人により取り壊された（前二五年）。だがこの大宗教建造物は当然のことながら一般の風俗に大きな影響を残した。ユダヤ人がピシディヤのアンティオキアにやってきたのは、ローマによる植民の後だったことは疑いない。

使徒二人は、例のごとく土曜日にシナゴーグに出向いた。会堂長は律法と預言者の書を読んだ後、どうやら信仰が篤いように見える二人の他国人に眼をとめて、会衆に何かはげましの言葉でもあるかどうか尋ねさせた。パウロが口を開き、イエスの神秘、死、復活を開陳した。陳述が与えた印象は強烈で、次の土曜日にもう一度説法をするよう皆に頼まれた。ユダヤ教徒と新改宗者（ユダヤ教に改宗したユダヤ人）が大勢シナゴーグの出口までついてきたので、パウロとバルナバは積極的な布教を連日おこなった。異教徒たちも聞きつけて興味をつのらせていた。

次の土曜日、人々が町をあげてシナゴーグに集まってきた。だが正統派の気持はがらりと変わっていた。彼らは先週見せた寛大さを後悔していた。大勢が熱心になっているので、有力者がいらだち、悪口を交えた論争が始まった。パウロとバルナバはこの嵐に果敢に耐えたが、シナゴーグ内では話ができなくなった。両人は我慢しつつ抗議してユダヤ人に言った、「神の言葉は、まずあなたがたに語られるはずでした。だがあなたがたはそれを拒み、自分自身を永遠の命を得るに値しない者にしている。わたしたちは異邦人の方にいく」。この時から未来はユダヤ人になく、異邦人にあること、新規に開拓する土地で宣教が実り多いものになるだろうこと、諸国の使徒となり、地の果てまでよき報せを告げるよう神は自分を選任されたこと、こうした確信をパウロは深めていった。彼の偉大な魂には、絶えず拡大し、未来に向かうという特性がある。これは限りない若さの天賦と、無尽の気力、計画力、行動力をもっていた、かのアレクサンドロス大王の魂に他ならないと私は思う。異教徒の住民たちの素質は素晴らしかった。多くの者が改宗し、完璧なクリスチャンになることに己れの道を見出していた。同じような経緯がフィリピ、アレクサンドリア・トロアスなどの概してローマの植民地で起こるが、これについては追って述べる。この信心深い善男善女たちが純粋な一宗教に感じとった魅力は、ユダヤ教に改宗することでそれまで体得したものであった。が、今後はキリスト教に改宗することによって体得できよう。アンティオキアの民衆は、これまでの妙な信仰にもかかわらず、またその信仰に対する反省もあって、一神教に好意を寄せたのだろう。新風の宗教は割礼を強要しないし、きゅうくつな特定の戒律遵守を要求せず、敬虔な異教徒を引きつける点でユダヤ教よりずっとすぐれていた。そのため人気はこちら側へ急速に移った。辺鄙で、山々に遮られ、官憲の監視もあまり受けず、有名な史跡も重要なものが何もないこの地域は、信仰にとっては恰好の地であった。かなりの数の教会が建てられた。ピシディヤのアンティオキアは布教の中心地となり、そこから四方八方、周辺地に教義が広がった。

異教徒の間に新しい宣教が成功したのを見て、ユダヤ人は激怒する。伝道者たちに対して信心深げな陰謀が巡らされた。数人の貴婦人がユダヤ教に入信していた。正統ユダヤ教徒は彼女たちにパウロとバルナバを追放するよう夫に働きかけさせた。こうして二人の使徒は町の条例によりピシディヤのアンティオキアの域内から追放された。

イコニウム

二人は使徒のならわしに従って、町に向かって足の塵を払い落とした。さて彼らは実り豊かな国を約五日間かけて徒歩でよぎり、イコニウムの町に着いた。リカオニアはピシディヤと同じくほとんど知られておらず、取り残された国で、旧い風習を保っていた。愛郷意識がまだ根強く、風俗は純粋、心根は真面目で、正直だった。イコニウムには旧い信仰と古来の伝統があり、多くの点でユダヤの伝統を思い起こさせた。この頃までの町は小さく、パウロがやってきた時にクラウディウス帝から植民市の資格を授かったか、あるいは授かる直前だった。ローマの高級官吏で属州ガラテヤの総督《プロクラトル》のルキウス・プピウス・プラエセンスは第二の創設者と呼ばれ、町はクラウディアないしクラウディコニオンと名称を変えた。

こうした事情のため、ここにはユダヤ教徒が多く住み、また多くの支持者を獲得していた。パウ

頑固で，見放されたユダヤ人と，回心した異邦人

ロとバルナバはシナゴーグで説き、教会をひとつ創った。パウロたちはイコニウムを非常に活発な伝道の第二番目のセンターとし、長期間そこに留まっている。三世紀の前半からよく知られた説話によると、パウロがここでもっとも美しく、忠実で魅力的な弟子のテクラの心を掴んだという。この話はなんの根拠もない。が、この話を創作したアジアの聖職者が、イコニウムの町を舞台に選んだのは偶然だったのだろうか。今日でも、この国のギリシャ系女性は抜群の魅力があり、地方特有のヒステリー現象を呈するが、医学者たちはそれを風土のせいにしている。それはさておき、使徒たちは大成功をおさめた。ユダヤ人の多数が改宗するが、シナゴーグの外にも、使徒たちは旧い信仰にあき足らず共鳴した住民の中に、より多くの新しい信者を獲得した。パウロの説くうるわしいモラルが、善良なリカオニア人を魅了した。それに、信じやすい彼らは、奇跡と〝霊〟を超自然な賜物と見なして、感激して受け入れた。

以前、宣教者たちをピシディヤのアンティオキアから放逐した嵐がイコニウムでも巻きおこった。正統ユダヤ教徒は伝道者に反対して異教徒の群衆の煽動を計った。町は二つに割れた。暴動が起こり、両使徒を石打ちにするという噂が流れた。二人は逃げて、リカオニアの首都を後にした。

イコニウムは湖の近くで、小アジアの中心部をなし、それまであらゆる文明の反逆者であった広大な草原《ステップ》地帯の玄関口にある。本来のガラテヤとカッパドキアへの道は閉ざされていた。パウロとバルナバは南部の平原を半円形で取り囲む乾燥した山脈の麓を迂回し始めた。この山々はタウルス山脈の北裏面に他ならないが、中央の平原は海面よりずっと上にあるので、タウルス山のこの側は大して高くはない。この国は冬は寒く単調である。沼地になったり砂地になったり、暑さで一面にひび割れした地面は陰鬱でわびしい。現在カラダハと呼ばれている火山の山塊が見渡す限り海に浮かぶ島のようだ。

リストラ、デルベ

人目につかない小さな二つの町、その位置ははっきりしないが、往時使徒たちが活躍した舞台の名はリストラとデルベだ。カラダハの谷中深く、羊を飼育する貧しい人々が住み、古代から名だたる山賊のもっとも堅固な巣窟の麓にある、この二つの町はまったく鄙びたままであった。文明人たる一ローマ人がここにやってきて野蛮人に囲まれていると感じた（キケロの印象）。リカオニア方言が用いられ、ユダヤ人は殆どいなかった。クラウディウスはタウルスという辺鄙な土地に植民地を建設することによって、不毛のこの地方にかつてない秩序と安全をもたらした。

リストラに先ず宣教がなされる。奇妙な事件が起こった。この町に使徒たちが滞在して間もない頃、パウロが足の不自由な男を奇跡的に治したといううわさが広まったのである。迷信深く、不可思議なことが大好きな民衆はこの時から奇妙な想像にとらわれた。二柱の神が人の姿をとって、人間たちの間を歩き回っていると。神々の降臨信仰は特に小アジアに強く広まっていた。ティアナのアポロニウスの生活は、神が地上で旅をしているものとやがて受けとめられたが、このティアナはデルベからそれほど隔たっていない。神殿と毎年の祭りと愉しい物語によって聖化されたフリギアの古い伝承には、ゼウスとヘルメスが一緒に旅をしたことになっているので、民衆は使徒たちに旅

パウロとバルナバ，リストラにて足の不自由な男をいやす

ゆく二柱の神の名前を当てはめた。バルナバはパウロより大きかったのでゼウスとされ、パウロは語り手の長《おさ》だからヘルメスとされた。ちょうど町の門を出たところにゼウスの神殿があった。神が姿を現わして、この町にお出ましになったというお告げを、ある神官が受けて、供犠《くぎ》の用意を始めた。雄牛が連れてこられ、花輪を神殿の切妻壁の前に運んだところへ、バルナバとパウロが服を裂き、自分たちはただの人間だと抗議しながらやってきた。先にも見たように、この異教の民はユダヤ人とはまったく別の意味で奇跡にこだわっていた。ユダヤ人にとって奇跡は教義上の論拠だが、彼らにとっては神直々《じきじき》のお出ましであった。使徒たちがせっかく民衆に神の教えを伝えても、イエスよりは、神々を説いていることになってしまう。彼らの説教は純粋にユダヤ教的に、いやむしろ理神論《デイスト》になった。これは熱心に改宗を勧めるユダヤ人たちが常々思っていたことだが、自分たちの宗教にあって一般人に広く適用できるのは、一神教という本質だけであって、モーセの戒めやメシア思想などは理解しにくい確信としてイスラエルの子孫に特有の占有物で、譲り渡すことのできない、いわば家族の遺産と考えられていた。

リストラにはパレスチナ出身のユダヤ人はわずかだけか、まったくいなかったから、この地におけるパウロの生活は落ち着いたものだった。この町のもっとも篤い信仰の中心であり、学校でもあったある家族がいた。この家族にはロイスという名の祖母と母エウニケ、若い息子のティモテがいた。この二人の女性はユダヤ教に新しく改宗していたにちがいない。エウニケは異教徒と結婚していたが、パウロとバルナバがやってきたころには、おそらくその夫を亡くしていた。聖書の学習ときわめて熱心な信心を家風としてティモテはこの二人の女の手で成長した。ただ、たいへん敬虔な改宗者によく見られたことだが、両親は彼に割礼をほどこさせなかった。パウロはこの両婦人を改宗させる。当時十五歳くらいだったと思われるティモテも、母と祖母にならいキリスト教に入信した。

この改宗の噂がイコニオムとピシディヤのアンティオキアに伝わり、この二つの町に住むユダヤ人たちの怒りを招いた。彼らはリストラに密使を送りつけ、騒動が持ち上がった。狂信者たちがパウロを捕らえ、町の外に引きずりだし、石を浴びせ、死んでしまうままに放置した。弟子たちが救いに駆けつける。傷はさしてひどいものではなかった。彼は多分夜になってから町に戻り、翌日バルナバと共にデルベに向け出立した。

彼らはデルベにながく逗留し、多くの信者を得た。リストラとデルベの二教会はほとんど異教徒だけで構成された最初の教会であった。ユダヤ教の純粋培養でできたパレスチナの教会、あるいはユダヤ教の影響下にあり、既にユダヤ化した社会において形成されたアンティオケの教会と異教徒だけの教会とでは大きく違っていたことがわかる。ここには信仰深く、地方の善良な、しかし、シリアとはまったく異なった想像の仕方をする、がらりと目新しい人たちがいた。これまでのキリスト教の布教は多数の住民が職人仕事にたずさわっている大きな町でしか実りがなかった。この後になると、小さな町にも教会ができる。イコニウム、リストラ、デルベ、どの町もコリントやエフェソのように母教会を形成するほどの力はなかった。パウロはリカオニアのキリスト教徒たちを、彼らが住んでいる地方名で呼ぶのが常だった。「ガラテヤ」というのは、この地方名で、ローマ人が定めた行政上の区画から用いられた名称である。

ガラテヤの教会

ガラテヤというローマの属州は、実際ガリアの外人傭兵が大勢いる地方——その中心地はアンキラ——を意味するだけではなかった。それは人工的な集合体で、ガラテヤの王アミンタスの手でつくられた諸地方の一時的な合体だった。この人物はフィリピの戦争後、デジョタラの死後にアントニウスからピシディヤ、後にリカオニア及びパンフィリアの一部とガラテヤを受け取った。この所領はアウグストゥスによって追認される。統治の末期（前二五年）には、アミンタス王は本来のガラテヤ以外にデルベも含めてイカオニアとイサウリア、アンティオキアとアポロニアの町があるフリギアの南東と東部、ピシディヤと分断されたキリキアを領土とした。この国々はすべて彼の死後、分断したキリキアとパンフィリアの町々を別にして、単一のローマ属州となった。したがって少なくとも初代のカエサルの下で公式のリストにガラテヤの名がついた属州は明確に次の地を含んでいる。(1) もともとガラテヤと呼ばれたところ (2) リカオニア (3) ピシディヤ (4) イサウリア (5) アポロニアとアンティオキアの町を含む山岳地のフリギア。このような状況が長い間続いた。アンキラは小アジアのほとんど全土を擁する広大な地域の首都であった。ローマ人は民族を分断したり根こぎにするためとあらば、このように昔からの地理的合意を変えたり、今日の県のように恣意的な行政区画を作り出したりすることに異を唱えなかった。

パウロが地方を指し示すときには、いつも行政上の名称を用いている。ピシディヤのアンティオキアからデルベまで彼が布教した地方は、彼にすれば「ガラテヤ」となる。この地方のキリスト教徒は彼にとって「ガラテヤ人《びと》」であった。こう呼ぶときの彼は、いつも心からいとおしいのである。ガラテヤの教会は、パウロが深く思いやり、個人的にいちばん愛着を覚えた教会だ。このよき魂の持ち主たちに見出した友愛と献身の思い出は、彼の伝道生活にあってもっとも強烈な印象を残した。ある事情がこの思い出をいっそう鮮烈にしていた。ガラテヤに滞在中、使徒パウロは始終おそってくる衰弱と病気の発作に見舞われたようである。新しく入信した人たちによる世話と心遣いに彼は感動する。共に苦しんできた迫害は、彼らの間に強い絆をつくっていく。このゆえにリカオニアのこのささやかなセンターもたいへん重視されている。自分が初めて創った教会であるかのように、パウロは好んでここに戻ってくるのだった。のちにティモテとカイウスという二人の忠実な弟子を彼が得たのもここからである。

このように、小さいサークルに彼が没頭していたのは、四、五年の間だ。彼は自分の支柱になるような教会を堅固に基礎作りすることに専念し、その人生の終りに、自身の受難となった全力疾走を、当時はそれほど考えていない。この時期、彼がかつて伝道を受け持ったアンティオキア教会と連絡を保っていたかどうかは分からない。この母教会に再会したい気持ちが強まり彼は出立することに決め、以前通ってきた道を逆にたどった。伝道の二人はリストラ、イコニウム、ピシディヤのアンティオキアを再訪している。彼らはこの町々に今一度逗留して、誠実な人たちの信仰を確認し、粘り強く忍耐するよう励まし、艱難によってこそ神の国に入ると諭《さと》した。なお、これらの辺鄙な教会の構成は簡単なものである。使徒たちは各々の教会内部から長老を選び、その長老は使徒たちが出立した後、彼らの権威を預かる者となる。別れの儀式は感動的だった。断食と祈りが行なわれた後、使徒たちは信徒たちの加護を神に求め、出発した。

ピシディヤのアンティオキアからまたペルゲに入った。今回の布教は効を奏したようである。参拝の行列、巡礼、年中行事の祭りが行なわれる町は、使徒たちにとって都合のよいことがしばしばあった。ペルゲからパンフィリア州の大きな港があるアタリアまで一日で下っている。一行はここでセレウキアに向け乗船した。こうして五年前に神の御心のままに送り出された大アンティオキアに戻った。

この伝道の舞台はそれほど広くはない。一行はこれまでキプロス島を縦断し、小アジアを四百キロ、カーブを描いて踏破してきた。この種の伝道の行程としては初めてのことであり、なにも組織だったものではなかった。パウロとバルナバは大きな外的困難と闘わねばならなかった。これをフランシスコ・ザビエルやリヴィングストーン（十九世紀の探検家）の旅のように豊かな組織によって支援を受けた旅と同一視すべきではない。使徒たちは近代の伝道者よりはむしろ、その思想を居酒屋から居酒屋へ広めてゆく社会主義の労働者にずっとよく似ていた。相変わらず彼らは手仕事を続けることが必要だった。仕事に就くために逗留し、仕事をみつけた処の地方色に自分を合わせてゆかねばならなかった。思うように捗らず、沈滞した時もあれば無為の時間もあった。山積する障害にもかかわらず、第一次伝道の成果は総じて莫大なものであった。パウロがアンティオキアに向かって再び船に乗り込んだとき、異邦人の諸教会が成立していた。大きな困難を乗り越えたのだ。その企図のもとに、いろいろやってきたが、はかばかしい成果はこれまでなかった。今までキリスト教の誓願には割礼が必要であると考えるイエルサレムの生粋のユダヤ人の誰にも、当たり障りのない回答をしてきた。だが、今回は、この問題に真っ正面から取り組んだ。もう一つの非常に重要な事実が明らかになった。神話的な信仰に執着する特定の民族の中に、福音を受け入れるすぐれた素質があることが見いだされたことだ。イエスの教義はユダヤ教がその時まで信仰深い異教徒の目に映じていたある種の魅力を当然足掛かりにして布教された。とりわけ小アジアが第二のキリスト教の地となるべく選ばれた。パレスチナの教会を間もなく襲う災厄の後に、ここは新しい信仰のかなめの地、最も重要な変革が行なわれる舞台となろう。

第三章　割礼にまつわる最初の事件

パウロとバルナバが帰ってきたので、アンティオキア教会は歓喜の声でつつまれる。シンゴンの通りはどこもわきかえった。キリスト教徒がみんな集まってきた。二人の伝道者は、冒険と神のお陰を得た種々《くさぐさ》を語り、「神みずから異教徒に信仰の門をお開きになった」と述べた。ほとんど異教徒によって構成されたガラテヤ教会のことも話した。以前から、異教徒に洗礼を授けることの正当性を認めていたアンティオキア教会は、両人のやりかたを是認した。彼らはこの地に数カ月とどまり、伝道精神の源流で疲れをいやし元気を回復した。どうやらこの時に異教徒を両親にもち、割礼を受けていない、ティトスという名の若者をパウロが改宗させ、弟子、仲間、協力者として加えたらしく、この後パウロと一緒にいることが知られている。

イエスはどう考えていたか

イエスの業《わざ》を無に帰しかねない深刻な意見の対立がこの頃突発し、誕生間もない教会は壊滅の危機に立たされる。この対立は、当時の状況の核心に係わっており、不可避であり、新興宗教が避けて通れない危機であった。

前人未踏の高い頂まで宗教を引き上げたイエスは、自分がユダヤ教徒のままでいることを望んでいたのかどうか、明確な発言はない。彼はユダヤ教の何を残したいと思ったか、についても明確にしていない。ある時はモーセの律法を確認するために来たと言い、ある時はそれを取り代えるためと言った。彼のような偉大な詩人にとって、このようなことは実のところ意味のない些事なのだ。霊と真理において拝すべき天なる父を人が識るに至ったとき、もはやいかなる宗派も、いかなる特別な宗教も、いかなる学派もない。真の宗教に属するの一義であり、すべての掟の遵守は重要でなくなる。それを軽蔑するのではない、かつても今もこの慣行には尊重すべきものが反映しているのだから。が、そこに本質的な徳行を見ることをやめたのである。割礼、洗礼、過越しの祭り、種なしパン、いけにえ、このようなものもすべてひとしく二義的なものとされる。もはやそれに留意しないのである。だが、生前のイエスと深く関わって、はっきり未割礼だった者はいない。だから、この問題が提出される機会はなかったのである。あらゆる天才がそうであるように、イエスも魂のことしか気にとめなかった。最重要な実務問題、劣った心情の者には肝要と思える問題も、施術を受けた者には耐えがたい苦痛をもたらす問題も、彼にとっては存在しなかった。

イエスが世を去ると、混乱がひろがった。生ける神学だった人を奪われ、自分たちだけでやっていかねばならなくなった信者たちは、敬虔なユダヤ教徒の生活に逆戻りした。彼らはきわめて信仰心に篤い人たちであった。が、当時の勤行といえば、ユダヤ式勤行のことである。彼らはその慣習を守って、一般人がユダヤ教の本質と見なしていた、瑣末なお勤めを再開し、元のもくあみとなった。大衆は彼らを聖者とした。奇妙な豹変というか、イエスを口をきわめて嘲笑の的にしてきたパリサイ人は、イエスの弟子たちとほとんど和解してしまうのである。この新しい動きを許しがたいと敵意をあらわにしたのはサドカイ派の人々である。律法を几帳面に守ることが、キリスト教徒になるための第一条件と見られていた。

こうした考え方があったため、早くから大きな困難が生じていた。というのも、キリスト教の一門が拡大し始めてすぐのこと、この新しい信仰が成功をおさめたのは他でもない、出自が非イスラエルの者、ユダヤ教に同情的な信者、割礼を受けていない者の内においてであったからだ。彼らに強制的に割礼を受けさせることはできない相談だ。すばらしい実務感覚を持っていたペテロは、そのことがよく分かっていた。一方、主の兄弟であるヤコブのように引っ込み思案の人々は、教会に異教徒が入るのを許可したり、彼らと食事を共にすることを瀆神《とくしん》の最たるものと思っていた。ペテロはできる限り、解決を先送りしていた。

ユダヤ教徒にとっての割礼

他方で、ユダヤ教徒も同じ状況にあり、似たような態度をとっていた。改宗者や支持者が各地からやってくると、この問題が彼らの間に表出する。学者の影響から免れている進んだ人、無学の善良な俗人たちは、割礼について固執しなかった。これら純真な善人は世界の救いを望み、そのためには他のことはすべて犠牲にした。彼らは新参の改宗者が割礼を受けるのを思い止まらせさえした。これと逆に、正統派とこれを率いるシャンマイの弟子たちは、割礼を不可欠と言明する。彼らは異教徒に熱心な宣教をすることに異を唱え、その宗門に近づく便宜は何一つ許らなかった。それどころか、彼らは改宗者に一定の峻厳な態度をとっていた。シャンマイは彼らを棒を振り上げて家から叩き出したと言う。このような見解の対立はアディアベーネ王家（メソポタミア地方北部にあった）においてははっきり認められる。決して賢者というわけではなかったアナニアスという名のユダヤ人は、この王家を改宗させたが、イザテースの割礼を強く思いとどまらせて言った、「割礼を受けなくても、ユダヤ教徒として非の打ち所がない生き方ができる。神を敬うことこそが重要である」。敬虔なヘレネも同じ意見だった。エレアザルという頑固者は、これと逆に、たとえ王であっても割礼を受けないなら敬虔ではない。律法を読んでも、守らなければ無益だ。戒律の第一は割礼だ、と言明した。王は王冠にかけてこの見解に従った。ヘロデ家が催す豪華な結婚式を見て、ユダヤ教を信奉している小領主は、同じ儀式に従った。だが、真の信仰心は、政治や貪欲ほどにはや、わ、な作りではできていない。多くの敬虔な改宗者は、だれにでも門戸を開いていると一般に見なされている儀式（割礼）に従うことなく、ユダヤ教徒の生活を送っていた。これこそが絶え間ない困惑の種であった。信心で凝り固まり、また偏見が強い社会は、宗教的な行を良俗、しつけの良さに仕立て上げるのが常だ。フランスにおいて信心深い人が、信仰告白に臨んで一種の気恥ずかしさと自尊心を克服しなければならないのと対照的に、イスラム教徒においては、宗教を実践する者は紳士とされ、よきイスラム教徒でない者は、立派な人間ではなく、粗野で、不作法な人とされる。イギリスとアメリカにあっても同様なことが言えるわけで、日曜日を厳守しない者は、よき社会から仲間外れにされる。ユダヤ人社会で、非割礼者はもっと立場が悪い。彼らからすれば、こういう手合いと付き合うのは耐えがたい。割礼は、彼らの社会で生きていくためには聖務と考えられた。これに従わない者は卑しい身分の者か、人が避ける不浄な動物のたぐいか、親しい仲間として付き合いかねる不作法者となる。

ユダヤ教のハラカとアガダ

ユダヤ教に内在する重要な二重性がここに現われている。制約を課すことを本質とし、孤立させるために作られた律法は、世界の回心を夢み、広大な地平を持った預言者たちとはまったく別の精神からなる。タルムードの用語にある二つの言葉が、この差異をよく表わしている。ハラカの反意語、アガダは一般人の教えを指し、異教徒の改宗を意図するものだが、これと逆なのは、律法遵守だけを考えて、誰かを改宗させようとは夢にも思わない学問（決凝論《カジュイスティック》）である。タルムードの語法を用いれば、福音書はアガダであり、一方タルムードはハラカを極端に示したものとなる。世界を征服し、キリスト教を創ったのはアガダである。ハラカは正統ユダヤ教の淵源であって、自らの拡張を望まずなお命脈を保っている。アガダはすぐれてガリラヤ的なものとして、またハラカはとりわけイエルサレム的なものとして現われている。イエス、ヒレル、黙示録、外典の著者はアガディストにして、また預言者たちの弟子であり、彼らの限りない熱望を受け継ぐ者だ。一方シャンマイ、タルムード学者、およびイエルサレム没落までのユダヤ教徒は律法を厳格に護るハラキストである。追って述べるが、後七〇年の最大危機まで、律法護持の熱狂《ファナティスム》は日毎に高まり、彼ら民族にとって最大の災害直前に、パウロの教義に対抗するいわば反動《リアクション》によって、「十八の手段」に帰着する。が、これがユダヤ人と非ユダヤ人との一切の交流をその後不可能とし、閉ざされた、憎悪しかつ憎悪されるユダヤ教の歴史を開き、中世のユダヤ教となり、今なお現存するオリエントのユダヤ教となった。

誕生間もないキリスト教の将来は、この点にかかっていたことは明らかである。ジュダイズムは、改宗者に独自の儀式を強制すべきなのか、すべきでないのか。その本質である一神教的本質と煩瑣な戒律との間に明確な区別を確立すべきなのか。もしアガダの宗派が、シャンマイ派が望んだように打ち負かしていたら、ユダヤ人の布教はもうそれで終了していただろう。明らかに世界は、言葉の狭い意味においてユダヤ教にならなかった。ユダヤ教の魅力をなしているのは、他宗のものと原理的な違いのない祭儀にはなく、神学の明快さにある。人々は一種の理神論《デイスム》ないしは宗教哲学としてそれを受け取った。事実、たとえばフィロンの思想において、ジュダイズムは哲学的純理と見事に結びついている。それはエッセネ派では社会的ユートピアの形をとっていたし、ポキリデスの作とされた詩において、良識と正直の単純な入門書《カテキスム》になっており、『理性の支配』という提要の著者にとっては、禁欲主義《ストイシズム》の一種であった。特権階級《カースト》と部族の上に先ず築かれたすべての宗教がそうであるように、ユダヤ教も他の世界から信徒を切り離そうと意図した勤行に溢れていた。このような勤行はユダヤ教が排他も区別もしない、普遍宗教となるためには、障害以外のなにものでもない。人類の普遍宗教になるためには、「モーセの律法《モザイスム》」としてではなく、理神論《ディスム》としてでなければならない。「すべての人を愛せよ」とヒレルは言う、「律法に彼らを近づけよ、お前がされて嫌なことは、他人《ひと》にもするな。これこそ律法である。その他のことは注釈だ」(ピルケ・アボット)。フィロンの『瞑想的生き方』ないし、『誠実な人は自由である』という論考を読んでも、ユダヤ人が書いたシビラの神託のある箇所を読んでみても、特にユダヤ的なものはまったく見当たらない。仏教徒やピタゴラス派の人がユダヤ的でないのと同様に非ユダヤ的で、普通に神秘的な世界の考え方が見えてくる。偽ポキリデスは安息日《シャバト》を禁止するとまで言い切っている。人間の変革に熱心なこれらの人々はジュダイズムを一般道徳律にとどめ、特殊なもの一切を、また特殊宗教たらしめているもの一切を取り払おうとしていることが分かる。

揶揄《やゆ》される割礼

確かに、三つの大きな理由がユダヤ教をきわめて閉鎖的なものにしていた。すなわち割礼、異宗徒結婚の禁止、認可ないし不認可の肉という区別、である。大人にとって、割礼は危険を伴わないわけではない苦痛の儀式であり、相当不愉快なものであった。これはユダヤ人にありきたりの生き方を禁じ、独自のカーストを作らせる原因となった。古代都市において大切な場所であった公衆浴場や体育館《ギムナジウム》において、割礼はありとあらゆる侮辱に曝される。ギリシャ人やローマ人の注目がこの件に及ぶと、いっせいに揶揄《やゆ》された。ユダヤ人はこれを非常に気にして、ひどい仕返しで恨みをはらした。からかわれないように、またギリシャ人になりすますために多くの人は、外科手術をして、元あったしるしを隠そうとつとめており、その詳細についてケルススが記録を残している。この加入儀式《イニシアション》を承諾した改宗者には、解決方法は一つしかない、あざ笑われないために姿を隠すことだ。どんな男もこのような状況を甘受しておれない。ユダヤ教に改宗する数は、女性の方がはるかに多い理由は、女性では初めから嫌悪すべきショッキングな試練をどこからも受けないで済むからにちがいない。異教徒と結婚したユダヤの女は多いが、異教徒と結婚したユダヤ男の事例《ケース》は記録にない。こうして大きな軋轢が生じ、混乱した家庭の安泰を築くための、弁舌さわやかな者の出現が必要となっていた。

異宗間の結婚は似たような悶着の種になった。ユダヤ人はこうした結婚を明白な姦淫と見なした。

これはカナイムが短刀をもって天誅を加えるべき犯罪だ。なぜなら律法は一定の懲罰を示さず、熱心党《ゼロテ》の手に粛清を委ねているからだ。キリストへの信仰と愛によって結ばれた二人のクリスチャンが結婚の約束をこうして妨げられることもあったであろう。ギリシャ民族の一修道女と結婚しようと思ったイエスに回心したイスラエルの男が、自分たちにとっては神聖なこの結びつきを、ひどく侮辱的な言い方で呼ばれるのを耳にしている。

＊ ユダヤ国民の宗教的慣行をひっくるめていう。

普遍宗教への分かれ道

清浄、不浄の肉に関する規定も、これに劣らず大きな結果をもたらした。これは今日も実行されている様子からも判断できる。近代的な風習では裸体になることはもうないから、割礼がイスラエル人にとって支障となることはない。だが肉屋を区別しなければならないことは、彼らにとってかなり煩わしいものとして残っている。それはキリスト教徒の家では食事をしないくらい厳格な区別であり、彼らは一般の社会から離れて引きこもらざるを得ないほどだ。この戒律は、多くの国でユダヤ教がいまだに閉鎖的な宗教である主要な原因となっている。イスラエル人が他の国民と隔離させられていない国々では、この戒律は顰蹙の的になっている。これを理解するには、純粋なユダヤ教徒がドイツやポーランドからやってきた時、ライン川の此岸では、同宗派の人々が自らに許している放縦を見てどんなに傷つくかを見れば十分である。人口の大半がユダヤ人で占められ、富がユダヤ人の手に握られているサラマンカ（スペイン北西部）サロニカのような町々では、社会の活発な交流がこのため不可能となっている。古代社会はすでにこれらの束縛に不満の声をあげていた。清潔の気配りが宗教規定の肝要な部分を占めた遠い昔の時代の残滓たるユダヤの律法は、豚を不浄と言い立てているが、これはヨーロッパでは少しも存在理由《レゾンデートル》がなかった。オリエントに起源をもつ、この太古の嫌悪感について、ギリシャ人、ローマ人ともに児戯に類するものと見ていた。その他のおびただしい戒律は、文明化を促進する側の関心事の一つが、従属者に不潔きわまりない物を食べさせたり、腐った死骸に触れたりさせないことにあった時代が残したものだ。最後に夫婦生活における穢れに関しては、不潔に関してかなり込み入った法定の聖典が婦人向けに作りあげられた。この種の規定の特徴は、存在理由《レゾンデートル》をもっていた時代を過ぎてもまだ生きのび、当初は結構なもので健康にもよかったかもしれないが、いずれ具合の悪いものとなることだ。

肉に関する規定がもとで、ある厄介な事情が発生した。もともと異教の神々に生贄として捧げられた肉は、不浄と考えられた。ところで生贄にされてのち、この肉が市場に出回ることがよくあったが、それと見分けることは至難のわざだ。そこで解きがたい疑念が生じる。頑《かたくな》なユダヤ人は無差別に市場で買い入れたのでは、法に適っているとは思われないので、売手に肉の素性を尋ねるとか、出された料理を受け取る前に店の主人に仕入れ方法を尋ねることが求められた。新参の信徒にこのような疑念の立証責任を押しつけていたら、一気に興ざめしたに違いない。今日のユダヤ教のように、キリスト教が特別の肉屋を持たざるをえなかったら、またクリスチャンと他の者と会食すれば当然のこととして規律違反になったとしたら、キリスト教はキリスト教とはなっていなかっただろう。この種の戒律をやたら盛り込んだ宗教が、禁止の網をかけて、人々の生活を締めつけているのを見るにつけ、またオリエント出身のユダヤ教徒とムスリムそれぞれの典礼の法があるために、地位を占めることができたかもしれないヨーロッパ社会から、あたかも壁によって隔てられているのを見るにつけ、当時、解決されつつあったこの問題がいかに重大だったか分かる。問題はキリスト教が形式的な典礼の宗教、すなわちみそぎ、清めの儀式をもった、浄と不浄の区別をする宗教となるのか、それともあらゆる勤行、儀式を含め徐々に信仰上の物質主義を排し、かつ排しようとする理想主義の信仰、知性《エスプリ》の宗教になるかどうかに関わっている。さらに敷衍すれば、キリスト教が小さなセクトにとどまるのか、普遍宗教になるかに関わり、またイエスの思想が弟子たちの非力によって失われるのか、それともイエスの思想が、その本源的な力によって、この思想にとって代り、これを抹消しようとする狭量で遅れた人々の疑念を抑えて勝利するかどうかに関わっていた。

　パウロとバルナバは伝道《ミッション》において、問題解決に一歩も後に引かない覚悟で取り組んだ。パウロが宣教を始めた頃には割礼を勧めていたように見えるが、いまでは無用と言い切っていた。彼は異教徒が教会に入ることを最初から認めていた。また異邦人の教会も創っていた。彼の親密な友であるティトスは割礼を受けていない。イエルサレムの教会はこれほど周知の事態にもはや目をつぶっているわけにはいかなくなった。概してこの教会は、この件について優柔不断の態度をとるか、いちばん因習的な宗派に好意的であった。保守的な元老院さながらだ。神殿に近接し、パリサイ人と始終、接触している、心狭く、臆病な年老いた使徒たちは、パウロの非常に革新的な理論に与《くみ》することはなかった。一方パリサイ人の多くは、もとの宗派の基本原則を捨てることなく、キリスト教を奉じていた。このような者たちからすると、割礼を受けずに救われるなど考えるだけで罰当たりなのだ。律法《トーラ》は彼らにとってそっくりそのままに存続していた。イエスは律法に太鼓判を押しにやってきたのであり、廃止しにきたのではないと彼らは承知していた。アブラハムの子孫という彼らの特権はまったく手つかずだと思っていた。異教徒は、アブラハムの家系にあらかじめ入れてもらわない限り神の国には入れない。つまり、クリスチャンになる前にユダヤ人にならねばならない。かつてキリスト教がこれほど基本的な疑問の解決を迫られたことがないのは明らかである。もし人々がユダヤ教派を信用したいと思っていたとすれば、愛餐《アガペー》はもちろん、共同の食事も不可能となっていただろう。イエスの教会は二分されて、互いに共感することはできなかっただろう。神学の見地からすると、問題ははるかに深刻だった。すなわち人の救いは、律法の働きによるのか、それともイエス・キリストの恩寵によるものか、に係わってくるからである。

ユダヤの教会のメンバー数人が、どうやら使徒本部の指図を受けずにアンティオキアに下ってきて論争になった。彼らは割礼なしには人は救われないとはっきり宣言した。アンティオキアでは名声と格別の独自性を持っているクリスチャンたちも、イエルサレムではそうではなかったことを思い起こすべきである。なんといっても、イエルサレムから下って来た者は全教会の中で大きな力をもっていた。権威の中心はそこにあったからである。みなに大きな動揺が走った。パウロとバルナバは猛烈に反論する。長時間の論争に終止符を打つべく、パウロとバルナバがイエルサレムに赴いて、この件について使徒や長老たちと相談することが決まった。

このことはパウロ個人としても重要なものだった。それまで彼の行動は、なにひとつ束縛を受けていなかった。回心した後、彼はイエルサレムに半月しかいなかったし、十一年来そこに足を踏み入れたことはなかった。皆の目に映る彼は、いうならば異端者で、彼独自の教えを伝え、他の忠実な信者たちとほとんどつながりがない。彼自身の啓示、彼自身の福音を授かったと彼は胸をはって宣言していた。イエルサレムに赴けば、少なくとも表面的にはその自由を放棄し、自分の福音を母教会の福音の手に委ね、彼が独自に個人的に啓示を受けたものを他の人から授けてもらうことになる。彼は母教会の権利を否定しはしないが、メンバーの内、数人の頑固さは知っていたので、警戒していた。だからあまり深入りしないよう注意を払っている。彼はイエルサレムに上っても、どんな禁止命令に対しても譲歩はしないと言明する。日頃の自負から、この入都は天からの指図に従ったもので、啓示を受けたという様子までみせている。彼は自分の考えを全面的に共有している弟子のティトスを伴ったが、先にも述べたように彼は割礼を受けていない。

キリスト教初の盛大な時

パウロ、バルナバ、ティトスは旅路についた。アンティオキア教会の面々は「沿海ラオディケ」*への道で彼らを見送った。フェニキア海岸を過ぎ、サマリアをよぎり、道中で兄弟たちに出会うと、彼らは異教徒の回心の驚異を話して聞かせる。歓喜の声がどこへいっても沸き上がった。こうして彼らはイエルサレムに着いた。これはキリスト教史最大の晴れがましい日であった。大きな疑義が解決されようとしている。相まみえようとしている者たちの双肩に新興宗教の全未来がかかっていた。彼らの度量と誠実さに人類の将来がかかっていた。

イエスが逝ってから十八年がたっていた。使徒たちは年老いた。そのうち一人は殉教していた。他のある者もこの世になかったと思われる。死去した十二使徒のメンバーは補充されることはなく、この一団が次第に姿を消していくのは分かっていた。使徒の傍らに長老の会がつくられて、権威を分かち持つことになった。聖霊の受託者と見做された「教会」は使徒、長老そして全信徒の団体により構成された。一般信徒にも順位があった。不平等は全面的に認められていた、と言っても精神の不平等のことであって、外的な特権や物質的な優位に関したものではない。皆が認めていたように、共同社会の三つの大きな「柱」は、常にペテロ、主の兄弟であるヤコブそしてゼベダイの息子、ヨハネであった。ガリラヤの人々の多くは姿を消し、パリサイ派に属する数人が彼らに代わっていた。「パリサイ人」は〝がちがちの信者〟と同意語であった。ところでこのイエルサレムの善良な聖者たちも、頑迷な信者だった。イエスの知性も繊細さも気高さも持ちあわさず、師イエスが力をつくして戦った敵手に一脈あい通じる、うっとうしい狂信に彼の逝去後ははまり込んでいた。彼らにはこうした皮肉な次第が分からない。イエスが偽善者を巧みに痛罵していたことをほとんど忘れ去っていた。ある者などは洗者ヨハネとバヌーのように、ユダヤ風の仏教修業者とでもいうか、勤行に専心する土人形になり果てており、もしイエスが存命中であればあきれて皮肉る言葉に窮しただろうことは間違いない。

＊ 現在のラタキ（Lattaki）

ヤコブ

特に〝義人〟とか〝主の兄弟〟と異名をつけられたヤコブは、律法を文言どおり、几帳面に遵守する者であった。非常に疑わしくはあるのだが、ある伝承によると、彼はナジリアン（誓願を立てて神に献身する者）であって、独身を守り、酔わせる飲物はいっさい口にせず、肉欲を断ち、髪は切ったことがなく、塗油や入浴もせず、サンダルは履かず、毛織の着物は身につけず布切れをまとい、ナザレ人の禁欲をすべて実行していたとある。少なくとも洗者ヨハネの死後、イエスはこの手の見せかけを無意味なものと明言しており、これほどイエスの考えの逆をいくものはない。ユダヤ教のある分派で人気のあった禁欲が流行をみせ始め、教会分派の重要な特徴となり、後年世に言うエビオン派に結びついたと見られる。生粋のユダヤ人はこのような禁欲に反対だったが、新規の信者、とくに婦人は大きく心が傾いていた。ヤコブはイエルサレムの神殿から移動しなかった。噂に、彼は長時間ひとり、じっと祈っていたものだから、膝にラクダみたいなたこができていたという。衆生《しゅじょう》のために罪の償いを祈っているエレミヤのように、坐って民族の罪を嘆き、襲ってくる懲罰を思い止まらせようと日を過ごしていると信じられており、彼が天に手を差し上げるだけで奇跡をおこせると言われた。人々は彼を義人とかオブリアム、すなわち〝民衆の砦〟という異名をつけた。人々は彼の祈りはすべての生命を奪う神の怒りを鎮めると思っていたからである。ある確言によれば、ユダヤ教徒もクリスチャンと同じくらい彼に敬意を払っていた。もしこの一風変わった人物がほんとうにイエスの兄弟だとしても、イエスを認めず、その逮捕を望み、敵意をもった兄弟たちの一人だったにちがいない。この視野の狭い人物に苛立ったパウロは、イエルサレム教会の大立者たちについて、「その人たちがそもそもどんな人であったにせよ、それはわたしにはどうでもよいことです。神は人を分け隔てなさいません」と声を大にしたのはおそらくそういう思いをほのめかしているのであろう。ヤコブの兄弟のユダはパウロに同調していたようである。

このように、イエルサレム教会はどんどんイエスの精神から遠ざかっていった。ジュダイズムの鉛の錘《おもり》を、この教会は重く引きずっていた。イエルサレムは新興宗教にとって有害な中枢であり、それをつぶしかねないものだった。このユダヤ教の首都においてユダヤ教徒であることをやめるのは、きわめて難しい。パウロのような新参者も、そこに住まうことは、ほとんど避けている。初期の教会からの決別にならないように、止むを得ず長老と相談しにやってきた者たちに与えられたのは、不快きわまる地位である。和合と自己犠牲によってしか存続できない事業に深刻な危機がおとずれた。

たしかに妙に緊張した気詰まりな会談だった。パウロとバルナバが行なった伝道《ミッション》について話をすると、人々は初めは熱心に耳をかたむけた。誰でも、最もユダヤ教を奉じている者でさえ、異教徒の回心はメシアの偉大な兆しであるという見解をもっていたからである。世評が高く、革新的な道に分派を巻き込んでいた男とは、どんな人物だろうかという好奇心が、当初は熾烈だった。一同は、かつての迫害者を使徒に変えられた神をほめたたえた。だが話が割礼と律法《トーラ》の履行義務に及ぶと、見解の相違が明らかになった。パリサイ派は自らの主張を断固としてかかげた。自由化を旗印とするパウロたちは、実績を背景に大いに反駁した。この派は非割礼者が聖霊を授かったこれまでの多くのケースを引き合いにだした。神は異教徒とユダヤ教徒を差別しなかったのに、神の側に立って、どうして敢えて区別するのか。神がお清めなさったものをどうして汚れたもののように扱うのか。どうしてイスラエル民族が我慢できなかったくびきを新参の信徒に押しつけるのか。人が救われるのはイエスによるのであって、律法《トーラ》によるのではない。この主張《テーズ》の裏付けとして、パウロとバルナバは神が行なった異邦人改宗の奇跡について話した。しかしパリサイ派側も負けておらず、律法は廃止されてはいない、誰もユダヤ人でなくなることは決してない、ユダヤ人の義務は永久不変であると力をこめて反論した。彼らは非割礼のティトスと付き合うことを拒む。あからさまにパウロを不信心な者とし、律法《トーラ》の敵として扱った。

対立を乗り越えたイエスへの愛

キリスト教の起源史に見る、もっともすばらしいところは、核心問題に関わる、根深く先鋭的な不和が、崩壊につながるような教会内部の明瞭な亀裂には至らなかったことだ。パウロの高飛車で、強引な気性がここに躍如としているが、一方すぐれた実務センス、賢明さ、判断がすべてに働いていた。両派とも激しく、活発に、互いに一歩も引かず、誰も自分の意見を断念しない。それで問題は解決を見ない、が、共同の事業という一点で連帯を維持する。至高のつながり、みんなひとしく心に抱いていたイエスへの愛、頼りとして生きてきたイエスへの追憶は、意見の対立を越えて強烈だった。教会内部にかつて起こったことのない二律相反する対立も、異端排斥《アナテマ》までには至らなかった。だがこの大きな教訓を後世はまったく学ぶことができなかった！

パウロが悟ったことは、この熱のこもった大勢の集会では自分は決して成功しないだろう、ここでは了見の狭い連中が常に優位に立つだろう、またイエルサレムではユダヤ教があまりにも根深く、原則について譲歩は望むべくもないということであった。彼は重要人物の全員、とくにペテロ、ヤコブ、ヨハネに個別に会いにいく。とりわけ高尚な心情を持って生きる者がみなそうであるように、ペテロは党派問題には無関心であった。論争を深く悲しみ、連帯、協和、平和を望んでいた。が、控えめで度量に乏しいため、ユダヤ教からの決別を難しくしていた。新しい改宗者は割礼に同意してくれることを望んだであろうが、このような解決法は無理だと見ていた。心底から善良な性質の人たちは優柔不断を常としているが、時折感情を隠すことにつながる。彼らはすべての人の満足を望む。どんな原理の問題であれ、和の尊さにしかずと思うため、他のいろいろな宗派と共に、矛盾した発言や教えに棹さして流される。こうしたほんの軽い過ちをペテロはときどきやっている。パウロと共にいるときは、割礼しない方に賛成し、厳格なユダヤ教徒と共にあるときは、割礼賛成派に回る。パウロの精神はイエスが地上にもたらした新しい灯火によって、大きく開かれ、満たされていたから、ペテロは彼に同感せざるをえなかった。互いに敬愛し、二人が同席している時、全世界はこの未来の統治者の手に分かち持たれていた。

パウロが誇張した言葉と、いつもの才気でペテロに次のように言ったのは、会話を切り上げた時のことにちがいない、「わたしたちは理解し合うことができる。あなたには割礼の福音を、わたしには包皮の福音を」。後にパウロはこの言葉をいわば正式の協定に格上げする。使徒は全員それを追認したようである。ペテロとパウロが別個に、あえてヤコブの言い分や、多分ヨハネの主張にしても、完膚なきまで傷つけるような発言を繰り返したとは信じにくい。だが、こうした言葉は発せられたのである。パウロの広い地平はイエルサレム人の視野には断じてありえないが、ペテロの熱狂する魂を強くゆさぶった。パウロは彼に強烈な印象を与え、彼の心をしっかり捉えてしまった。それまでペテロはあまり旅に出ることはなかった。彼が田園に出かけたときもパレスチナの域外には及んでいなかったようだ。歳は五十くらいになっていただろう。パウロが旅にかける熱意、その伝道行脚の物語、彼に打ち明けた未来の計画は、ペテロの情熱に点火した。ペテロがイエルサレムを離れ、自身も遍歴の伝道人生に入るのはこの時からである。

　ヤコブは多様に解釈される形の聖徳を持ち、律法を厳格に守る派の主導者だった。パリサイ人の改宗のほとんどは彼によるものだ。この派の要望は彼の肩にかかっている。いろいろ調べてみても、彼は教義の原則について一歩も譲っていない。だが、間もなく穏健で、妥協的な意見がおのずから出始めた。異教徒改宗の合法性が認知される。割礼に関して異邦人を心配させるのは無益であるが、倫理に関わる戒律、あるいは廃止するとユダヤ教徒をあまりに刺激するような戒律はそのまま遵守すべきことが明言された。またパリサイ派を安心させるため、律法の存在は危うくなりはしないこと、モーセは、シナゴーグで太古の時代から今後も永遠に人々によって読み継がれていくべきである、と念を押して言明された。改宗したユダヤ教徒はこうして従前通り、全般にわたって律法に従い、例外は改宗した異教徒にのみ関わるものとなる。それでも実際上はもっとも狭量な人たちにショックを与えないようにしなければならなかった。こうして穏健な、なんとか矛盾したまま妥協案をまとめた者がいて、パウロに勧めて、ティトスに割礼を受けさせたものだろう。ティトスは当時大きな難題の一つになっていた。イエルサレムの改宗パリサイ派は、遠いアンティオキアや小アジアで割礼を受けていないクリスチャンがいるという事実を積極的に支持した。だが現実にイエルサレムで彼らと頻繁に会うことになり、こうして魂の底から信じている律法《トーラ》の明白な違反を目にしてしまうと、これは我慢できなかった。

パウロはこのような要望を細心の注意を払って受け止めている。次の点はよく承知の上であった。ティトスの割礼を人々が要求したが、これは不可避ではなかったこと、ティトスがこの儀式を承知しなかったとしても、彼はクリスチャンでおれたこと、ただ良心に縛られて、そうしないと彼との交際ができなくなる信者仲間に心遣いして、人々が彼の割礼を要求したことである。パウロは同意したものの、このような要望を出した本人や「イエス・キリストによって得ている自由をつけねらい、こっそり入り込んで来た者」(ガラテヤ　2　四)に向かってなにか厳しい一言《こと》、二言《こと》なしではおれなかった。パウロは、彼らの見解に屈伏したわけでは決してなく、自分の譲歩は和を重んじてこの一度限り行なわれたものだと訴えている。このような留保つきで彼は同意し、ティトスは割礼を受けた。この妥協はパウロにはつらいものであり、これについて彼が述べた意見は、彼が書いたものの内でもっとも独創的なものである。彼がつらい思いをした言葉は自筆で吐露したものではないようだ。この文句は一見したところ、ティトスは割礼を受けなかったと言っているようだし、彼は割礼を受けたとも取れる(ガラテヤ　2　三―五)。彼はつらかったこの時のことを後に何度も思い出している。これは一見したところユダヤ教への復帰とも見え、イエスの否定になると時折思い、彼は自分を納得させるため述べている、「ユダヤ人に対してはユダヤ人のようになりました。ユダヤ人を得るためです」。思想を非常に大切にしている者がすべてそうであるように、パウロは形式にあまりこだわらない。彼は内に心情を込めていないものをすべて、空しく感じていた。良心という最高の価値に関わる時、日頃、頑固な彼も自余のことは眼中にない。

ティトスの割礼という肝心の譲歩によって、憎しみは大いに和らげられた。新しい改宗者が日頃はユダヤ教徒と付き合っていない遠方の国にいる時は、ただ神に捧げられたか、絞め殺されたいけにえ用の肉と血を避け、結婚や両性の関係についてユダヤ教徒と同じ戒律を守っておれば十分であった。豚肉使用の禁止は、どこでもユダヤ教のしるしとなっていたが、これも自由にゆだねられた。これはノアの教えのすべてに近い。すなわちノアに啓示されたと人々が想定し、新しい信者すべてに適用されていた教えである。生命は血の中にあり、血は魂そのものという考え方がユダヤ人にあり、そのため血を抜いていない肉におぞけをふるった。これを慎むことは、彼らの自然宗教の教えだった。悪魔が特に血に飢えていると思われていたので、血を絞り出していない肉を一口食べると、悪魔が一緒に体内に入ってくる恐れがあった。これと同時期にポキリデスという著名なギリシャの道徳家の名前を詐称した男が、ユダヤ教の自然道徳を非ユダヤ教徒用に簡略にした講義を書き残しているが、似たような解釈を採っている。この正直な贋作者は、読者をユダヤ教に改宗させようとは夢にも思っていない。彼はただ「ノアの教え」及び肉と結婚についてかなり緩和したユダヤ教の戒律を教え込もうと努めているだけだ。彼が言うところの規則は第一に、衛生と食事の適合性の忠告、および嫌悪の念を起こさせる物と不潔な物を慎むことに要約できる。第二は性関係の規制と純潔に関するものだ。その他のユダヤ教の典礼は、無意味として片付けている。

思うに、イエルサレムのこの集会から生み出されたものは、現実の生ける声に合致したものだけであり、違反はありうることとして、固い形式の文書に認めることもなかった。公会議から発せられる教義の聖典《カノン》という考え方は、この時代まだ生まれていない。深い良識を働かせて、この素朴な人たちは最も高度な方策に達した。大問題をやり過ごす唯一の方法は、解決せず、誰も満足しない妥協点をとり、問題が勢いを失い、存在理由がなくなって解消するまで放置することだと知っていた。

皆は満足して散会した。パウロはペテロ、ヤコブそしてヨハネに自分が異邦人に説いてきた福音を開陳する、彼らはそれを全面的に支持し何も文句をつけず、何も付け加えようともしなかった。一同は誰憚ることなくパウロとバルナバに援助を与え、彼らが異邦人世界を直接布教するため、神から授かった権利をもっていると認めた。彼らの使命に特別の対象があることについては、いわば神の格段の取り計らいがあったものとされた。異邦人の使徒というタイトルは、すでに聖パウロが以前から自称していたが、彼が明言していた通りに公式にも確認され、疑いなく彼がもっともこだわっていた案件が認められ、少なくとも暗黙の了解を得た。イエスに親しく会った者と同じように格別の啓示を彼が直《じか》に授かったことが認められたのである。言い換えると、ダマスコへの道すがら彼が見た亡霊は、復活したイエスの他の出現と同等の値打ちがあるということだ。その代りアンティオキア教会の三人の代表者に望んだことは、イエルサレムの貧しい者たちを忘れないようにということだけだった。この町の教会は、たしかにコミュニスト的な組織、特別な義務及びユダヤに溢れていた貧困の結果として苦境に陥っていた。パウロとその一派は、丁重に申し入れを受け入れた。彼らはいわば代償としてイエルサレムの宗派に対しては口出しせず、そのかわり異邦人教会の存在を認めさせたいと思った。わずかな〝貢ぎ物〟で精神の自由をあがない、中央の教会との交流をそのまま続けた。その外にいては安泰は望むべくもなかった。

成立を見た和解に何も疑念を残さないよう、イエルサレム教会の幹部二人がアンティオキアに戻るパウロ、バルナバそしてティトスに伴うことが望ましいとされた。ユダ・バルサバとシルバヌスないしシラスの両人は、アンティオキア教会内にユダヤの兄弟がトラブルを持ち込んだことの非を認め、またパウロとバルナバに敬意を表し、彼らの奉仕と献身を多とする証言を行なう役割を担った。アンティオキア教会は喜びに湧き、ユダとシラスは預言者扱いだ。両人の霊感を受けた言葉はアンティオキア教会で玩味された。シラスは活気ある、自由な雰囲気が大いに気に入って、イエルサレムに戻ることを望まなかった。ユダだけが使徒たちの許に戻り、シラスはパウロとの交誼のきずなを日毎に深めていった。

＊　タルムード Bab., Sanhedrin, 56 b.

第四章　キリスト教のひそかな広まり——ローマに進出

キリスト教の普及を論ずるとき、まず慎むべきは、近代の伝道者に似た説教者たちが継続的な使命を帯びて町から町へ渡り歩き、伝道を行なったと想像することである。パウロ、バルナバとその同伴者だけが時折このようなやり方をしたのである。その他は無名の者たちによって布教がなされている。名声を得た使徒とは別に、このように無名の者の布教もあり、これを担った人々は職業的な信奉者ではなく、他の人より手際がよいだけである。当時のユダヤ人はどん底の流浪生活だった。商人、奉公人、手仕事につく者など、職業を営みながら沿岸の大都市を巡っていた。活動的で、勤勉、正直な彼らはどこへいっても自分の思い、よき模範、心の高揚を忘れることなく、無関心な人々の多い中、熱意ある人が持つ優秀さを現わし、信仰面で劣った一般民衆の上をいっていた。キリスト教派に入会した者も他のユダヤ教徒と同じように流離《さすら》っていたが、〝よき知らせ〟をたずさえていた。それは親しみやすい教えで、他の教えよりもずっと説得力があった。新しい入信者の穏やかさ、晴れやかさ、陽気さ、辛抱強さが、どこでも受け入れられ、人々の心をひきつけた。

ローマのキリスト教徒

ローマはいわば最大の攻略目標だった。途中に介在している国々が教化されるよりずっと以前にローマ帝国はイエスの名前を聞いていた。ちょうど高い山の頂上が、谷間がまだ暗いときに太陽に照らしだされるようなものだ。たしかにローマはあらゆるオリエントの宗教の集合地《ランデヴー》であり、シリアの人々が多く出入りする地中海の要衝だった。彼らは大挙してやってきた。新天地を拓こうと大都会を目指して上ってきた貧しい人たちの常として、彼らは勤勉で謙虚だ。同時にギリシャ人、アジア人、エジプト人など、ギリシャ語をしゃべる人の群れも上陸した。ローマはまさにバイリンガルの町だった。ユダヤ教徒の社会でもクリスチャンの社会でも三世紀にわたってギリシャ語が用いられていた。ローマにおいてギリシャ語はもっとも邪《よこしま》で、もっともまともでもあり、最良であり最低でもある言葉だった。演説家、文法学者、哲学者、立派な教育者、家庭教師、召使、策謀家、芸術家、歌手、ダンサー、ポン引き、職人、新興宗教の説教師、宗教的英雄など、みなギリシャ語を話した。異邦人の流入に押されたローマの旧市民は日毎に陰を薄くしていた。

西暦五〇年からすでにクリスチャンになっていたシリア出のユダヤ人数人が帝都に入り、自分たちの理想《イデー》の種を植え付けたことはきわめてありうる。スエトニウスは、クラウディウス帝のすぐれた行政措置の一つとして、こう述べている、「帝はローマからユダヤ人たちを追放した。彼らはクレストゥスの煽動により年がら年中、騒動を起こしていたのである」。確かにローマにクレストゥスという名のユダヤ人がいて、その仲間内で騒動を起こし、彼らの追放を招いたことはありそうである。だがクレストゥスという名前はキリストその人の名前に他ならないとした方が、はるかに本当らしく思える。新興宗教の導入によってローマのユダヤ人街内での殴り合いや口論、早く言えばダマスコ、ピシディヤのアンティオキア、リストラでもち上がったのと似たシーンが展開したことは疑いない。この騒動を終わらせたいために、官憲は騒擾者を追放するための命令《アレテ》を受けたかもしれない。警察の長は騒動の意図についてはあまり関心はなく、表面的に調査するだけだったろう。政府に出した報告書では騒動者たちがクリストゥス Christus 某の信奉者を意味するクリスティアーニ christiani と呼ばれていることを確認したようだ。クリストゥスの名は知られていなかったので、知識のない者が変わった名前を習わしに合った形にする習慣にのっとって、クレストゥスに変えたようである。この名前の一人の男がおり、騒擾の張本人であり、頭目であったとの結論になり、警察の捜査官は決断して、尋問を打切り、その男を自由にし、当事者双方の追放を宣言したものと思われる。

劣悪な環境下のユダヤ人

ローマにおけるユダヤ人の住む主な界隈はティベリス川の対岸で、町で一番貧しく、一番汚い処にあった。多分現在のポルタ・ポルテーゼのあたりである。現在と同じく、当時もローマの港があり、オスティアから艀にのせて運んできた商品の荷揚場所だった。ここはキケロの言うところの

「従属すべく生まれてきた国民」たるユダヤ人とシリア人の住処《すみか》だった。事実、ローマのユダヤ人たちの第一の核は、解放奴隷から成り立っており、その大半はポンペイウスが捕らえローマに連行してきた者たちの子孫である。彼らは宗教上の習慣を少しも変えることなく奴隷の時期を過ごしてきた。ユダヤ教にあって賛嘆すべきは、祖国から数千キロも遠く連れてこられ、数世代後になっても純粋のユダヤ教徒たらしめた信仰の簡明さである。ローマのシナゴーグとイエルサレムの関係は続いていた。大勢の移民がやってきて、初期の同郷グループが補強された。この貧しい人々はリパにそろって上陸し、トランステヴェレに近接する界隈で人足に従事したり、小商売をやったり、壊れたガラス容器とマッチを交換するとか、その道に長けた乞食という後に周知となる見本を高慢なイタリア人に提供した。気位の高いローマ人はこのみじめな界隈にはけっして足を踏み入れなかった。そこは軽蔑された階層と劣悪な仕事のために充てられた郊外のようだ。革なめし、腸の処理加工、ぼろ浸せきの仕事がここへ追いやられた。商品の梱包の山と最下級の宿屋、くず運びの拠点、荒廃したこの一角に貧しい者たちがそれでも平穏に暮らしていた。官憲は殴り合いが血を見るか、あまりに頻繁にならない限り立ち入らなかった。これほど自由な区域はローマになかったし、政治は一切関わりがない。平時には礼拝が支障なく行なわれただけでなく、宣教活動もいとも容易に行なわれていた。

自分たちに注がれる蔑視によって逆に護られ、世間の嘲弄を気にしなくてもいいので、トランステヴェレのユダヤ人は宗教・社会生活を活発に送っていた。彼らはハカミーム（賢者）の学校をもっており、*律法の典礼の条項がここほど几帳面に守られたところはない。シナゴーグは世界でもっとも完璧な組織となっていた。「シナゴーグの父母」という肩書はたいへん重んじられた。裕福な婦人の改宗者は名前を聖書からとり、その奴隷も一緒に改宗させ、学者による聖書の解説をきき、礼拝所を設け、このささやかな世界で払われる尊敬に満足を覚えた。貧しいユダヤ女がふるえ声で物を乞いながら、うまい具合に貴婦人にそっと律法の文句を耳打ちする、それがローマ市民の妻だったりすると、小銭を手にいっぱい持たせてくれたりした。安息日とユダヤの祭日を守るのは、ホラティウス（古代ローマの詩人）に言わせると、弱い精神の持ち主すなわち俗衆 unus multorum の特徴ということになる。あまねき親切心、正しい者と共に憩う喜び、貧しい者への援助、生活態度の清らかさ、家庭生活の穏やかさ、死を一時の眠りと考えて喜んで受け入れる、これらはユダヤ人の墓碑から読み取られる心情であるが、加えてキリスト教徒の碑文には、心打つ物柔らかな態度、謙遜、希望の確信という特徴がある。裕福で実力をもった社交界のユダヤ人もかなりいた。たとえばティベリアス・アレクサンダーはローマ帝国の最高栄誉を手にし、公務において最上位の命令を二、三度出して、ローマ人を大いにいまいましがらせ、広場に自分の像を立てることさえした。だが彼らはもう立派なユダヤ教徒ではなかった。ヘロデ家は鳴り物入りで、ローマで礼拝を執り行なっているが、異教徒との付き合い上からであるにしても、ほんとうのイスラエル人のあり様とはほど遠いものであった。信心深い貧しい人は、こうした社交界の人達を背教者と見なした。今日、フランスのイスラエル人高官がシナゴーグを捨て、わが子を狭い社会から引き上げるためプロテスタント主義で育てているのをポーランドやハンガリーのユダヤ人が厳しい目で見ているのと似ている。

＊ Copus inscr. gr., no. 9908 : Garrucci, Cimitero, p. 57-58

ローマ教会発祥の地――ゲットー

世界中の商品が山積みされているありふれた埠頭に、精神の世界が蠢動《しゅんどう》していた。だが、これもロンドンやパリのような大都会の喧騒にかき消されてしまう。確かにアヴェンティーネを散歩している高慢なローマ貴族がティベリス川の対岸を見やっても、よもやヤニクルム山の麓にひしめく、いぶせき家々の内に未来が身支度を整えていようとは夢にも思いつかなかった。クラウディウス帝治下に、新しい宗教に通堯したユダヤ人たちが中央市場《アンポリウム》正面の土地に足を踏み入れた、まさにその日、もう一人のロムルス（伝説のローマ市建設者、王）、新たな帝国の創設者が、この港の安ホテルに逗留していようとはローマに住むだれひとり気づかなかった。港近くにタベルナ・メリトリアの名で住民や兵士によく知られていた、貸し部屋とでもいったものがあった。野次馬をひきつけるため、岩間から油の泉がそこに湧いていると称して見せ物にしていた。かなり早い時期から、クリスチャンはこの油の源をシンボルと見なしていた。湧き出したのは、イエスの誕生と同時だったとされた。後に宿屋《タベルナ》を教会にしたようだ。キリスト教の一番旧いよすががこの宿屋に関わっているのかどうか誰が知ろう。セウェルス帝（在位二二二―二三五）治下に、かつては公衆のものであった土地を、この善い皇帝がキリスト教徒に帰属したとする件でキリスト教徒と宿屋の主人が争っている。ここに佇むとき、遠い昔、民衆のキリスト教の生地だったという思いがする。このころ「外国の迷信がはやっている」ことに驚いたクラウディウスが腸占い僧を復活して、保守派の善政を実行しようと考えた。彼は元老院への報告において、昔のイタリアのしきたりと、よい教えの遵守について当世の人々が無関心であると嘆いている。元老院は高位聖職者を招き、昔のしきたりを復活できないものか検討させた。首尾は上々で、この見事なペテン師が永久に復活したと信じられた。

　この時代の目立った出来事はアグリッピーナが権力の座につき、クラウディウスがネロを養子縁組し、その財産が増えつづけたことである。シリア人部落でクリストゥスを初めて名乗った一人の貧しいユダヤ人が、自分を幸福にしてくれた信仰を同室の仲間に伝えていたことなど誰も気に止めなかった。やがて他の仲間たちもやってきて、新参者が携えてきたシリアからの手紙には、拡大を続けている運動について書かれていた。小さなグループがひとつできた。みんなニンニクの臭いがした。このローマの聖職者の先祖たちは貧しいプロレタリアで、汚く、分け隔てなく、気取らず、悪臭のするボロ服をまとい、吐く臭い息からひどい物を食べていることがわかる。彼らの小部屋にはボロ着をまとい、食うや食わずで狭い部屋に集まっている人々が発散する貧乏の匂いが充満していた。ほどなく人数が増えすぎて、声高に話すことができなくなり、スラム街《ゲットー》にいって福音を説くことになった。すると正統ユダヤ教徒たちが抵抗した。挙句、騒々しい場面が展開され、それは数日間、毎晩くり返された。ローマの官憲が介入し、騒ぎの原因を問題にせず、捕らえることはできなかったが、クレストゥス某のせいであると上部機関に報告を出し、煽動者たちの追放が決まった。――こうしたことが伝えられているが、どれも真実味のあるものばかりだ。スエトニウスの一節に加えて『使徒行伝』も、ユダヤ人は全員この際、追放されたといっているように見えるが、これは考えられない。騒動を起こすクレストゥスの一味たるキリスト教徒だけが追放されたというのが本当らしい。クラウディウスは概してユダヤ人に好意的であり、先に述べたキリスト教徒の追放がユダヤ人たちの、例えばヘロデ家の教唆によって行なわれたと考えても無理ではない。しかし、この追放は一時的で条件付きでしかなかった。しばらくおさまっても波浪は依然として押し寄せてくる。クラウディウスの措置は、たいした効果はなかった。ヨセフスはこれについて記していないし、西暦五八年になるともう新しいキリスト教の教会がローマにできているからである。クラウディウスの命令でつぶされたローマ初の教会の創設者は不明である。だがポルタ・ポルテーゼの騒擾により追放された二人のユダヤ人の名は分かっている。それはポントス州出身のユダヤ人でパウロと同じテント職についていたアキラと、その妻プリスキラという敬虔な夫妻である。彼らはコリントに難を避け、その地でパウロの親密な友、熱心な協力者となるが、この関係は後述する。このようにアキラとプリスキラは我々が知るローマ教会の知る一番古いメンバーの二人である。が、彼らはほとんど、この教会に思い出してもらえることはなかった！　伝説というものは政治的動機に侵されて、いつも不当なものであって、ローマ教会創設の栄誉を授けるに当たって、おぼろにしか見えなくなった二人のこのテント職人をキリスト教の神殿《パンテオン》から追い出し、華々しい名前に置き換えた。こうしてキリスト教化した帝国の首都が他に譲ることのできない、普遍的支配をもつという思い上がった主張にいっそうよく応えるのだ。われわれは西方キリスト教発祥の真の起点を、聖ペテロに捧げられた大伽藍にではなく、ポルタ・ポルテーゼ即ちこの旧いユダヤ人街《ゲットー》にこそ見る。探し出して、くちづけすべきは普遍宗教を携えてきたこれら流浪の貧しいユダヤ人たちの足跡であり、身は貧窮のうちにあって神の国を夢見ていた艱苦の者たちが残した古跡なのだ。ローマのタイトルがきわめて重要なことに異論はない。ローマは多分西側世界の起点、またキリスト教が定着したヨーロッパの起点でもあった。だがここにそびえ立つバジリカ教会に代えて、また〝クリストゥスは勝利者、クリストゥスは王、クリストゥスは支配する者 Christus vincit, Christus regnat, Christus imperat〟という倨傲な標語に代えて、クレストゥスの一味《いちみ》であったとしてクラウディウスの警察に追っ払われたポントスの善良な二人のユダヤ人に、ささやかなチャペルを建立した方がどれだけましだろう！

ローマ教会はパウロの創設ではない

ローマ教会の次に（先行してなかったかもしれないが）西洋で最も古い教会はプテオリ（ポッツォーリ）の教会である。聖パウロは西暦六一年頃そこでキリスト教徒に会っている。プテオリはいわば首都ローマの玄関の港であった。ここはローマにやってくるユダヤ人やシリア人が上陸する処だ。火災流に徐々に蝕まれた不思議な土壌、フレグレアの野原、硫気孔、地獄の換気孔を想像させる炎熱の蒸気が立ちこめる洞窟、硫黄の鉱泉、地獄《ゲヘナ》のように燃える谷間に埋葬された巨人と悪霊の幻想、規則に厳格で裸体を嫌うユダヤ人にとって嫌悪の極みと映じたここの湯治場は、新しく上陸した者たちの想像力を大いにかきたて、当時の黙示録的な創作物に痕跡を強く残した。カリギュラ帝（在位三一―四一）の狂気の跡が今なお見られるが、当時もこの地に恐ろしい思い出を漂わせていた。

それはともかく、特筆すべき肝要な点は、ローマ教会が小アジア、マケドニア、ギリシャの諸教会と異なって、パウロ派の定礎によるものではないことである。ここはイエルサレム教会と直接結びついたユダヤ・キリスト教が創ったものだ。ここはパウロにとって一度も自分の領分とはならないだろう。この大教会に多くの弱点があることに彼は気づくが、それを大目に見てしまい、彼の高揚した理想主義を傷つけることになろう。割礼と外面的な掟の遵守、節制の偏愛および教義の点においてはエビオン派に属し、イエスのペルソナやその死に関してはキリスト教徒というより、むしろユダヤ教徒であり、千年王国思想を信奉していたローマ教会は、発足の当初から本質的な特徴を示し、それは後の長く素晴らしいその歴史においても顕著である。イエルサレム嫡出の娘として、ローマ教会は変わることなく禁欲的、司教的な性格を持ちつづけ、パウロのプロテスタント的傾向と対立した。ペテロを真のリーダーとして、異教徒の旧いローマがもつ政治的、階層的精神が浸透していたローマ教会は新たに真のイエルサレムになり、教皇の、階層的《ヒエラティック》で荘重な宗教の町、本家を称する実際上の秘蹟の町、膝にたこをつくり額《ひたい》に金の薄板をつけたヤコブ・オブリアム流の禁欲主義者の町となるだろう。ここは権威ある本山になろう。その主張するところによれば、使徒伝承の宣教の独自性とは、使徒の署名入りの書状を見せることであり、正統派のお墨付きを発行できることにある。イエルサレムの教会が生長しかかったキリスト教に行なったことは、良きにつけ悪しきにつけ、同じようにローマの教会が世界の教会に行なうことになろう。パウロがローマ教会に美しい書簡をしたためて、イエスの十字架の神秘と信仰のみによる救いという奥義を明示することになるが、徒労である。『ローマの信徒への手紙』をローマの教会はほとんど理解できないだろう。

だがこれから十四世紀半以上も経ってから、ルターがこの手紙を理解し、ペテロとパウロが百年ごとに交互に勝利する新時代を切り開くことになる。

第五章　第二次の旅——ガラテヤ州再訪

パウロはアンティオキアに帰ると、息つくひまもなく新たな計画に取り組んだ。彼の燃える心は休息を辛抱することができない。まず第一次伝道の範囲がどうも狭かったので、これを拡げようと考えた。いま一つは、なつかしいガラテヤの諸教会を再訪して彼らの信仰を確認したいという思いがしきりである。一風変わった性格のこの人物には、優しさがある点で欠けているように見えるが、彼の優しさは、自らが礎石を据えた共同体に注ぐ愛情から出た強腕に形を変えて見られる。彼の教会への傾注は、余人が最愛のものに抱く愛情と変わらぬものだ。これこそユダヤ人に特有な天分であった。彼らの心を占めている結束心は、家族の精神をそのまま所をかえて持ち込ませた。当時のシナゴーグ、教会は、中世における修道院に似て、愛する家、大きな愛情の炉辺、一番大切なものをその下に納めておく屋根であった。

歴史から忘れられた献身の女たち

パウロは自分の計画をバルナバに伝えた。両使徒の友愛はこれまで、大きな試練に耐え、感じやすい自尊心や性格的なきまぐれによって水を差されることはなかったが、今回は痛ましいひびが入った。バルナバがパウロにヨハネ・マルコを伴うよう提案したところ、パウロが激怒する。かつてペルゲへ向かう最も危険な地点に差しかかったとき、初の伝道の旅を放棄したヨハネ・マルコをパウロは断じて許せない。事業に従事することを一度でも拒否した人間は、再び一行に加えるに値しないとパウロは思った。バルナバは従兄弟のマルコをかばって、どうもパウロがあまりにも厳しく意向を臆断しているのではないかと述べた。いささかいは白熱し、相互の理解は無理となった。福音を告げ知らせるために、なくてはならない長い友情が当分のあいだ、ささいな人事問題にかかずらっていた。実は、この仲違いはもっと深い理由に根ざしていたと推測できる。パウロの拡大し続ける主張、傲岸さ、絶対的な統率者《リーダー》たらんとする欲望が、立場ががらりと入れ替わってしまった両人の友情関係を二〇回も壊していなかったのは奇跡というものだ。バルナバにはパウロのような才能はなかった。だが善意の序列をもって定める魂の真のヒエラルキーにあっては、バルナバがより高い位に達していなかったと誰がいえよう。バルナバがこれまでパウロのためにつくしてきたあれこれを考えるとき、たとえばイエルサレムで新しい改宗者（パウロ）に向けられた根深い不信を黙らせたのも、孤立して進むべき道も定まらないでいた未来の使徒をタルソーまで探しにやってきたのも、アンティオキアという若く活発な世界に彼を連れてきたのも、これを一言でいうならば、パウロを使徒に仕立てたのは誰だったのかと考えるとき、さして重要でもない原因による仲違いには、パウロ側に忘恩という落ち度があるとする見方を否定し難い。だが彼には事業の成就が喫緊の要務なのだ。行動の人たる者、胸中に大きな間違いを一度も犯さなかったと言えるだろうか!

こうして二人の使徒は袂を分かった。バルナバはヨハネ・マルコと共にセレウキアでキプロス島に向かう舟上の人になった。歴史はその後の足取りをつかめない。パウロが栄光の道を歩んでいるとき、余光で輝いていた連れは別離とともに姿を消し、人目につかない布教に生命を捧げつくして逝った。この世のもろもろをしばしば支配している巨大な不公平は、歴史をあまねく取り仕切っている。献身や温和の役割を分担した者は通常は忘れ去られる。調整という素朴なポリシーに従った『使徒行伝』の著者は、ペテロとパウロを和解させたい一心で、知らぬまにバルナバを犠牲にした。この著者は一方においてパウロの値打ちを下げ、下位に置いたことの埋め合わせをしようと本能的な気持ちが働いて、他方で独自の役割をもたず、党派の調整にあたったことについては、これを不当な歴史の分銅にして秤に掛け控え目な協力者の目方を軽くすることで、パウロを持ち上げた。このようなわけでバルナバの伝道には不透明さが残る。ただ彼の伝道が活発に続けられたことだけは知られている。パウロと共に初の伝道を行なったとき作り上げた大方針にバルナバはずっと忠実だった。彼は東奔西走、連れもなく教会から援助を受けることもなく、奉仕に邁進し続けた。今一度アンティオキアでパウロと再会している。パウロの高慢な気性が再び両人の間に不和をもたらすだろうが、聖なる事業という思いがすべてに打ち勝って、二人の使徒の感情は一致を見るだろう。

それぞれ別々に働きながら、双方に連絡を保ち、互いに仕事の様子を知らせあったと思われる。感情の大きな対立があったにもかかわらず、パウロはバルナバをずっと同僚として扱い、異教徒伝道の勤めを分担しているものとしていた。厳しく、激しやすく、自尊心の強いパウロだが、人生を捧げている大原則に関わりがないことはすぐに忘れた。

シラスと共に旅する

バルナバの代わりに、パウロはイエルサレム教会の預言者でアンティオキアにとどまっていたシラスを連れとして選んだ。ヨハネ・マルコがいないために、ペテロに近いと思われるイエルサレム教会の他のメンバーを同伴することになったわけだが、パウロは残念には思わなかったろう。シラスはローマの市民権をもっていたという。シルバヌスという名前から見ても、彼はユダヤ出身ではないのではなかろうか、あるいは異教徒の世界に親しんだことがあったと推測される。仲間たちに神の加護を祈られつつ二人は出発した。しきたりの祈りの言葉も無駄ではなかった。神の御手が行く先々に現われ、新天地に向かう使徒の一歩一歩は天から直《じか》に指図を受けているものと信じていた。

パウロとシラスは陸路をとった。北にアンティオキアの平野をよぎり、アマヌスの隘路、「シリア門」を通過。次にイススの湾岸奥に沿って進み、「アマニデス門」をアマヌスの北の枝道を通って過ぎ、キリキア州を縦断した。名だたる恐ろしい山道の「キリキア門」をきっと通って、タルソーを過ぎ、リカオニアに入り、デルベ、リストラ、イコニウムに到着している。

パウロになつかしい教会が、去ったときのままにあった。信者は残っていたし、人数も増えていた。最初の旅の時まだ子供だったティモテは卓抜した人物になっていた。彼の若々しさ、信仰心、知性をパウロは好ましく思う。リカオニアの信者はみな彼に敬意を示していた。パウロは彼に愛着を感じ、優しく愛し、熱心な協力者、いやむしろ息子のようにいつも思った。（パウロ自身このように表現している。）ティモテはまことに純真、謙虚、内気な男だった。主役に挑戦するほどの自信はなく、とくに軽佻浮薄なギリシャの地方にいくと彼は権威に欠けた。だが献身的な彼はパウロの助祭となり、またとない秘書でもあった。パウロは言っている、彼ほど親身になってくれる弟子はいない、と。一方にばかり肩入れしない歴史の立場をとると、パウロのお山の大将的人柄によって独り占めされた栄誉は、ティモテとバルナバのため少しばかり割り振る必要がある。

ティモテに愛着するパウロは深刻に困ったことになるのが分かっていた。割礼を受けていないティモテが原因で、ユダヤ人との間で反発とトラブルが発生することを恐れていたのである。ティモテの父が異教徒であることは周知の事実だった。臆病な連中は彼と付き合いたいと思わなかった。イエルサレムでの会談で辛うじて和らいでいた論争が再燃しかねなかった。ティトスの件で味わったいざこざが思い出された。彼は先手を打って、自らが拒否している原則に早晩譲歩をせまられるよりはと、自分の手でティモテに割礼を施した。これはティトスの一件で彼を導き、*またつねづね実践してきた原則に適ったものだ。割礼が救いに必要なものだと言って、パウロを感化できる者はなかっただろう。彼から見るとそれは信仰の思い違いというものだ。もっとも割礼は悪いことではないし、スキャンダルと離教を避けるためなら、施してもいいと彼は考えていた。彼の大原則は、使徒はだれにでも気に入られるようにふるまえるべきであり、もともと取るに足らないもので、どうしても非難すべきものでないなら、ある者がもっている偏見にも、その者の心を捉えるため従うべきだというものであった。ただ、ガラテヤ人たちの信仰が間もなく試練を受けるだろうという予感がしたのか、彼は自分以外の教父の言うことを聞かないように、自分の教え以外は呪われたものとして斥けるよう約束させた。

＊　Ⅰコリント　9　二十

新たな伝道へ天の声

イコニウムから、多分ピシディヤのアンティオキアに向かったパウロは、こうして第一次伝道においてガラテヤで創った主要な教会の訪問を終えた。そこで彼は新天地に乗り込もうと決意するが、大きなためらいもあった。小アジアの西、アジア州に当たってみようという思いが頭をよぎった。ここは小アジアのもっとも活発な地域であり、エフェソが首都である。スミルナ、ペルガモ、マグネシア、チアチラ、サルディス、フィラデルフィア、コロサエ、ラオデキア、ヒエラポリス、トラレス、ミレトスの美しくも、繁栄した町があり、キリスト教はやがてここに中心部を確立する。パウロがこの方面に働きかけるのを、思いとどまらせた理由は不明である。『使徒行伝』の著者によれば「精霊が彼のアジア伝道を禁じた」とある。ここで思い出していただきたいが、使徒たちは旅程について、天からのインスピレーションに従うものとしていた。こんな風に言って、本当の理由や熟慮や積極的な指示を包み隠すこともあったが、別にさしたる理由もなく用いることもあった。神はその意向を人間に夢で告げるという考え方が行き渡っており、これは今日のオリエントでもそうである。夢、突発的衝動、無意識の動作、不可解な物音 bath köl は精霊の現れと解され、伝道の足が向かう方向もそれによって決まった。

確かなことは、ピシディヤのアンティオキアから小アジア南西の輝かしい地方に向かう代わりに、パウロの一行は名もなく、未開の諸地方からなる半島の中央部へ踏み入ったことである。シナデスとエザネスを多分通ってフリギア・エピクテトスを通過し、ミシアの境界に着いた。さてここでまた迷いが始まる。北のビティニアへ回るか、そのまま西に行ってミシアに入るべきか。初めはビティニアに入ろうとしたところ、困った出来事があり、止せと声がするので、これは天の思し召しの表れと解した。彼らの想像したところでは、イエスの霊がビティニア地方に入ることを許さなかったのである。そこで一行はミシアを端から端まで横切り、アレクサンドリア・トロアスに着いた。ここはかなりの港で、テネドスのほぼ真向かいにあり、トロイの古代遺跡から遠くない。伝道の一行はあまり知られていないこの地方を一気に四百キロ旅したが、ローマの植民地もユダヤ人のシナゴーグもなかったので、以前のように旅の便宜はなかった。

小アジアの道

この度の小アジア夷《ひな》の長道《ながじ》は、どこも心地よい倦怠《アンニュイ》と物思いにさそう神秘があり、不快と魅惑の不思議な交錯だった。道はときおり味気なく、ある里などは不思議な荒れようで、一木一草もない。ある地にくるとうってかわって爽やかさに満ちて、漠然とオリエントという語でくくってきた概念にまったくそぐわない。オロント河口付近は、自然といい民族といい、明確に他と一線を画している。小アジアは外観も景色もイタリアやわが国のヴァランス、アヴィニョンの緯度上にある南仏《ミディ》を思わせる。ヨーロッパ人からすると、シリアやエジプトと違ってなじめない所ではない。あえて言うならアーリア族の国であって、セム族の国ではなく、将来インド・ヨーロッパ系（ギリシャ、アルメニア人）の民族がふたたび占拠しても不思議ではない。川の水量は豊かで町々は水に浸っているようである。ニンフィ、シピルスのマグネシアはまさに天国だ。重畳たる山並みが地平線をいたるところ閉ざし、無限に変化する山容が時には奇妙な戯れを繰り広げて、芸術家があえてこれを模写すれば、夢の世界を描いたものと人々は思うだろう。のこぎり状にギザギザになった頂、裂けて折り目の入った山腹、妙な円錐形、切り立つ断崖、ありとあらゆる岩の息を呑む美しい造形が繰り広げられている。無数の山脈のおかげで、川の流れは軽快に小走りだ。ポプラの長い並木、冬になると急流の広い川辺に繁る低いニレの木々。樹木は美しく集い寄り、根は泉に脚をのばして山の裾に暗い茂みをつくっている。ここは旅ゆく者がやすらぎをおぼえるところだ。泉に着くたびに隊商《キャラバン》は小休止して喉を潤す。何世紀もさまざまな旅人が行き交《か》った細い石畳の古代の街道を、来る日も来る日も歩き続けると、うんざりすることもある。が、一服するときの心地よさ、砂利の川床を走る透明な急流のほとりでとる小一時間の休息、ひと切れのパン、これが長道を行く者を励ましてくれる。

ルカと出会う

旅の道筋のこの部分について、しっかりした計画に従っていたとは思えないが、トロアスに着いたパウロは、次のルート選択についても確信がもてなかった。マケドニアは素晴らしい収穫が約束されているような気がしていた。この思いはトロアスで出会った一人のマケドニア人によって確信に至ったのではなかろうか。この人物はルカヌスとかルカという名の医者で、割礼をしていない新しい信徒だった。ラテン語名から見ると、この新しい弟子はフィリピのローマ植民地に帰属しているようだ。だが海図と航海に関するたぐいまれな知識をもっているところを見ると、ネアポリス出身であったとも思われる。地中海の港と沿岸航路に精通していた。

ユダヤとギリシャのきちんとした教育を受けていたこの人物は、キリスト教史上きわめて重要な役割を担った。彼は後にキリスト教起源の史家とされ、その識見は後世に強く影響を及ぼし、初期の教会に関して今日ひろく行なわれている見解となったからだ。穏健で、協調的な精神、やさしく同情深く、謙虚な性格で自らは前面に出ようとしない。パウロはたいへん彼を可愛いがり、ルカの方もいつも師に誠実だった。ティモテと同じく、ルカもパウロの伴侶になるべく特別に生まれてきたかのようだ。盲目的なまでの素直さと信頼、限りない敬愛、心からの従順、無条件の献身、これが平生の彼の心情であった。師の膝下にあるアイルランドの僧が行なう絶対の自己放下を見る思いがする。これほど非の打ち所のない「弟子」の鑑《かがみ》もない。ルカは文字通りパウロの感化力のとりこになっていた。庶民的な彼の気立てのよさがいつも現れている。彼はパウロに完成と幸福のモデルとして勇気ある人間、また霊父のように心やさしいユダヤ人として、家族あげて改宗する一家の師の姿を、あこがれ見るのだ。ルカはローマの将校が好きで、彼らが道徳的だと心から信じていた。特に彼が敬愛していたのは、信仰深く、ユダヤ人に好意的で、親交のあった百人隊長である。彼はフィリピでローマ軍を観察していたようで、強い印象を受けている。規律と職階制は道徳の秩序そのものであると素朴に受けとっていた。またローマの役人にも大きな敬意を払った。医者の肩書から見ても、教養があり、ただしそれは著述を読んでも分かるが、科学的、合理的な教養を意味するものではない。当時の医者にそういうところはほとんどなかった。ルカの優れたところは「善意の人」、すなわち心やさしい真のイスラエル人、イエスが平安を授けた者であることだ。彼こそイエスの生誕と幼年時への甘美な讃歌と、天使、マリア、ザカリア、老いたシメオンの頌唱を今に伝え、またおそらくは作ったその人であり、高らかに楽しげにそこに鳴り渡るのは、新しい契約の喜び、敬虔な信仰者の神を讃えるホサナの声、弥栄《いやさか》のイスラエルの家族の父と子の間に戻ってきた和合の唱和である。

ルカはトロアスで神の恩寵に接して以後パウロに心ひかれ、マケドニアに新天地が待っているとパウロを説得したと信じられている。ルカの言葉はパウロに強い印象をあたえた。夢に一人のマケドニア人がパウロの側に立ち、彼を招いて言った、「わたしたちを助けに来なさい」。神がマケドニアに行くように命じている、と伝道の一行は受け取った。後は出立に都合のよい機会を待つだけである。

第六章　第二次の旅（続）――マケドニア

伝道団は未踏の地に上陸した。そこはマケドニア地方と呼ばれているが、マケドニア王国に属するのはフィリッポスが王についてからのことだ。実際はトラキアの領域で、古くはギリシャの植民地になったが、その後中心地をペレアにもつ強大な君主国に吸収され、続いて二百年間ローマの大統合体に組み込まれた。ヘムスと地中海との間に位置するこの地域は、世界でも数少ない民族的に純粋な国である。たしかにいろいろの語派があるが、インド・ヨーロッパ語族の真正な語派がこの地で交錯していた。タソスとサモトラキアからやってきたフェニキアの多少の影響を例外とすれば、異邦人が内部まで進入したことはほとんどなかった。ケルト人が大多数を占めるトラキアはアーリア的生活を忠実に伝えており、ギリシャ人やローマ人の目には野蛮と映る古代宗教を守っていたが、実のところ素朴であったにすぎない。

マケドニアとギリシャ

マケドニアについて述べると、ここは古代世界の中でたぶん最も正直で、最も真面目な、最も健全な地域だった。もとは、封地時代の城砦《ブルグス》からなる国で、独立した大都市からなる国ではない。ここでは、人情豊かな道徳がよく守られ、将来のために最大の力を蓄えたすべての制度がある。精神的連帯と献身からなる君主制がしかれ、ペテン師的行動や小共和国によく起こる不毛の騒擾に対して反感を抱いていたマケドニア人は、中世に似た社会の型《タイプ》をギリシャに示した。忠誠心に根ざし、正統継承権と世襲の信頼によって成り立つものだが、オリエントの屈辱的な専横と異なり、また国民の血をたぎらさせ、一身を投じた者をたちどころに消耗してしまうデモクラティックな熱狂とも異なる、保守的精神に根ざしたものである。それ故デモクラシーがほとんど例外なく持ち込む社会的腐敗の要因は内在せず、スパルタが革命に備えて編み出した鉄鎖に縛られず、マケドニア人はもっともローマ人に似通った古代の国民であった。別の見方をすると、彼らは勇敢であり、酒飲みで、粗野で、誇り高く、忠実なゲルマンの貴族階級を思わせる。ローマ人が永続的な形で建設することを心得ていた統治方式を、彼らはほんの一時だけ実現したのだとしても、なお彼らは試みて名を残した名誉を担っている。マケドニアの小王国は、叛乱分子も過激派もなく、よき内政によって統治されており、オリエントでローマ人が戦わなければならなかった最も頑健な民族だった。愛国と体制支持の強固な精神が支配しており、彼らが敗北した後、旧王朝の継承を謳ったペテン師たちに対し住民が勃然として怒りをあらわしたことが知られている。

ローマ支配下のマケドニアは威厳ある純粋な国ぶりの地であり続け、ブルータスに精鋭二軍団を提供している。シリア、エジプト、アジアの人々のように、マケドニア人が悪行のあがりで財を積もうとしてローマにすり寄った例はない。後に起こった民族のひどい入替えにもかかわらず、マケドニアは同じ性格を維持したと言える。ヨーロッパの風土を一般的に見ると、森林に富み、肥沃で、大きな河川で潤され、内部の資源に富んでいるが、反対に、ギリシャの土地は痩せて貧乏、なにかも特異であり、栄光と美があるだけだ。ユダヤやシナイと同じく、奇蹟の土地、ギリシャは一度は花を咲かせたが、再び咲くとも思われない。この国は独自なものを創造したが、刷新することはできなかった。ある国に姿を現わした神は、以後その地を永遠に立ち枯れにしたものだろうか。クレフト（トルコ軍に抵抗したギリシャ人）と芸術家の地、ギリシャは世界が富、工業、豊かな消費の道を歩んだ日の舞台ではもはや独自な役割を担うことはなかった。ここは天才しか生まない。この地を歩き回って三嘆するのは、強力な一民族が乾燥した山また山の上でよくも生活できたものだ、山中にすこしばかり湿りけのある谷底と一キロほどの狭い平地がよくぞまあこれこそ奇跡、と叫ばしめることだ。豊かさと偉大な芸術との間に乖離があることを、これほどはっきり目の当たりにする処はない。マケドニアはこれと異なり、将来はスイスかドイツ南部に似てくるだろう。村々には巨大な樹木が密生している。ギリシャの景観が素敵な小迷路からなるのと異なり、ここは広大な平野、豊かな山、緑なす平原、広々した景観をもち、大規模な農工業国になる要素をすべて備えている。寡黙で、まじめなマケドニアの百姓はギリシャの百姓のように自慢話もしないし、口の軽さもない。女性は美しく貞節で、男と同じように野良で働いている。プロテスタントの農民のような民衆と言ってもよかろう。善良で、逞しく、勤勉で、定住し、国を愛する、将来に富む民族だ。

フィリピに到着

トロアスで乗船したパウロとその一行（シラス、ティモテとおそらくルカ）は追い風を受けて船を進め、最初の晩はタモトラキア島に寄り、翌日、タソス島の小さな絶壁の上の町、ネアポリスに着いた。ネアポリスは港で、内陸に十二キロ入ったところに大きなフィリピの町がある。ここは西洋からマケドニアとトラキアを貫いてオリエントへ向かうエグナチア街道が海岸に接する地点だ。いずれテサロニケまで一路辿って行くことになるこの道をとって、使徒たちはネアポリスを見下ろす岩山を削ってつくった舗装した坂道をのぼり、沿岸を取りまく小さな山脈を越えて美しい平原に出た。その中心部にフィリピの町が突如、姿をあらわす。そこは山からせり出した高台の上にある。

豊かな平野部のいちばん低いところは湖と沼地で占められ、パンゲウス山後方のストリモンの盆地とつながっている。ギリシャ・マケドニア時代には金鉱が有名だったが、いまやほとんど見捨てられていた。だが山と沼に囲まれた軍事的要衝であるため、フィリピは新たな活路を見出す。キリスト教伝道の一行が到着する九四年前に、この入口で交えられた戦により町は思いがけなく輝いた。アウグストゥスがここに重要なローマの植民地を設けてイタリア法を施行した。町はギリシャ的というよりローマ的だった。ラテン語が共通の言語で、古代ローマの宗教がそっくり持ち込まれていたらしい。村が散在する近辺の平野は、この当時トラキアの中心部に投げ込まれたローマの郡《カントン》のようなものだった。アウグストゥスがこの地域に宿営させたアントニウス部隊の残存兵によって主として作られた植民地だが、ヴォルティニア部族に組み込まれた。古代トラキアの底流がいろいろ混じりあった。ともかく、非常に勤勉で秩序と平和のうちに生活し、きわめて信仰深かった。とりわけローマ支配の守護神と考えられたシルバヌス神の加護を信じる信徒団体が活発だった。トラキアのバッカスの祭儀は、不死に関する高い思想を含み、キリスト教が広めたものと極めて類似した来世と甘美な天国の観念像《イマージュ》をもち、民衆はこれに馴染んでいた。多神教はこの地方では他国ほど、ごたまぜにはなっていなかった。トラキアとフリギアに共通するサバデウス信仰は古代のオルフェウス教とのつながりが強く、当時の諸派統合《シンクレティスム》によりディオニソスの密儀にいっそう結びつき、一神教の胚芽を内に含んでいた。質実素朴なセンスが、福音への道を準備していた。何につけても正直、真面目そして穏やかな風俗が感じられる。ヴェルギリウスの感傷的な農村詩を生みだした土地とよく似た世界にきていることを肌で感じる。緑一色の平野に、年中とりどりの野菜と花が栽培されている。町をかこむ金色に輝く大理石の山の裾からゆたかに湧き出る泉がうまく導かれると、富と葉叢《はむら》と爽やかさを広くもたらす。ポプラ、いちじく、さくら、野性のブドウの茂みが甘い匂いを放ち、その下に隠れて水路が縦横に走る。水面から高く伸びた葦一面の草原に目をやれば、くすんだ目と大きな角《つの》をもった水牛の群れが水中から頭を見せたり、蜜蜂、黒蝶、青蝶が花の上を群れて飛んでいる。雄大な山頂に六月まで雪を戴いているパンゲウス山が前方にせり出して、町に近づきになろうと沼地をよぎってきかのたようだ。美しい山並みが四方の地平線をさえぎり、一カ所だけが開けて、空がもれて見える。澄み渡った遠くその先に、ストリモンの湾があるはずだ。

青空伝道を開始

フィリピは伝道に最適の地を提供してくれた。先に見たように、ガラテヤ州におけるピシディヤのアンティオキアやイコニウムのローマ植民地では、新しい教えをたいへん好意的に受け入れていた。同様の例がコリント、アレクサンドリア・トロアスでも見られるだろう。地方の堅い伝統を守って、長らく煩わされることがなかった住民は、目新しいことにそれほど関心はなかった。フィリピにユダヤ人居住区が、一つくらいあったとしても、たいしたことはなく、婦人たちがひっそり安息日を祝ったくらいのことだったろう。ユダヤ人がいない町でさえ、一般に数人は安息日を祝っていた。いずれにせよここにはシナゴーグはなかったらしい。伝道の一行が町に入ってきたのは、週明けの日だった。パウロ、シラス、ティモテそれにルカは、ならわしに従い、安息日がくるのを待って数日を家でじっとしていた。この国に詳しいルカは、ユダヤの風習を身につけた人達が安息日に郊外に集まる習慣があることを覚えていた。そこは六キロ上流に湧きでる大きな泉から流れ出たガンガスとかガンギテスという小さな川に沿って両側が切り立った処である。おそらくこれは聖なる河（ガンガ）の古代アーリア語名だろう。確かなことは、マケドニアにおけるキリスト教の鍬入れを書き留めた『使徒行伝』が物語っている和やかな場面《シーン》は、その一世紀前に世界の運命を決したこの場所でのことである。ガンギテス川は前四二年の大戦役でブルータスとカッシウス部隊の最前線があった古戦跡なのだ。

ユダヤ教の会衆の集会はシナゴーグのない町では、屋根なしの小さな囲い内か、囲いもない青天井の下で催されたもので、これをプロセウケと呼んだ。海辺か川沿いを祈禱所とすることが好まれたが、沐浴の便宜のためである。使徒たちが指定の場所にいってみると、数人の女性がお勤めをするためにやって来た。使徒たちは語りかけて、イエスの神秘を告げ知らせた。女たちは耳をかたむけたが、その一人が感動して「主はわたしの心を開かれた」と言ったと『使徒行伝』が伝える。彼女はティアティラ市の出だったので、リディアとか「リディアン」と呼ばれ、リディアの主要産物である紫布を商っていた。敬虔な女性で、「神を畏れる人」と呼ばれる者に近かった。つまり生来は異教徒だが、いわゆる「ノアの」教えを守っていた。彼女は一家をあげて洗礼を受けさせた。また四人の伝道者に自分の家にぜひ泊まるよう頼み承知するまでやめなかった。彼らは数週間その家に泊まって、毎土曜日にはガンギテス川沿いの祈りの場で教えを説いた。

キリスト教会に最大の貢献をした女たち

ほとんど女性からなるささやかな教会が創られ、女性たちは敬虔にして従順、献身的にパウロに仕えた。リディアの他に、教会にはエヴォディアとシンティケもいて、福音のためパウロと共にけなげに戦っていたが、女執事《ディアコネス》の職務に関連してしばしばいさかいがあった。勇気のあるエパフロディトもいた。パウロは彼を兄弟、協力者、戦友として扱っている。「協力者であり命の書に名を記されている」とパウロに呼ばれたクレメンスその他もいる。ティモテもフィリピの人々に深く愛され、また彼らに献身した。ここはパウロが金銭的な援助を受け入れた唯一の教会である。この教会は豊かで、貧しいユダヤ人をあまり抱えていなかった。リディアが大口寄付の施主であったことは疑いない。パウロは、彼女が心から尽くしてくれていることが分かっていたので彼女の寄進を受け取った。リディアは進んで喜捨を行ない、非難やお返しを気にしなかった。パウロとしては、恩義を受けると束縛されかねない男性より、信頼する女性（多分やもめ）から恩恵をうけることを喜んだに違いない。

キリスト教徒の生活態度に見られる絶対の清廉さは、いかなる疑念も寄せつけなかった。パウロが『フィリピの信徒への手紙』の中で「私の親愛なる妻」と呼んだのはリディアのことだと憶測するのは少し大胆に過ぎよう。このような表現は単なる暗喩《メタファー》ととるべきではないか。だがパウロがこの女性《シスター》とより親密な関係を結んだことはない、と言い切れるのだろうか？　なんとも確認できないが、分かっていることは、パウロは旅に女性《シスター》を伴わなかったことだ。にもかかわらず教会を伝承する一分派はこぞって、彼は結婚していたと主張した。

キリスト教徒の女性の性格が次第に明らかになってきた。まずユダヤの女、時にはとても気丈で、献身的である。次にシリアの女、病んだ体質の投げやりな物憂さからくる熱狂と愛の閃きがある。タビタ、マグダラのマリアに次いでギリシャの女がくる。いきいきと活発で、優しく気品があり率直ながらつつましく、師を立てるリディア、フェベ、クローエである。このギリシャの女たちは師に仕え、偉大な事業をこなすことができた。彼女たちは男たちの協力者、その姉妹であることに満足し、男性が立派な善いことをしているときは手助けをしたからである。繊細で力強いギリシャ民族の女性は更年期にはいると、変化が生じて別の容姿になり、顔色は青白く、すこしぼんやりした視線になる。頬にかかるいくつにも分けた癖のない髪を黒いヴェールで覆い、地味な世話に身を捧げ、かいがいしく、賢明な情熱をもった彼女たちである。ギリシャの「奉仕者」ないし女執事《ディアコネス》は気丈さにおいてシリアやパレスチナの女性を越えている。教会の秘密を守っている彼女たちは大きな危険に身をさらし、秘密を少しでも漏らすよりはどんな苦痛にも耐えた。彼女たちによって女性の尊厳が創り出された。彼女たち自らの権益を口にしないことによってである。彼女たちは男性に仕えているように見えて、行為において男たちを凌駕していた。

ひと悶着、鞭打たれる

事件が起きて、伝道団は急いで出立することになった。町中が話題にし始め、彼らの身に備わっている素晴らしい効験が、悪魔祓い《エクソルシスム》に有効であると勘違いされたのである。ある日彼らが祈りの場所にゆく途中に腹話術師だったらしい、未来を予言する占い師として通っていた若い女奴隷に出会った。彼女の主人たちはこの怪しげな術で大金をせしめていた。その哀れな女はほんとうにひどく興奮したのか、自分の卑しい生業《なりわい》にうんざりしていたのか、伝道団を見かけるや否や大声をあげてその後を追いかけた。彼女は新しい信仰と説法者を称賛しているのだと信徒たちはふれこむ。このようなことが度々繰り返される。ある日、パウロが娘の悪魔祓いをしたところ、彼女は静かになり、おかげで取りついていた悪霊から解放されたと言った。だが娘の師匠はくやしくてたまらない。娘が治ってしまえば、飯《めし》の食い上げになるからだ。そこで彼らはパウロを悪魔祓いの正犯として、シラスはその共犯者として訴えるべく、二人を広場《アゴラ》の二人委員《デュオンヴィル》*に引き立てていった。

このような妙な理由で賠償請求を正当化するのは難しかろう。告訴人はとりわけ市内で起こされたトラブルと不正な伝道を取り上げて言った、「ローマ帝国の市民であるわたしたちが実行することを許されない風習を宣伝しております」。確かにその町はイタリア法が施行され、信仰の自由はローマの町に近づくにつれて制限されていた。女予言者の主人たちによって焚きつけられた迷信深い下層民たちも、そろって使徒たちへの敵意をあらわにする。この種の小さな暴動は古代都市では、しょっちゅうのことだ。ゴシップ好き、暇人、かってデモステーナが名付けた「広場《アゴラ》の常連」にとって、それは生きがいである。二人委員は彼らの身分を調べも聞きもせず、取るに足らないユダヤ人のことだと考え、パウロとシラスを鞭打ちの刑にするよう言い渡した。警士が使徒たちの衣服をはぎとり、公衆の面前ではげしく叩いた上、牢獄にひきたて、一番奥の土牢に投げ込んで、木の足かせをはめた。

自分を弁護する発言が認められなかったものか、師、イエスのために屈辱を受ける栄誉を求める意図があってのことか、パウロもシラスも裁判所ではローマの市民権をもっていることを主張しなかった。身分を明らかにしたのは夜中、牢獄内でのことだ。牢番は仰天した。彼は二人のユダヤ人を手荒く扱っていたが、目の前にいるのは不法に刑を宣告されたローマ市民のパウルス様、シルバヌス様であった。牢番は打ち傷を洗い清め、食事を出した。ただちに二人委員に報告がいったと思

パウロとシラス，鞭で打たれる

われる。早朝には囚人二人を釈放せよと牢番に命令する警吏《リクトル》を走らせている。ヴァレリア法とポルキア法は有無を言わせない。ローマ市民を鞭打ちに処せば、行政官として重大な違法行為になる。優位に立ったパウロは、こっそり釈放されることを拒否し、二人委員が雁首そろえてやってきて釈放に当たるべきだと要求したという。困りきった高官は出向いてきてパウロが町を出るよう決定を下した。囚われていた二人は釈放されると、リディアの家に行った。皆は彼らを殉教者のように迎えている。二人は兄弟たちへの励ましと慰めの言葉を残して出発した。パウロがこれほど愛され、愛した町はなかった。事件の巻き添えにならなかったティモテと、副次的な役割を受けもっていたルカはフィリピに留まった。ルカは五年の後までパウロに会えないことになろう。

＊ 植民地における第一行政官（司法権をもつ）に与えられた名称。

フィリピを発つ――オリンポス山を望む

フィリピを出立したパウロとシラスは、エグナチア街道をとり、アンフィポリスに向かった。パウロの旅で最高に晴々した日だった。フィリピの平野を出ると、パンゲウスの高峰を見上げる、心地よい谷間に道が通じている。ここには亜麻など温暖地帯の植物が栽培されている。山の襞に大きな村々が姿を現わした。ローマの本街道は大理石の石畳で舗装されていた。道をゆけばあちこちに、厚い地層に濾過されながら、まっすぐ流れてきた近くの雪解け水が、プラタナスの木陰の深い井戸に満々と溢れ出ており、旅行く人の喉を潤す。白い大理石の岩を穿って、いくつも小川が水路をつくり、この上なく透明な水が流れている。ここにくると、名水は自然が贈ってくれる最高の恵みであると実感する。アンフィポリスは大きな町でこの地方の中心であり、ストリモンの河口から約一時間のところにある。使徒たちはここに足を止めなかったようだが、多分純粋にギリシャの町だったからだろう。

アンフィポリスから使徒たちはストリモンの河口域を後にして、海と山の間を進み、深い森を過ぎ海岸の砂浜まで突き出している平原をよぎった。初めての休息を、海から数歩の砂地から湧く冷たい泉近くのプラタナスの木陰でとるときの心地よさは格別である。一行はつぎにアレテュサのアウロンに入った。ここでは垂直に切り込んだボスフォラスのような裂け目から内陸の湖水が海に流れ出している。一行はエウリピデス（三大悲劇詩人の一人）の墓のそばを、それと気がつかぬまま通り過ぎたことだろう。見事な樹木、爽やかな空気、透明な水、羊歯や灌木の活力は、猛暑が訪れる直前の大シャルトルーズ山地か、グレシヴォダン（リヨン南東、アルプス山中の谷）の景観を思わせる。ミグドニア湖の盆地は酷熱の土地だ、溶かした鉛の表面だ。蛇が水の上に頭を出して泳いでおり、日陰を求めてかすかな波をたてている。正午ちかく、樹木の下に寄り添った羊の群れは動きを止めてしまった。この息苦しさに耐えている生物の気配は、ぶんぶんいう虫の羽音と鳥の鳴き声だけ。それがなければ死が支配しているようだ。

ここには足をとめず、パウロは小さな村のアポロニアを過ぎ、湖を南に迂回し、中央部の窪みを湖が占めた草原の奥まで進み、テサロニケ湾の東側を閉ざしている低い山脈の麓に着いた。山の頂から望むと、オリンポス山（二九一七メートル）が地平線上に偉容を見せている。麓と中腹は空の蒼《あお》と溶け合って見える。山頂を覆う雪は大気に浮かんだ天上の住まいのようだ。残念なことに、聖なる山は当時すでに荒れ果てていた。以前ここに登ってきた男たちは、もはや神々は住まっていないと気付いた。キケロが流刑地として住んだテサロニケから、白い頂を見て、そこに雪と岩しかないことを知った。パウロは他民族の神の棲息地《すみか》には一瞥もくれなかったことは疑いない。パウロの眼前に大都市が見えている。経験はここが偉業をなすには恰好の拠点になると告げていた。

テサロニケ、布教を再開

ローマが支配してから、テサロニケは地中海で殷賑を極めた商業港になっていた。裕福で人口過密の町である。市内に大シナゴーグがあり、小礼拝堂しかもたないフィリピ、アンフィポリス、アポロニアのユダヤ教の中心地になっていた。パウロはここでも従前のやり方を踏襲する。三回続けて安息日にシナゴーグに説教しにやってきて、イエスについて所説を繰り返し宣べ、イエスがメシアであること、(旧約)聖書の内容はイエスにおいて実現を見たこと、彼が苦難を受けねばならなかったこと、蘇ったこと、を証《あかし》した。ユダヤ人も何人か改宗したが、なかでも「神を畏れる」ギリシャ人に改宗者が多かった。新興宗教の熱心な信徒になったのは、いつもこの種の人々であった。

女性たちが群れをなしてやってきた。テサロニケの女性社会の中でも、信仰のあつい善女たちが、以前から安息日とユダヤの祭祀を守っていた。篤信の選ばれた層の婦人たちが新しい説教者のもとに馳せ参じた。こうして異教徒も多く改宗した。魔術(魔力)、異言、精霊の賜物、感情の神秘な

パウロ，テサロニケの人々を回心させる

吐露、エクスタシーという従前どおりの現象があった。テサロニケの教会は、信仰心と使徒への細やかな思いやりという点で、まもなくフィリピの教会に並ぶようになる。パウロがこれほどの熱意と心遣い、心底からの厚意を払ったところはない。生来活動的で、激しやすいこの人物が、意外なほど優しさと平静心をもって伝道に当たっている。本人も言っているように、父、母となり、育ての親となった。厳めしさも外見の醜ささえも、彼に魅力を加えていた。とげとげしく激烈な性質も、やさしい気持ちに転じると、たぐいない魅力になった。へつらうことなく、気弱い意見や欲得ずくの考えが見えすいている柔らかさよりも、厳しい言い方のほうが、とくに女性には受け入れられることが多い。

パウロとシラスはイエス某の家に住んだ。彼は民族としてはイスラエル人だが、ユダヤ人の習わしとして自分の名前をヤソンとギリシャ語風にしていた。一行は宿を貸してもらう以外はなにも受取らなかった。パウロは教会に負担をかけまいと、夜も昼も身すぎにはげんだ。フィリピ産の紫布を商っていた金持ちの女とその仲間は、他の人たちが生活に必要な品々をパウロに提供するので頭をなやませたことだろう。テサロニケ滞在中にパウロはフィリピの人々から二度寄付を快く受け取っている。これは彼の主義に反したことだ。彼の規律は教会から生活の資を一切受け取らず、自足することだった。だが彼は心からの贈り物を断るにはためらいを覚え、敬虔な女に辛い思いをさせまいとした。前にも述べたように、自分の権威を保っておきたいので、ヤソンのような男性からよりも、自分の行動をけっして妨げない婦人から恩義を受けることを選んだのだろう。

どこへいっても、テサロニケにおいてもそうだが、パウロは自分の理想の方針通りにはいかなかったようだ。パウロが訴えかけた住民には勤勉な労働者が多く、彼らの心をとらえて、秩序、職務、異教徒に対する礼儀を説いた。一連の新しい教えが、その教科目に追加される。倹約、課せられた仕事の実行、落ちついた生活と独立によって築かれる勤労の誇りである。驚くにあたらないだろうが、これと対照的に彼は黙示録《アポカリプス》のまことに奇妙な神秘をも、それが想像された通りに彼らに啓示している。範《モデル》としてパウロが引き合いに出すことを好んだテサロニケ教会から発散する教化の香りは周辺に広がった。教会の有力者にはヤソンの他に、ガイオ、アリスタルコ、セクンドの名が挙げられている。アリスタルコは割礼を受けていた。

これまで二〇回も持ち上がったことがテサロニケでも始まる。ユダヤ人の不平分子が騒動を起こしたのである。暇人《ひまじん》、浮浪人などあらゆる野次馬たちがかき集められる。彼らは古代都市で夜となく昼となく聖堂《バジリカ》の円柱の下にたむろして、金をくれるなら、待ってましたと騒ぎ立てる群れだ。この連中が一緒になってヤソンの家を襲いに出かけた。大声でパウロとシラスに話があると叫んだが、不在と分かると、暴徒たちはヤソンと信者を何人か縛り上げて、ポリタルクか、ないしは法務官《マジストラトス》の許《もと》に連行した。混乱したわめき声が聞こえた、「革命家が町に入り込んだ。引き入れたのはヤソンだ」、「こいつらだ、皇帝の勅令を破って暴動を起こしたのは」。「きゃつらにはイエスとかいう王がいるぞ」と叫んでいる者もいた。騒ぎは大きくなり、当局は動揺を隠せず、拘束されていたヤソンと信者に保釈金を強要し、金をせしめてから釈放した。次の夜、兄弟たちはパウロとシラスを町の外に伴い、ベレアに送り出した。ユダヤ人たちの嫌がらせは小さな教会にも続けられたが、教会を結束させせただけであった。

ベレア伝道、純粋な信仰を求める女たち

ベレアのユダヤ人はテサロニケのユダヤ人より偏見がなく行儀もよかった。シナゴーグで彼らは快くパウロに耳を傾け、じっくり彼が考えを発表するにまかせた。何日間も、彼らの間に好奇心が強く湧いていた。パウロが引用した文言を見つけようと時間をかけて聖書のページを繰り、正確かどうか確かめてみるのだった。多くの者が改宗し、その一人にピロの息子でソパトロとかソシパトロスという名の青年がいた。ただマケドニアの他のどこの教会でもそうだったが、ここでも婦人が大半を占めた。改宗した女達はみなギリシャ民族で、ユダヤ人でもないのに、ユダヤ教の祭礼を行なっている敬虔な人達に属していた。ギリシャ人やユダヤ教に改宗していた者も多く改宗し、シナゴーグは例外的におだやかな日が続いた。嵐はテサロニケから吹いてきた。その町にいたユダヤ人はパウロがベレアで説教して成功を収めていることを耳にすると、こんな町くんだりに押しかけてきて、作戦を再開した。またしてもパウロは大急ぎでシラスも連れずに出発しなければならなかった。ベレアの兄弟たち数人が道案内のためつきそった。

マケドニアのシナゴーグ内での警戒が非常に厳しくなり、パウロにはこの国に滞在するのは不可能に思われた。町から町へ追われている気がした。行く先々の足下から暴動が噴出するのだ。ローマの官憲は彼を敵視してはいなかったが、このような状況になると警察がいつも採用する原則に従って事態を処理した。街頭でいざこざが発生すると、警察は全員をとがめ、騒乱の口実にされて

いる者が正当かどうかを調査もしないで、静かにするか、あるいは立ち去るように求めた。これは事実上、混乱に陥れた側を理ありとすることになり、市民から自由を奪うには何人かの過激な者がいればよいという原則を定めたことになる。憲兵が方針《フィロソフィー》を喋々と弁じて誇ることはけっしてない。パウロはベレアをたち、敵対者の憎しみによって嗅ぎつけられない、遠く離れた国にゆくことにした。シラスとティモテをマケドニアに残し、ベレアの人達と海へ向かった。

これまでなし遂げた中でもっとも実り豊かな輝かしいパウロのマケドニア伝道は、このように終わった。新要素で革新された諸教会が成ったのである。ここにはシリア人の軽佻もリカオニア人の素朴もない。ユダヤ教によって準備されていた鋭敏、繊細、優雅、そして知的な人々が、新たな信仰に出会ったのである。マケドニア沿岸がすべてギリシャの植民地になっていたが、ギリシャ精神はこの地に最良の果実をもたらしていた。フィリピとテサロニケそれぞれの町の上流婦人で構成された、気高いこれらの教会は、キリスト教がなしえた、二つの双ぶもののなき見事な征服であった。ユダヤの女は先を越された。従順で、家にこもった、おとなしく、祭礼にあまり参加しないユダヤの女たちが改宗することはあまりなかった。天の声に魅せられたのは、「神を畏れる」ギリシャの女性であった。彼女たちはアクロポリスの高台で槍をきらめかせている女神にはうんざりしており、古びてしまった異教に背をむけ、純粋の信仰を求めた貞淑な花嫁たちであった。ここに、われらが信仰の第二の発起人たちがいた。イエスに従い、仕えたガラテヤの女たちの後をついで、フィリピ、テサロニケに住むリディア、フェベそして無名の敬虔な女たちが、新たな信仰の迅速な発展を支えた真の聖女なのだ。

第七章　第二次の旅（続）――アテナイ

パウロは忠実なベレア人たちを伴って、アテナイに向けて出帆した。テルマイコス湾の奥からファレリアないしピレウスまでは三、四日の小航海である。オリンポス、オッサ、ペリオンの山裾を通過し、エウボイア島でエーゲ海から隔てられた内海の入り組んだところを迂曲し、奇観をなすエウリプスの海峡を過ぎた。船が大きく舵を切るごとに、舷側から瞥見するのは、真に聖なる土地だ。かつて完全なるものがヴェールをぬいだところ、理想《イデアル》が現実に存在したところ、最も高貴な一民族が芸術、科学、哲学、政治の定礎を同時に行なったところである。教養人ならこの神聖な土地に足を踏み入れると、一種の親しみを覚えるものだが、ここに上陸したパウロには恐らくそうした感懐はなかったろう。彼は他の世界に属する人だ。彼の聖地は別のところにある。

初めて見るギリシャ

ギリシャは前の数世紀に襲われた恐ろしい打撃から立ち直っていなかった。全地球の子なる、この貴族的な種族はばらばらに引き裂かれた。ローマ人が彼らの絶滅の総仕上げにやってきて、古くからの家系はあらかた消滅する。テーベ、アルゴスの古代都市は寒村に成り果て、オリンピア、スパルタも膝を屈し、アテナイとコリントだけが生きのびた。地方は砂漠に等しく、ポリュビオス（ギリシャの歴史家）、キケロ、ストラボン、パウサニアス（旅行家）が描いた荒廃のイメージは痛ましい。ローマ人が町々に与えた自由はウェスパシアヌス治下になるまでは存続したものの、その様相は皮肉《アイロニカル》でしかなかった。ローマの悪政がすべてを台無しにしてしまった。もはや神殿は維持されていない。一足歩むごとに見つかる台石も、その上にあった彫像は征服者によって奪われて無くなっていたり、新たな支配者に称賛を捧げた像に代えられていた。とりわけペロポネソスは壊滅的な打撃を受け、さらにスパルタに殺《や》られた。隣国の狂気のユートピアによって、あわれにもこの国は焼き打ちされてから後、再起していなかった。一方、ローマ時代には大中央都市の制度が多数の弱小の中心地の制度を組み込み、コリントは多くの人々を引き寄せた。

だがコリントを除けば、民族はかなり純粋性を保ち、ユダヤ人の数はそれほど多くなかった。ギリシャはローマの植民地を一つだけしか受け入れなかった。スラヴとアルバニア人の侵攻がギリシャ人の血を大きく変えてしまうのは後のことだ。古代信仰がまだ盛んだった。婦人の中には夫に覚られぬように閨の奥で、異国とくにエジプトの縁起かつぎをやっていた。が、賢者がこれに抗議して言っている、「既婚の女性がひそかに賛美し、悦にいっている神とはなんだ！　女は夫の友人以外の友を持つべきではない。われわれの神々は第一の友ではないか？」

渡航中もアテナイに到着したときも、パウロは連れをマケドニアに置いてきたことを悔やんでいたようである。恐らく彼はこの新天地に驚いて、強く孤立感を抱いたことだろう。確かなことは、彼がベレア人の信徒を帰らせたとき、シラスとティモテにできるだけ早く来て合流してくれるよう頼んでいることだ。

こうしてパウロがアテナイに着いた数日間は一人きりであった。こんなことはずいぶん長い間なかった。彼の人生は旋風《つむじかぜ》のようなものだが、二、三人の連れなしの旅は決してしていない。アテナイは世界に独自な存在だったし、何にしてもパウロがそれまで見たものとはまるっきり異質の世界だから、往生しきっていた。連れがやってくるのを待っているあいだ、やむなく町中をくまなく見て歩いた。アクロポリスの丘には数えきれない彫像が立ち並び、見たこともない美術館の様子を呈しており、とりわけひどく特異な彼の考察の対象になったにちがいない。

うるわしい女神像にむかつく

アテナイの町はローマの将軍、スッラによってひどい被害を受けていた上、ローマの行政官によりギリシャ全土とおなじように略奪され、支配者の強欲のためにすでに彫刻の一部は持ち去られていたものの、なお傑作ぞろいで飾られていた。アクロポリスの大建造物は無傷であった。偉大な芸術品の聖域《サンクチュアリー》にすでに紛れ込んでいた、かなり多くの凡庸な作品とか、古代ギリシャ人の像が乗っていた台座の上にローマ人の彫像を乗せるという無礼な取替えもあり、よく見れば若干拙いものが加わっていたが、この無垢なる美の神殿の清らかさは損なわれていなかった。

派手な色彩装飾を施した柱廊玄関《ポルティコ》は、今日できたあがったかのように鮮やかである。〃黄金邸〃に彫像を取りはずし運び込んだ、おぞましいセクンドゥス・カリナスの略奪は、この数年後に始まったものであり、アテナイはデルフォイやオリンピアの都市ほどは損傷を受けていなかった。列廊の街好みというローマ人の悪趣味も、ここにはまったく入っていない。家屋は貧相で、あまり快適なものではなく、狭い路地の不規則ではあるが洗練されたこの町は、古い記念建造物を保存し、定規で図面を引いた街路よりは古代の思い出の方を好んだ。おびただしい逸品もパウロにはほとんど何の感動も与えない。彼が見たものはかつてなかったし、これからも出現しないだろう無比の完成品、気品に溢れた傑作の楼門《プロピュライア》、他を睥睨《へいげい》して立つ偉大なパンテオン、捧げられた戦にふさわしい無翼の勝利の女神《ヴィクトール》神殿、エレガンスと繊細の奇跡たるエレクティオン神殿、エレフォレス、優雅な身のこなしの女神のような港の若い娘たちであった。これらすべてをパウロは目にはした。だがその信仰は揺るぎなく、びくともしない。造形美がわからない偶像破壊主義者《イコノクラスト》であるユダヤ教徒の偏見が、パウロを盲目にしていた。彼にとって、これらの絶品もただの偶像にすぎない。「その町のいたるところに偶像があるのを見て、彼は憤慨した」と伝記は記《しる》す。**おいたわしや！　うるわしくも清きみ姿。まことの神、まことの女神よ、おののくべし！〃なんじは偶像なり〃とその男**

は、あなたを目がけて槌を振り上げましょう、死ねというのですぞ。あろうことか、醜く矮小なこのユダヤ男は、あなたに引導をわたそうとしております。

パウロには解しかねることが山ほどあったが、特に驚いたことが二つある。一つは、アテナイ人の信心深い性格である。おびただしい神殿、祭壇、あらゆる種類の聖域を見れば明らかだが、彼らは宗教に寛容な折衷主義を持ち込んでいることを示していた。いま一つは、無名の祭壇、ないしは〝知られざる神〟に捧げられた祭壇である。この種の祭壇はアテナイ市内とその周辺に多数あった。ギリシャの他の町も同様である。ファレリアの港のものはとくに名高い（パウロは上陸の際に目撃したかもしれない）。これはトロイ戦役の伝承に因んだものとされ、次のような碑文があった。

ΑΓΝΩΣΤΟΙΣΘΕΟΙΣ《知られざる神々に》

ある碑文にはこう記してあった。

ΑΓΝΩΣΤΩΙΘΕΩΙ《知られざる神に》

このような祭壇ができたのは、信仰上のあれこれについてアテナイ人が極度に細心であったこと、なんにでも神秘な特別の力の発現を見る彼らの習性による。彼らが名も知らない何かの神をそれと知らずに傷つけたり、すご腕の神を見過ごしたりすることを恐れ、あるいは何事か知らねども、かたじけない者が差配するらしい恩恵に与《あず》かりたいと、無名の祭壇かあるいは上記の碑文を刻んだ祭壇を建立したのである。この妙な銘文もまた、もともと無名の祭壇にあったものだろう。あれこれ詮索しても、どの神に所属するのかわからないまま、こうした碑文をそこに掲げたものだろう。パウロはこのような奉献にたいそう驚いた。持ち前のユダヤ精神でこれに解釈をほどこし、もともと無かった意味をそこに敷衍した。「知られざる神」と〃典型的に〃呼ばれている、ある神と関わりがあるものと考えたわけである。偶像信者側も不思議な魅力を感じているらしいユダヤの神である唯一神をこの〃知られざる神〃に、彼は見たのである。異教徒から見てもユダヤ人の神を特に性格付けているものは、名のない唯一神、詳らかでない唯一神であるだけに、このような連想はすこぶる自然なものだ。パウロはなにか宗教儀式か哲学的議論においてクレアンテス（ギリシャのストア哲学者）のユピテルへの讃歌か、アラトゥスの『フェノメナ』からとった次の半句を聞いていたかもしれない。

Του γαρ και γενος εσμεν（われわれはまったく同じ民族だから）

これは宗教的な讃歌においてよく用いられたものだ。彼はこのような地方色を頭に収めて、新しい聴衆に受け入れられる演説を編み出すように努めている。ここでは自分の説法をがらりと変えなければならないと感じていたからである。

たしかにこの頃、アテナイは数世紀来のような、人類進歩の中心、知性の共和国の首都とは似ても似つかないものになっていた。いにしえの守護神に忠実な、全ての芸術を生んだ聖なるこの母は自由主義と共和精神の最後の庇護者だった。ここは、対立の町だったと呼ぶこともできる。アテナイはいつも敗者の側に肩を持ったのであって、ギリシャの独立を熱心に宣言し、ローマ人でなくミトリダテスを、カエサルでなくポンペイウスを、三頭政治でなく共和制を、オクタヴィアヌスでなくアントニウスを強力に支持した。アテナイはハルモディウスとアリストゲイトンの彫像の傍らにブルータスとカッシウスの彫像を建立し、自らを危うくするまでにゲルマニクスを讃え、ピソにののしられても当然だった。スッラは乱暴なやりかたでアテナイを略奪し、デモクラティックなその憲法にとどめをさした。アウグストゥスはアテナイに寛大ではあったが、好意的ではなかった。自由都市の名称こそ残っていたが、自由都市の特権はカエサル家とフラヴィウス家によって縮小に向かった。このようにアテナイの町は雲行きが怪しくなり、疎んじられる状況にはあったけれども、まさにこの不運によって高貴になった。ネルヴァの即位（西暦九六年）から、この町はいわば第二の生を開始した。理性と徳行に戻った世界は、自らの母親を再認識したのである。ネルヴァ、ヘロデス・アティクス、ハドリアヌス、マルクス・アウレリウスはこの町を再興し、競って新たな記念碑と学院を建てた。アテナイはこの後、四世紀にわたって哲学者、アーティストの美しい精神の町、すべての自由な魂の聖なる町、真と美を愛する人々の巡礼地に立ち戻る。

アテナイの町

たいそう先回りをしてしまった。さて慨嘆すべきこの時期は、かつての輝きは消え、まだ新しい光を放っていなかった。もはや〝テセウス（アテナイを隆盛に導いた神話の英雄）の町〟ではなく、さりとてまだ〝ハドリアヌスの町〟でもなかった。前一世紀にはアテナイの哲学の学派は大いに盛んだった。ラリサのフィロ、アスカロンのアンティオコスはアカデミアを継続ないし改変した。クラティップスは逍遙学派の哲学をここで教えて、ポンペイウス、カエサル、キケロ、ブルータスの友人、師、相談役、被保護者となった。高名で多忙なローマ人たちが野望からオリエントに惹かれ、流行の哲学者を聞きにみなアテナイに杖をとどめた。アティクス、クラッスス、キケロ、ウァロー、オウィディウス、ホラティウス、アグリッパ、ヴェルギリウスはこの地で勉学、あるいは愛好家として滞在したのである。ブルータスは最後の冬をここで暮らし、逍遥派のクラティップスとかプラトン学派のテオムネステスと共に時を過ごした。アテナイはフィリッピ戦役の前夜にはもっとも高度な論議の中心であった。ここで授けられた教えは実に哲学的で、ロードス学派のつまらない雄弁をはるかに越えていた。アテナイをほんとうに損なったものは、アウグストゥスの継承と全面的な平定であって、この時、哲学教育はあやしくなる。諸学派は権威も活動も失った。一方、ローマは文学にめざましい発展を遂げて、しばらく精神の諸問題に関してギリシャから半ば独立状態となる。他にも中心地が形成され、多様な教養の学府としてマルセーユがより好まれた。四大学派の独創的な哲学は終りを告げ、組織的でない哲学という、いわば不徹底な考え方をする折衷主義が始まる。アレクサンドリアのアンモニウスはプルタルコスの師であり、またハドリアヌス帝治下から流行する文学的哲学とでもいったものをこの頃アテナイで始めたが、彼を別にすれば一世紀の中葉には、かつて優れた人物を輩出し、また惹きつけてきた世界都市の名声を高からしめる者の姿は見られなくなった。いまやアクロポリスにあまた捧げられた像は、嘆かわしくもローマの執政官《コンスル》、属州統治官《プロコンスル》、役人、皇帝一族の像である。ここに建立された神殿は女神ローマとアウグストゥスに奉献されたもので、ネロの像さえあった。才能ある芸術家たちはローマの方に引き寄せられ、一世紀のアテナイ人の作品のほとんどががっかりするほど凡庸なものである。またアンドロニクス・キレステスの塔や、アテナ・アルケゲテスの柱廊、ローマとアウグストゥスの神殿、フィロパプス陵などはパウロがアテナイを訪れた時より少し前か、後のものだ。この町の長い歴史でもこれほど語りかけることもなく、ひっそりとしていた時代はなかった。

　ただし、アテナイにはまだ高貴なものが大いに残っていたから、相変わらず世界から注目されていた。移ろう時の無情にもかかわらず、アテナイへの尊敬は深く、みながそう感じていた。スッラ（ローマ共和制末期の軍人）は、市民が反乱を始めると乱暴だったが、町には親愛を抱いていた。キケロは自分の彫像をここに据えることを最高の自負にしていた。ファルサリアの戦いに先立って、ポンペイウスもカエサルも伝令官を送って、アテナイの人々は女神テスモフォリアの祭司として全員生かしておくと告げた。ポンペイウスは町を飾るために巨額の寄付を行なった。カエサルはアテナイに報復することを拒み、その記念碑を建てるため力を入れている。またブルータスとカッシウスはここでは私人として振舞い、英雄として受け入れられ、大事にされた。アントニウスはアテナイを愛し、好んでここに住んだ。アクティウム海戦の後、アウグストゥスは三度目の恩赦を行ない、彼の名はカエサルと同じく、大きな記念碑に名を留め、その家族と取り巻きもアテナイに施しをする人たちとして知られていた。ローマ人はアテナイに自由と名誉を残したと云っては自慢した。栄光に甘やかされてしまったギリシャ人は以後、過去の思い出に生きてきた。ゲルマニクス（ローマの将軍）は、アテナイに滞在中は警士一人だけを先導させた。ネロは迷信深いわけではなかったが、アレオパゴスの下に住むという復讐の女神《フリアイ》と、親を殺した者が恐れる「セムネス」を怖がって、ここに立ち入ろうとはせず、伝説のオレステースの思い出に怯えた。また極悪人と無信仰者は近づかないようにという前触れの口上に始まるエレウシスの秘儀に立ち会う勇気もなかった。外国の貴族や廃位になった王の子孫はアテナイで富を費消するためにやってきて、合唱隊長や競技会長の肩書をもらっては喜んでいた。蛮族の小国の王たちは競ってアテナイの人々に奉仕をして、アテナイの記念碑の修復にあたった。

アテナイの宗教

このように別格に愛顧される理由のひとつに、宗教がある。アテナイの宗教は、起源において本質的に都市的、政治的であり、町の起源と守護神にまつわる神話を基にして、当初は愛国主義と町の諸制度を宗教的に神にささげるものに過ぎなかった。これがアクロポリス信仰であり、「アグラウロス」および若いアテナイ人が祭壇で行なう宣誓にはそれ以外の意味はなかった。丁度、今日のフランスで兵籍に入れられ、演習に参加し、軍旗を敬礼したりすることで宗教が成り立っているようなものだ。間もなくこれでは精彩を欠くようになった。無限なるものを何も持たず、自己の運命に関して訴えかけてくる何物もなく、普遍的なものは皆無だった。アクロポリスの神々に対するアリストパネスの冷やかしは、この神々だけでは、もはやすべての民族の心をとらえるものではなくなっていることを証している。女達は早くからアドニス信仰のような異国のささやかな信仰に興味を示した。秘法はとくに好評を博していた。プラトンが考え出した哲学はその種の甘美な神話となる一方、芸術は大衆が心から賛嘆する形象《イマージュ》を育んだ。アテナイ人の神々は美の神々になる。いにしえのアテナイのポリス守護神は、ロレットの聖母マリアのように袖なしの、一枚布の服《ペプロス》をまとったマネキン人形に過ぎなくなった。例のない一つの奇跡を彫金細工が実現した。それはイタリアかビザンチンの聖母マリア像のように写実的で、それ自身傑作である象眼した飾りをつけていた。こんな風にアテナイは、もっとも完全な古代信仰の一つを持つに至った。この信仰は町に災難があった時、いわば〝かげり〟を見せた。アテナイ人はその神殿を汚した最初の人たちだ。ラカレスはアテネ像の金塊を盗んだ。デメトリオス・ポリオルケテスはパルテノンの内陣に住民自らの意向で居を構え、囲りに遊び女たちを住まわせたが、近くにいる純潔な女神が顔をしかめているに違いないと人々は冗談を言った。アリスティオンはアテナイ独立を守った最後の人物だが、アテナイにあるポリス守護神の不滅のランプが（油不足で）消えるのを顧みなかった。ところが、他に類のないアテナイの誉は高く、町がその女神を見捨てたそのとき、全世界はあたかもその女神を養女に迎えたいように見えた。パルテノンはよそ者のおかげで名誉を回復した。アテナイの数々の神秘は異教徒たちに宗教的魅力を振りまいた。

アテナイの学校

しかしアテナイが声望を得たのは、主として教育の町としてである。ハドリアヌスとマルクス・アウレリウスの庇護を得て際立った性格となった、この新しい運命は、二百年前から始まっていた。ミルティアデス（マラトンの戦いでアテネ軍を率いた将軍）とペリクレスの町が、オックスフォードのような大学の町、気前よく金をばらまく若い貴族の〝指定集会所《ランデヴー》〟に変貌した。教授、哲学者、雄弁術教師、あらゆる種類の教師、訓育係《ソープロニスタイ》、エペーボイ（十八歳以上の市民の息子）の教師、体育教師《ギュムナシアルコン》、レスリング教師、教練士官、フェンシングと馬術の教師ばかりがいた。ハドリアヌス帝以降、壮丁教育監督者ないし生徒監はある程度において行政官《アルコン》のような権威と権力をもった。修業年限の元は彼らに遡る。自由な市民を育成することを原理として定めた古代ギリシャの教育が人類の教育法となる。だが残念なことにそれは雄弁家を育てるだけなのだ。イリスス川の畔で行なう身体の鍛練は、昔は英雄たる者の必須事であったが、今ではポーズの科目になっていた。サーカスのように大仰な身振り、フランコニ曲芸団の歩きぶりが本当の偉大さのお株を奪ったのである。もっとも、何事にももったいを付けるというのがギリシャに固有のもので、指導員の仕事でさえ、この国では道徳の公職となった。教授の尊厳は、乱用ぎみにもかかわらずギリシャの産物であった。裕福な若者たちは時折は教師の美しい演説を思い出すことができた。若者はみな一様に共和主義者で、ブルータスの訴え《アピール》に馳せ参じるとか、フィリップの町で命を絶つ姿をまねた。毎日毎日がカトーの高貴な死と自由を祝し、ブルータスを賛美し、暴政と自由を弁じ立てることに費やされた。

民衆は活発、知的で、好奇心に富んでいた。世界の人々といつも触れ合って、軽やかな空気に包まれ、喜々として野外で過ごしていた。知識に貪欲な多くの外国人が活発な精神活動を支えていた。こういう言い方が許されるなら、古代世界の広　報《パブリシティ》とジャーナリズムはアテナイにセンターをおいていた。この町は商業化することなく、一つのことにしか関心はなかった。ニュースを手に入れ、世界中で話題になったり、起こったりしていることに詳しいことだ。特筆すべきは、宗教の隆盛も合理的な教養を損なわなかったことである。アテナイは世界で最も宗教的な町、ギリシャのパンテオンであると同時に、哲学者の町であり得た。もしディオニソス劇場に行って、オーケストラを取り囲む大理石のひじ掛け椅子すべてに、そこに坐る祭司の名前が記されているのを見たなら、誰でもここは祭司の町だったと言うだろう。ところが何にもまして自由な思想家の町であった。宗教には教義《ドグマ》も聖典もなく、キリスト教が常に抱いていた自然に対する畏怖も持たず、物理学《ナチュラルフィロソフィー》と解したが、キリスト教のこの畏怖は実証的な探究を迫害せしめたものである。だがここでは聖職者と原子論者のエピクロス派は、ちょっとしたいさかいは別にして、かなり仲良くしていた。真のギリシャ人は、論理の上からではなく、相互の寛容と相互の敬意に基づいて協調することに心から満足していた。

アレオパゴスで演説する

これはパウロにとってまったく趣を異にした初めて見る舞台である。パウロがそれまで宣教してきた町のほとんどは大きなユダヤ人街があるリヴォルノやトリエステのような産業都市であって、輝かしい中心地――良質な社会、高度な文化の都市ではなかった。アテナイは根っから異教の町で、異教《パガニスム》は町中のあらゆる楽しみ、利害、名誉に絡んでいた。パウロはかなり怯《ひる》んでいた。やっとティモテがマケドニアから到着した。シラスはどういうわけか来ることはできなかった。パウロは行動に打って出ようと意を決する。

アテナイにシナゴーグがひとつあり、ここにやってきたパウロはユダヤ人と〝神を畏れる〟人々を前にして語った。だがこのような町ではシナゴーグで成功したところで、取るに足りないことだ。さまざまな知性の弁論がみられる輝かしい広場《アゴラ》、世界のあらゆる問題について口角泡を飛ばしている柱廊《ポルティコ》が、彼をさそっていた。集まってきた群衆を相手に彼は説教師として話したのではなく、うまくもぐりこんで、遠慮がちに自分の考えを広め、なんらかの足場を作ろうとする異国の人として、話をしたのである。成果のほどは、いまいちだった。〝イエスとその復活《アナスタシス》〟は無意味で、奇態な言葉に聞こえた。多くの者が理解したところは、どうやら〝アナスタシス〟というのは女神の名前らしい、イエスとアナスタシスという、なんだか新しい一組の男女の神について、このオリエントの夢想家が説教しにやってきたのだろう、であった。エピクロス派やストア派の哲学者もやってきて、聞いたという。

キリスト教とギリシャ哲学との最初の出会いは、好意的なものではなかった。知識人なるものは自分の能力に疑いを持ってかかるべきであり、またある思想が愚の骨頂に見えようとも嘲笑してはならない、ということをこれほどよく教えてくれるものはない。パウロが喋るひどいギリシャ語、息せき切らせながらの不正確な喋り方ではアテナイの人々の信頼を博することはできない。哲学者たちはこんな野蛮な話は軽蔑して顔を背け、「こいつはたわごとをいう男だ」と言う者があれば、「やっこさんは新手の神を説いている」と言う者もあった。こんな片言を言う男が、ある日自分たちに取って代わり、四七四年後には（ユスティニアヌス帝時代）、パウロの説教のゆえに自分たちの教壇が有害無用として禁止されることになろうとは夢にも思う者はなかった。すばらしい教訓である！　自分たちの方が優れていると誇っているアテナイの哲学者たちは、庶民の宗教事情を軽蔑していた。その傍らで迷信の花盛りというわけで、この点からするとアテナイは小アジアの最も信心深い町とほとんど同列なのだ。特権階級の思想家たちは、お粗末なあまたの信仰の底辺にはっきり見えている社会の欲求を気にしていなかった。このような乖離に罰が下るのは常である。哲学が宗教を扱わないと宣言するとき、宗教はそのはらいせに哲学を窒息させる。至当である、哲学とは人類に行くべき道を示さない限り、またわれらが共通して心に抱く無限の問題に真剣に取り組まない限り無価値であるからだ。

アテナイを支配していた自由な精神によって、パウロは完全な安全を保証されていた。ユダヤ人も異教徒も彼に対抗して仕掛けてくるものはなかったが、この寛容そのものが怒りよりもこたえた。それに新しい教義は少なくともユダヤ人社会に激しい反発を引き起こしていた。この地には物見高い、手ごわい聴衆しかいなかった。ある日のこと、聴衆たちが、パウロに教義をいわば公式に表明してもらおうと、彼をアレオパゴスに連れていき、どのような宗教を説いているのかそこで一席ぶってくれと促したようだ。これは伝説であり、またその場を見たわけでもない『使徒行伝』の記者が、音に聞くアレオパゴスで耳のこえた傍聴人を選んで、わが英雄に荘重な演説、哲学的な長広舌をふるわせたと見ることもできる。が、そのような憶測は無用である。アレオパゴスはローマの治下でその古い組織を保持していた。ローマの征服者はギリシャにおいて昔の民主体制を廃止し、代えて有力者の委員会を用いる政策をとった結果、アレオパゴスの権限は拡大さえした。それはずっとアテナイ貴族制度の主要機関だったのであり、民主制により失われたものを手中にした。加えて、当時はかけねなしの半可通知識《ディレッタンティスム》の時代であり、またこの委員会は伝統的名声によって大きな威信を発揮していた。その精神的な権威は全世界に聞こえていた。こうしてアレオパゴス会議はローマの支配下でなおアテナイ共和制の歴史においてさまざまな機会に果たした役割を保っていた。すなわち司法機能はほとんどもっていない政治団体であって、特定のケースにしか関与せず、引退した役人の保守貴族層を構成し、アテナイの真の元老院であった。碑文を見ると、一世紀以降アレオパゴス会議はアテナイの最高権力と刻まれ、六百人評議会や人民の上位にあるとしている。とりわけ彫像の建立についてはここで決定されるか、その認可が必要だった。いま記述中の当時においてさえ、後述するようにパウロと関わりのあったアグリッパ一世の娘、ベレニケ王妃にその像をこの会議が授与したところだった。またアレオパゴスは教育の監督もしていたらしい。これは宗教的、道徳的検閲の高等審議会であり、法律、風俗、医療、奢侈、造営、市の信仰にまつわるすべてに係わっていた。新しい教義が発表されると、こうした審判所か、少なくとも開廷する場所に教えの提唱者を招いて、発表させたと考えられなくもない。パウロは皆の中に立って次のように話したという。

アテナイの皆さん、あらゆる点においてあなたがたが信仰にあつい方であることを、わたしは認めます。道を歩きながら、あなたがたが拝むいろいろなものを見ていると、「知られざる神に」と刻《きざ》まれている祭壇さえ見つけたからです。それで、あなたがたが知らずに拝んでいるもの、それをわたしはお知らせしましょう。世界とその中の万物とを造られた神が、その方です。この神は天地の主ですから、手で造られた神殿などにはお住みになりません。また、なにか足りないことでもあるかのように、人の手によって仕えてもらう必要もありません。すべての人に命と息と、その他すべてのものを与えてくださるのは、この神だからです。神は一人の人からすべての民族を創り出して、地上のいたるところに住まわせ、季節を決め、彼らの居住地の境界をお決めになりました。これは人に神を求めさせるためであり、また、彼らが捜し求めさえすれば、神を見いだすことができるようにということなのです。実際、神はわたしたち一人一人から遠く離れてはおられません。皆さんのうちのある詩人たちも、

「……我らもその子孫である」

と言っているとおりです。わたしたちは神の子孫なのですから、神である方を、人間の技や考えで造った金、銀、石などの像と同じものと考えてはなりません。

さて、神はこのような無知な時代を、大目に見てくださいましたが、今はどこにいる人でも皆悔い改めるようにと、命じておられます。それは、先にお選びになった一人の方によって、この世を正しく裁く日をお決めになったからです。神はこの方を死者のなかから復活させて、すべての人にそのことの確証をお与えになったのです。（使徒行伝7 二二―三二）

『行伝』の語り手によると、パウロはここまで喋ったところで中断させられた。死者の復活と聞いて、ある者はあざ笑い、もっと礼儀正しい者は、「それについては、いずれまた聞かせてもらいましょう」と言った。

こうした演説が実際に行なわれたとすれば、これを聞いていた教養ある者に、奇妙な印象を与え

たに違いない。言葉づかいは粗野で不正確、構成を欠いているときもあれば、きわめて的確なときもある。見事な言い回しと耳障りな間違いを散りばめた、巧まざる雄弁ではある。奇怪な確信に到する深遠なこの哲学は、別世界の声のように聞こえたに違いない。ギリシャの庶民信仰よりは格段に優れたこのような教理も、多くの点で同世紀に一般的だった哲学より見劣りするものだ。仮に、一面において、この教義は神性の高い観念および人類の道徳的一体性を主張する美しい理論を掲げて、この哲学に協力を申しでたものとしても、他面において、それは実証的な精神とは決して相容れない超自然の信仰を含んでいる。いずれにしても、アテナイで成功しなかったことは驚くにあたらない。キリスト教が成功を収めるための動機は、教養人たちのサークルとは別のところにあった。それは敬虔な女性の胸中、貧しき者、奴隷、またあらゆる階層の忍耐する者たちのひそかな願望の中にこそあった。両者の攻防では哲学が新しい教理に歩み寄るより前に、大きく弱体化するか、あるいは新しい教理の方で最後の審判という大きな妄想、言い換えれば初期形成の包皮だった強固な空想を棄てるかしなければならない。

キリスト教と異教とを両立させる試み

この演説はパウロのものか、弟子の一人のものか、いずれにしても一世紀においてほとんど唯一のもので、キリスト教と哲学とを、ある意味では異教《パガニスム》とを両立させる試みをわれわれに見せてくれる。非常にユダヤ人らしく際立《きわだ》って視野の広いところを見せて、『行伝』の作者はすべての民族に神を感得する力、すなわち真の神を認識せしめるにちがいない一神教の隠天性が備わっていることを確認する。彼の言わんとするところは、キリスト教とは人がただ自ら心の声を聞き、誠意をもって自らに問いかけることで到達する自然な宗教なのだ。この思想には両面があって、ひとつはキリスト教を理神論《デイスム》に接近させるだろうこと、いま一面はキリスト教に不相応な思い上がりを吹込むことだ。キリスト教護教論者たちの戦法の最初の例がここにある。彼らは哲学に歩み寄り、科学的な用語を用いたり、用いるふりを見せ、丁重に、あるいは諄々と喋る。ところが一方でうまく自説に引き寄せた引用を用いて、知識ある者の間で基本的に理解しあえることを信じさせようと考え、自分を明確に打ち出して、超自然の教理《ドグマ》を喋り始めるや否や誤解は不可避となる。既にユダヤ教およびキリスト教の思想をギリシャ哲学の用語に翻訳しようとする努力が感じられ、アレクサンドリアのクレメンス（西暦一五〇―二一三）とオリゲネスの萌芽が見える。聖書の思想とギリシャ哲学の思想が手を取り合うことを切望しているが、そうするためにはそれぞれかなりの譲歩が必要となろう。私達がその中に生き、行動している神は、預言者たちのヤーヴェやイエスの〝天なる父〟とははるかに遠いからである。

このような提携がこんにち十分に熟しているとはとても言えない。しかもそれが将来に起こるのはアテナイではない。幾百年の歴史が作り上げてきたこの段階のアテナイは、文法学者や体操訓練師、剣術師範の都会となっていて、キリスト教を受け入れるのにこれほど条件の悪いところはなかった。教育家の凡庸さ、心の固さは恩寵から見れば許しがたい罪である。教師は人間のうちでもっとも改宗させにくい。なぜなら自己専用の宗教、すなわち自分の習慣《ルーティーン》、いにしえの作家への信仰、文学的信心の趣味、といった宗教を教育家は持っているからであり、これが彼を満足させ、心にある他のもろもろの要求を消してしまう。アテナイには二世紀の教育担当監督官《コスメット》のヘルメス胸像がずらり並んで見つかっている。それらは美貌の男性で、重々しく、威厳に満ち、貴族的でしかもギリシャ風である。その碑文を読むと、彼らに与えられた栄誉と年金額が記されているが、古代民主制の本当の偉人はそれほどもらっていなかった。たしかにもし聖パウロがこの尊大な学者ぶる者たちの先人に出会ったとしても、大して成功を収めることはなかっただろう。あたかも帝政期の新カトリシスムに染まったロマン派の作家が、ホラティウスの信仰に傾倒している大学教員を自分の思想に転向させようとするとか、人道社会主義者がオックスフォードかケンブリッジの特別研究員《フェロー》の前でイギリス人の偏見を論難するとかして収める成功ほどにもパウロには見込みはなかった。

キリスト教に適しない土壌

パウロはこれまで生きてきた社会とこれほどまで違う所にやってきて、弁論術教師や剣戟の師範にとり囲まれ、たいへん居心地が悪かった。かつて好ましい宗教感情を見いだしたマケドニアやガラテヤの愛する教会が思い出された。テサロニケに出かけようと何度思ったことか。いまだ若い教会の信仰が、さまざまな試練を受けているという知らせを聞いているだけに、むしょうに出かけたくなる。新しく改宗した人々が誘惑に負けているのではと気がかりである。だがサタンのせいだと思っていた障害のため、この計画を進めることはできなかった。パウロは自分でも言っているように、それはあきらめたが、信徒たちの信仰を強め、励まし、慰めるため、ティモテをふたたび手放しテサロニケに遣り、アテナイにひとり残った。

彼はここで布教を続けたが、この土壌はあまりにも実り薄かった。アテナイ人の目覚めた精神は、改宗してキリスト教を選びとるような優しく深遠な宗教的気質とは対極にあった。真にヘレニックな風土はイエスの教えにあまり向かなかった。

純粋にギリシャ的雰囲気に生きていたプルターク（伝記作家・道徳哲学者）は、二世紀の前半にまだ風の便りにもキリスト教を知らなかった。愛国主義、自国の古い思い出への愛着がギリシャ人を異国の宗教から遠ざけていた。〝ヘレニズム〟は哲学を広く取り入れて、おおよそ理性的でまとまった宗教になっており、〝ギリシャの神々〟は人類の普遍的な神になることを望んでいるかに見えた。

ヘレネス（古代ギリシャ人）とキリスト教のすれ違い

今日でもそうなのだが、かつてギリシャの宗教を性格付けていたものは、無限なるもの、漠然としたもの、感動、女性的柔和、こうしたものの欠如である。ドイツ、ケルトの宗教感情の深淵は生粋のギリシャ民族には欠けている。ギリシャ正教徒の信仰は信心の行為と外面的な身證から成り立っている。ギリシャ正教の教会は非常に優雅なところもあるが、ゴシックの教会内で覚える戦慄はまったくない。この東方キリスト教には、涙も、祈りも、内面の痛悔もない。埋葬はここでは陽気ですらある。物の影がすでに長くなった日暮れに小声で歌を口ずさみながら、派手な色彩を繰り広げてとり行なわれる。この闊達、おだやかにしてうわついた民族にはラテン人の過度なまでの荘重さは気にいらない。病身の者もここでは気落ちすることなく、ただ死の来るのを心静かに待っている。すべて世はうれしかりけりだ。この地にはホメロスの詩やプラトンに見る、神々しい陽気という謎がある。対話編『パイドン』に記されたソクラテスの死の物語には、悲しみの様子はほとんど感じられない。人生とは花を咲かせ実るものだ、それ以上に何を望もうか。死への予感がキリスト教および近代の宗教感情のもっとも重要な特徴とすれば、ギリシャ民族はもっとも非宗教的な民族だと言えるかもしれない。超自然も遠景もないものとして生を見る深みのない民族なのだ。このように単純な宗教観が主として何に由来するかと言えば、風土、清らかな空気、素晴らしい生きる喜びであるが、より以上にギリシャ民族の天性、すなわち脱帽してしまうほど夢想家的《イデアリスティック》であることによる。なんでもない一木一花《いちぼくいっか》、トカゲ、亀などが千変万化の変身を連想させ、詩人たちはこれを歌い上げる。ちょろちょろ流れる水や小さな岩穴がニンフの隠れ家《が》に見える。縁石に茶碗を置いた井戸、蝶が渡る瀬戸の海も、ここでは最大級の船が航行可能なポロスの海峡に見立てられる。水に影を落としているオレンジの木や糸杉、少しばかり叢生している岩間の松、ここギリシャではそれだけで美を酔うに十分なのだ。夜の庭園をめぐり、虫の声を聞き、座して月夜に笛を吹き、山に入って水を掬し、パン少々と魚一尾を手に小瓶のワインを飲んで歌う。家族の祝いには扉の上に木の葉で編んだリースを吊るし、祭りには花をさした帽子をかぶり、つたの葉を巻きテュルソスの杖をもってお出ましだ。数日を踊り暮らし、飼い馴らした山羊と遊ぶ、このようなことが貧しく、倹約家で、永遠に若く、魅惑の国に住んで、神々が与えてくれる恵みとわが身に幸福を見出すギリシャ人の楽しみなのだ。テオクリトス調の田園詩は古代ギリシャの国々では真実であった。ギリシャは常に繊細で愛らしい短詩のジャンルを好んだ。これはギリシャ文学のきわだった特色であり、固有の生活を映す鏡だが、よそに持っていけば愚かでわざとらしかろう。上機嫌と生きる喜びはすぐれてギリシャ的なものだ。この民族はいつも二十歳《はたち》のままだ。彼らの〝快適に楽しむ〟は、イギリス人のように沈潜した陶酔でもなければ、フランス人のように下品にはしゃぎ廻るのでもない。自然は善であり、人は善に従うことができ、また従わねばならないと単純明快である。実際、ギリシャ人にとって自然は優雅《エレガンス》の助言者、公正と徳の教師なのだ。自然はわれわれを悪事に誘い込むという考えに立っている「淫欲」は、ギリシャ人にとってはナンセンスである。国民兵《パリカール》の特徴となっている服装の趣味は、ギリシャ娘の無邪気さにもよくあらわれているが、これは野蛮人の仰々しい虚栄とは異なり、また成り上がり者のばかばかしい高慢さを見せびらかしているブルジョア娘の愚かな見栄でもない。それは素朴な若者たちの混じり気のない繊細な感受性であり、美を本当に創造した者の正当な嫡子たる自覚によるものである。

ケルト／ゲルマンとヘレネスとの違い

このような民族ならイエスを笑顔で受け入れただろうと、だれしも思うところだ。だがこの素晴らしい子孫たちが、謹厳、心底からの正直、一本気、無私の献身、目立たぬ善意、こうしたものを我々に学ぶというのは別のことだ。ソクラテスは第一級のモラリストであるが、宗教の歴史には何も残していない。ギリシャ人は少しぶっきらぼうで、冷たい感じがいつもする。エスプリも感情の起伏も鋭敏さもあるのだが、幻想と憂愁《メランコリー》はまるでない。われわれケルト人やゲルマン人には別の感性がある。＊われわれの心の奥深くに妖精の泉にも似て、蒼く深く澄んだ泉があり、無限なるものがそこに映っている。ギリシャ人には誇りとうぬぼれがなに事につけ入り交じっているが、漠たる感情は彼らの知らざるところであり、自己に固有の運命について考えることなど、彼らには不毛と思われるのだ。風刺に走り、人生を生半可に理解するやり方がローマ期に生み出したものは、飢えているギリシャ人、文法教師、芸能人、詐欺師、曲芸師、医者、世界を笑い飛ばす道化師である。それは十六、十七世紀のイタリアに酷似している。ビザンチン時代に入ると、宗教を巧妙な論争に堕落させたソフィスト神学者を生み、現代になると、虚栄心が強く感謝を表に見せないことがよくある現代ギリシャ人、利己的・物質的な宗教を体したギリシャ正教会の総大主教を生み出した。このような頽廃《デカダンス》にとどまる者に災いあれ！　パルテノン神殿を目の前にして嘲笑する者は恥を知るべし！　ギリシャは一度も心底からキリスト教を受け入れなかったし、いまだに受け入れていない、このことは弁えておかねばならない。これほどロマンティックでない民族、われら西欧中世の騎士道的な感性に欠ける民族もなかった。プラトンは女性を無視して美の理論体系を作り上げた。一人の女性に胸おどらせよ！　大事をなさんと心励まし。こんなことを言ったらギリシャ人なら胆をつぶすだろう。ギリシャ人は、アゴラに集合する男たちのことを思い、また祖国を思うのである。この点では古代ローマ人はわれわれにより近い。ギリシャの詩的センスは、叙事詩、悲劇、即物叙情詩のような偉大なジャンルで類を見ないが、ティブッルス、ヴェルギリウス、ルクレティウスの哀愁を帯びた美妙な響きはなかったようだ。この方がわれわれの感覚に合い、われわれが愛唱しているものに非常に近い。

* ケルトの血を引くルナンはブルターニュ語もよく話し、生まれた「イスの町の鐘が鳴るのを何時間もじっと聞いているときほど、未来の仕事に熱意の燃える時はない」と書いている。

ギリシャ正教の特色

同様の差異が聖ベルナールやアッシジの聖フランチェスコの信心とギリシャ教会の聖人たちの信心との間にもある。カッパドキア、シリア、エジプト、砂漠の教父たちの優れた学派はほとんど哲学的であるが、ギリシャ人に広く読まれた聖者伝は古代ローマのそれよりも神話的である。ギリシャ家屋内部の聖像壁に描かれ、その前にろうそくが灯っている聖者は、どれを見ても西洋の聖者のような大創始者や偉人ではない。それらは幻想上の存在とか、形を変えた古代の神か、せめて聖ゲオルギオスのような歴史上の人物と神話上の人物を混ぜ合わせた存在であることが多い。聖ソフィア寺院のなんと見事なことか！　それはアーリア人の神殿だからであり、人類はこぞってここで祈ることができよう。教皇も異端審問所もスコラ学者も野暮な中世も持たず、常に（イエスの神性を否定する）アリウス派のパン種を保持し続けたギリシャは、他のどこの国よりも容易に超自然のキリスト教を捨てるだろう。ちょうどかつてのアテナイ人がわれわれ重厚な民族の謹厳よりも千倍も逆の意味で軽薄・軽妙であったお陰で、諸民族のうちで最も迷信深く、同時に合理主義に最も近づいたのにやや似ている。ギリシャの歌謡は今日でも異教のイメージと異教の趣向に溢れている。西洋とまったく異なって、オリエントは中世を通じてまた現代に至るまで真の「ヘレニスト」を守り続けた。彼らはじつはクリスチャンであるよりむしろ異教徒なのであり、古代ギリシャ人の祖国の宗教と、古代の創始者たちの宗教に生きていた。これらのヘレニストは十五世紀にルネッサンスの促進者となり、あらゆる文化の基礎であるギリシャ語文献を西洋にもたらした。同様の精神が新ギリシャの運命に重要な役割を担ってきたし、また担うだろう。今日の教養あるギリシャ人の奥底にあるものを深く研究すると、そこにキリスト教はきわめて希薄なことが分かる。かたちはキリスト教徒であるが、ペルシャ人がイスラム教徒となっているようなものであって、つまるところ彼は「ヘレニスト」なのだ。その宗教は古代ギリシャの守護神崇拝である。ギリシャ贔屓の者やギリシャの過去を讃える者なら、どのような異端でもヘレニストは赦すのであり、彼はイエスやパウロの弟子というより、プルタークやユリアヌス（異教復活を企てた皇帝）の弟子というべきである。

さてアテナイでは実りを望めないとみたパウロは、ティモテが帰ってくるのを待たず、コリントに出立した。アテナイでは大した教会をつくれなかった。わずかに例えばアレオパゴスの議員であったといわれるディオニシウス某やダマリスという名の女性など数人が別々に彼の教義を支持している。これはパウロの伝道の生涯において初めての、そしてほとんど唯一の挫折だった。

二世紀になっても、アテナイの教会はあまりしっかりしていない。アテナイは最後になって改宗を受け入れる町だ。コンスタンティヌス帝（キリスト教を公認した）以降になると、ここは反キリスト教の中心、哲学の大通りとなる。例外的な特典によって神殿は無傷のままだった。驚嘆すべきこれらの遺物は、一種の本能的な畏敬の念のお陰で時代を超えて今日まで残され、天才芸術家が残したすばらしい感性と誠実の永遠の教訓となろう。今日見ても、異教の古い下層部を覆い隠しているキリスト教の地層は、表面だけということが分かる。古代の神殿の名称が何であったか知るには、アテナイの教会の現在の名称をほんの少し修正するだけで十分である。

第八章　第二次の旅（続）——コリント

パウロはファレリアないしピレウスを立ち、ケンクレアイに上陸したが、ここはエーゲ海に面するコリントの港である。小さなかなりの良港でサロニコス湾の奥にあり、松林の青々とした丘に囲まれている。この港から八キロばかり美しい谷間をゆくと、巨大な円い山の麓に建設された大きな町があり、頂きから二つの海が見渡される。

新しい種子を蒔くにはコリントという土地は、アテナイよりずっと適していた。アテナイのようにいわば精神の聖域とか、世界でただ一つの聖なる町とかではなく、ヘレニックな町とさえも言えなかった。旧市街はムミュウス（ローマの将軍）により徹底的に破壊され、百年にわたってアカイア同盟の中心地は瓦礫と化していた。前四四年にシーザーが町を再建、解放奴隷を特に住まわせて重要なローマ植民地につくりあげた。このため、住民は非常に異質となり、構成人口はあらゆる毛髪の色、あらゆる出身地の人々がシーザーを敬愛して寄り集まってできている。ギリシャ人からすると新参のコリント人は、長い間異邦人扱いのままであり、割り込んできた連中という目で見られていた。彼らは娯楽にローマ人の野蛮な競技を持ち込んだが、ほんとうのギリシャ人はこれに顔を背けていた。コリントはこうして地中海沿岸の多くの町と同じように、人口が増え豊かに輝き、異邦人が陸続とおとずれる活発な商業の中心地になった結果、故国を知らない混成の町になる。町をおおう特徴は諺ができたほどの極端な風俗紊乱《びんらん》で知れ渡っていた。なお、この点でここは古代ギリシャの都市でも例外である。ギリシャ本来の風習はシンプルかつ陽気なもので、決して淫乱や放埒と見ることはできない。ここの二つの港に引き寄せられた船乗りが溢れかえり、コリントは古代フェニキア人が定着して残したヴィーナス・パンデモス信仰の最後の聖域となっていた。ヴィーナスの大寺院は千人をこえる聖なる遊び女を擁し、町全体が悪所のおもむきを呈しており、よそもの、とりわけ水夫たちがやってきて財貨を蕩尽していた。

コリントには、オリエント貿易港の一つであるケンクレアイにおそらくできたユダヤ人の同郷人グループがあった。パウロが到着する少し前にクラウディウス帝の命によりローマから追放されたユダヤ人の一群が上陸していたが、この人らの中に当時キリスト信仰を表明していたと思われるアキラとプリスキラもいた。これはたいへん幸せな偶然の一致であった。ギリシャの二つの大きな陸地の間にある地峡は、いつも世界貿易の中心地となっていた。ここはまた民族とか国籍という観念のまったく外にあって、発生期のキリスト教が〝店舗〟を構えようと定めた市場《エンポリウム》の一つであった。新興コリントはギリシャ的な高尚さがないという正にその故に、半ばキリスト教向きの町であった。アンティオキア、エフェソ、テサロニケ、ローマと同じように、ここは最高位の教会の都市となるだろう。だが同時に、町に充満している背徳のために、この地は教会史でも最初の悪弊が発生する前兆を示していた。数年内にコリントは、近親相姦のキリスト教徒が登場する場面や、酔っぱらいたちがキリストのテーブルにつく光景を見せてくれるだろう。

パウロはコリントに長期間滞在することが必要だとすぐ覚った。そこで固定の店舗を設け、テント業を営むことに決めた。うまい具合にアキラもプリスキラも彼と同じ生業《なりわい》をしていた。彼は二人の家に落ち着くと、三人で小さな店を開き、自家製の商品を並べた。

アテナイからテサロニケに遣わしていたティモテが間もなく合流した。テサロニケ教会のニュースは頼もしいもので、信徒たちはみなねばり強く信仰と思いやりをもち、師に愛情を寄せていた。同じ町の人々から受けた侮辱にも動揺することはなく、彼らの愛の行いはマケドニア州全土に広がっていた。ベレアを脱出して以来パウロは、シルワノに会っていなかったが、恐らく彼はティモテに会い、連れ立って帰ってきたのだろう。三人がコリントで落ち合い、そこで長く一緒に暮らしたことは確かである。

服の塵を払って去る

パウロの努力の相手は、毎度のことだが、先ずユダヤ人たちに向かった。安息日の度にシナゴーグで語っている。そこには実にさまざまな傾向の人がいることが分かった。ステファネフォルスないしステファナスの一家は改宗し、パウロは全員に洗礼《バプテスマ》を授けている。正統派は頑強に抵抗し、侮辱や烈しい非難に及んだ。ある日ついに決裂する。パウロは集会の不信心な者たちに向かって、

パウロ，コリントにて数週間，職人の仕事につく

服の塵を払って、今後の責任を彼らにとらせてこう言った、「あなた方は真理に耳を塞ぐのだから、自分は異邦人の方に行く」。

こう言い捨てて彼は部屋を出た。シナゴーグの隣が神を畏れる人、ティティオ・ユスト某の家だったので、以後はそこで教えた。ユダヤ人共同体の長のクリスポはパウロの側につき、一家をあげて改宗し、珍しくパウロみずから洗礼を授けている。

その他にもユダヤ人、異邦人、「神を畏れる者」たちが多く洗礼を受けた。ここでは異邦人の改宗者が比較的多かったようである。パウロは並外れた熱意を発揮する。夜になると神の幻が現われて彼を励ました。テサロニケで彼が改宗させたという噂は、彼がくる前から伝わっており、彼のために都合のよいように敬虔な仲間を用意してくれていた。超自然の現象にも事欠かず、奇跡も起きている。無邪気といっても、ここはフィリピやテサロニケと同列ではない。コリントの悪習が教会の敷居を越えて入ってくることもあったので、参加した者がみな一様に純粋だったわけでもない。少なくとも、いくつかの教会で人数が増えた。コリントの共同体の盛名はアカイア全土に伝わり、ギリシャ半島におけるキリスト教の中心となる。この教会が擁していた者の中には、ほとんど使徒の序列に近づいたアキラとプリスキラ、既に述べたティティオス・ユストス、クリスプス、ステファナは言うに及ばず、パウロによって同じく洗礼を受け、コリントに二度目に投宿するパウロを自宅でもてなしたガユース、カルトス、アカイコ、フォルトナト、そして重きをおかれた人物で町の会計係であったエラステがいる。なお、クロエという名の大家族の婦人もいた。ユダヤの法学者であるゼナスについては漠然としていて正確なことは分からない。ステファァナとその家族はもっとも影響力をもち、権威あるグループを作っていた。早い話が、多分エラステを除いて改宗者は教育も社会的地位もなく、要するにしがない階層にあった。

腐臭の中から生まれた宗教

教会はケンクレアイの港にもあった。住民の大半はオリエントの人々である。イシスとエシュムーンが崇められ、フェニキアのヴィーナスもないがしろにされてはいなかった。ここは今日のカラマキのように、町というより軒を連ねた船乗り相手の売店と旅籠《はたご》ばかりだ。海の男たちが住むバラックの頽廃の真ん中でキリスト教は奇跡を起こした。後述するようにケンクレアイには執事の素晴らしい女性がいて、その衣服のプリーツの下にキリスト教神学の全未来と世界の信仰が定まる書き物を隠し持っていた。名をフェベと言い、奉仕にいつも忙しく、かいがいしく活発な女で、大いにパウロの役にたっていた。

パウロはコリントに十八カ月間滞在する。アクロコリントの美しい岩山、雪を頂くヘリコンとパルナス山にパウロはずっと眺め入る。ギリシャ人の議論好きには辟易し、会衆の油断のならない性向にあって、いつもの気弱さにとりつかれたことも再三あったようだが、彼は新しい宗教上の家族と深い友情を結んだ。テサロニケのこと、そこで知った純朴さ、かつて抱いた深い愛情が心の中にいつもあった。テサロニケ教会は彼が唱導してやまない信者の模範《モデル》だったから、思いはいつもそこに移るのだ。敬虔な女性たちや裕福で善良なリディアの女がいるフィリピ教会も念頭から去らなかった。前述したようにこの教会は特権があると言えば語弊があるが、別格なのだ。使徒パウロが商いでは糊口をしのげなかったときに、養ってくれたのである。彼がコリントにいた時も、そこから新たな援助金を受け取っている。コリント人の、また一般にギリシャ人の少し軽はずみな性質に疑念をもっていたのだろうか、彼がここで一緒に逗留しているあいだ、一度ならず不如意だったにもかかわらず、彼らに借りをつくろうとは思わなかった。

ガリオンの裁定

しかし、常に行動的な正統派《オーソドックス》ユダヤ人の怒りが嵐を呼ばない筈はない。異教徒向けのパウロの布教、すなわち信ずる者すべてを受け入れて、アブラハムの家族の一員にするという彼の闊達な主義に対し、イスラエルの子という排他的特権を信奉する者たちは怒り心頭に発した。対してパウロの方はきつい言葉を容赦なく浴びせかけ、神の怒りがお前たちに炸裂するぞと宣告する。ユダヤ人たちはローマのお上に訴え出る。コリントは全ギリシャを含めてアカイア州の首府で、通常はマケドニア州に統合されていた。両地方ともにクラウディウスにより元老院所属とされた。こうして、二地方を一総督《プロクラトル》が統べた。当時この職務はマルクス・アネウス・ノヴァトスという当代きっての愛すべき教養人が担当したが、彼はセネカの兄で、セネカの集りの文学者の一人、修辞学者のユニィウス・ガリオンの養子となっていた。そこでマルクス・アネウス・ノヴァトスはガリオンを名乗ることになった。彼は優れた精神と気高い魂の持ち主で、高名な詩人や作家を友人に持っていた。

彼を識っている者はみな彼を敬愛していた。スタテウスは彼を〝温厚なガリオ dulcis Gallio〟と呼んでおり、この文学サークルで発表された悲劇のいくつかを書いたらしい。これも推測だが、彼には自然の諸問題に関する著述があり、またその兄弟が『怒りについて』と『幸福な一生について』という二冊の本を彼に捧げている。時代の最も気のきいた警句が彼の口からでたものとされた。いくらかでも開明的な政府なら地方行政に細心の注意を払っていたから、教養人のクラウディウスの治下で、ギリシャの高い教養をもつ彼が地方の統括者に選ばれたのであろう。彼は健康上の理由でこのポストを断念せざるをえなくなった。ネロ時代に弟セネカと同じく、彼は死によって高貴と公正の名誉をあがなった。

このような人物であるから、過激な連中が、裏に廻って公権力に抗議しておきながら、自分たちの敵を排除してほしいと要求して押しかけ、訴えてきても、おいそれと受け付けるはずはない。ある日クリスポを引き継いだシナゴーグの新しい長のソステネがパウロを裁判所に引き立てて、彼が律法に違反する信仰を説いていると告発した。確かにユダヤ教は古くから認可と各種の保証を手に入れてきたが、シナゴーグからいったん離れた分派は、シナゴーグのもつ勅許を享受できないと主張した。この状況は公認されたプロテスタンティスムから袂を分かった時の自由プロテスタントのフランス法上の身分と同様である。抗弁しようとしたパウロを抑えて、ガリオンはユダヤ人たちに言った、「これが不正行為とか悪質な犯罪とかであるならば、諸君の訴えを受けつけるが、教義の争いや名称とか律法の論争とかに関するものならば、自分たちで解決せよ。わたしはそんな案件の判事になるつもりはない」。見事な答えである。宗教問題に行政を介入させてやろうと企まれた場合の範とすべき答弁だ！　ガリオンはこう宣告すると、双方を門前払いするよう命じた。外に出ると大騒ぎになり、群衆は一斉にソステネに襲いかかって裁判所前で殴りつけ始めた。どこから拳固が飛んでくるかわからない。ガリオンはとくに意に介さず解散させた。この高い教養人は下等な連中のいさかいに巻き込まれるのを拒否し、暴力行為が始まると見ると全員を追い払った。

確かにそんな冷淡な態度に出ない方が賢明だったろう。ガリオンが分裂や異端の問題に関しては管轄外と言明したのはうまい思いつきではある。だが見識ある人が時によるとなんと配慮に欠けることか！　この卑劣な狂信的一派が起こした争いは、後になって世紀の大問題だったことが分かる。もし宗教・社会問題をいいかげんにあしらうかわりに、政治当局が公平で正しい尋問を行ない、確固たる公の指示を確立し、常軌を逸脱した一宗教に対して公的制裁を加え続けないよう骨を折っていたら、つまりもしガリオンがユダヤ教徒とキリスト教徒の何たるかを理解しようとユダヤ教の本を読み、この水面下の世界に起こっていることを知ろうと心掛けていたら、もしローマ人がこのように偏狭で、知恵のないやり方をしていなかったなら、多くの不幸を予防できただろうに。不思議なものである！　ここに相まみえているのは、一方には最も知的で好奇心の旺盛な男たちの一人であり、他方は当時の最も強い、最も個性的な精神の持主であって、この両者は互いに譲らず接点はなかった。もし拳骨《げんこつ》がソステネの頭でなくパウロの頭に落ちていたとしても、ガリオンは頓着しなかっただろう。上流社会の人たちに過ちを犯させる最大の理由のひとつは、育ちが悪いか、わきまえのない連中が彼らに植えつける烈しい反感にある。態度というのは外形に過ぎないし、物腰、振る舞いを心得ていない者も、往々にして正当な理由をもっているものだ。上流階級の人は、軽侮することで、周りで未来を築きつつある人物がいることをいつも見過ごしてしまう。彼らは同じ世界に属していない。上流社会の人達に共通する過ちは、自分たちが知っている世界がすべてだと信じているところにある。

手紙をしたためるパウロ

だが、こうしたことは使徒パウロが逢着した唯一の困難ではない。使徒の生涯でもコリント伝道はかつて経験しなかった諸困難を迎えていた。困難は教会自体の内部から生じたもので、入会してきたが彼に反対する人物や、イエスに惹かれても律法の遵守についてパウロほどにもこだわらない厄介なユダヤ人から持ち上がった。五世紀以降キリスト教を実質的に変えていった堕落したギリシャの誤った精神を既に感じさせるものがある。こんな時パウロが思い出すのはマケドニア教会だ。なんという限りない素直さ、行いの純なる、そして率直なる誠意だったろう、おかげでフィリピ、テサロニケであれほど素晴らしい日々を過ごさせてもらったのだ。北部の信徒たちに会いに行きたいとしきりに思っていた矢先に先方から要請を受けた時は、はやる自分を辛うじて抑えた。身辺の人々の面倒やら不快事には自らを慰めて、パウロは手紙を書くことに楽しみを見つけた。コリントから出した手紙にはなにか悲しみの気配が滲み出ている。これらのパウロの手紙は宛先人に最高級の賛辞を呈し、発信地にいる人々の好ましくない点については、しっかり口を閉ざすか、少し暗示するにとどめている。

第九章　第二次の旅（続）――新教会の内部状況

コリントにおいて、パウロの伝道人生は最盛期を迎える。彼が基礎づくりに奔走している大キリスト教団の世話に加えて、後に残してきた共同体が気がかりで、彼も書いているように、一種の妄執となって苦しんだ。この時期、彼は更なる新しい教会を創るよりも、既に創り上げた教会の面倒を見る方を優先して考えている。彼にとって各々の教会はキリストに捧げ、純潔を守るよう望んだ婚約者のようなものだった。彼がこの小さな諸団体に対してもっている権威は絶対のものだ。彼がイエスその人が定めたと見なした一定数の規範が、彼が認める既存の唯一の教会法であった。これらの規範に、当面する新しい状況の必要に応じて条項を追加するについて神から霊感を授かっているとパウロは信じていた。しかも彼が示した手本はすべての彼の精神的な息子たちが従うべき至上の規範ではなかったか。

未だ教典はない

パウロが遠く離れた教会を訪ねさせたティモテは、疲れを知らぬ男だったが、師のあくなき熱意を満足させることはできなかった。この時、パウロは自ら、あるいは幹部の弟子が口頭で伝えるのが難しい事柄を手紙で補足することを思いついた。ローマ帝国では今日のような私信を送る郵便制度は存在しておらず、通信は、たまたま伝《つて》があるときか、使いの者に頼っていた。そこでパウロは、飛脚役の助手をどこにいくときも一緒に連れていた。ユダヤ教においては、すでにシナゴーグ間の連絡網ができており、飛脚役の使者はシナゴーグに買収された高官ですらあった。書簡形式はユダヤ人の間では文学の一ジャンルを形成し、民族が散りぢりになった結果、ずっと中世まで続けられた。キリスト教が全シリアに広がった時代から、キリスト教徒の書簡が存在していたことは疑いないが、それまで通常は保存されていなかった書状が、パウロにより話し言葉と同格の、キリスト教信仰を進展させるための手段となる。手紙は使徒パウロ本人の権威に等しいと見なされ、集い寄った信者の前で一通ずつ読み上げられた。その中には回覧状の性格をもっているものもあり、多くの教会で次々に回し読みされた。手紙を読み上げることが、こうして日曜日の聖務の主要部分になる。受け取ったその時だけ兄弟たちの教化に役立てるのではなく、手紙は教会の資料庫《アルカイヴ》に保管され、集会日に持ち出されて聖なるお文《ふみ》、不滅の教えとして読まれた。こうして書簡は初期キリスト教の文学形式となり、当時の状況とパウロの資質にぴったりの見事な表現形式となった。

無類のパウロの手紙

確かに、この新宗派は一貫した書物を編む状況には少しもなかった。発生期のキリスト教は経典《テキスト》とは無縁である。賛歌そのものも適宜に歌われて、書きつけておくことはなかった。今が最終の天地変動《カタストロフ》の前夜にあるとみなが信じ込んでいたのである。聖なる書は〝エクリチュール（聖書）〟と呼ばれ、これは古代の律法の書を指していたが、イエスは新たに別冊を書き加えていなかった。彼は旧約の聖書を実現させるためにやって来たのであり、彼自身が生ける書物となって時代を切り開く筈なのだ。このような精神状況にあっては、慰めと励ましの手紙を書くのが精一杯である。仮にこの時期すでにイエスの〝言行〟について記憶を助けるために、小冊子以上のものが作られたとしても、私的な用途に当てられたまでである。共同体が広く認めた権威ある公式書物ではなく、事情に詳しい者がたまたま書き留めたもので、権威としては伝承よりも一段劣ると見なされていた。

一方パウロも、書物を編もうという気は毛頭なかった。著述には根気が必要だが、彼にはそんな辛抱強さはなく、書き方も知らず、筆をとるのは気が進まない。彼は代筆させて処理するのを好んだ。通信文はこれと異なり、技巧をこらして思いを表現することに慣れている作家には嫌われるが、奔放な活動と自分の受けた印象を即刻、表わしたい彼の気性にはぴったりである。生き生きとして粗野、礼儀正しくて抜け目なく、皮肉がきつい、かと見れば突如優しくも繊細ともなり、甘ったるいまで情愛に溢れ、ずばり適切かつ多彩な表現を用いている。ためらいと、遠慮と限りない用心、悪意のある暗示、隠された皮肉を巧みに盛って、最初にぐっとくることが要求されるジャンルにおいて彼は生来、卓越していた。パウロの手紙のスタイルは前人未到の彼一流のものである。強いて言えば〝噛んで含める〟ような言い方だが、筋の通った文章はひとつもない。私はここでギリシャ語の特性を言っているのではなく、言語のロジックを言っているのだが、これ以上にぐいぐい押してくる文章は書けない。早口の会話を速記して、文章に起こしたが校正しないままのようである。ティモテは師の傍らで秘書役をすることにすぐ習熟し、話し方がパウロに多少似ていたのか、パウロの代わりを頻繁につとめている。ティモテの筆になる箇所が、〝パウロの手紙〟と多分『使徒行伝』にも一ページ以上あるようだ。だが、それを見つけようとしても確かな手掛かりを掴めないほどティモテは謙虚な人物であった。

直接に宛てた場合でさえパウロは自筆ではなく口述によっている。時折、書き終えた手紙を読み返していると、気持ちが無性に激してくる、そこで欄外に加筆させるものだから、文脈《コンテキスト》が乱れたり、文章が中途半端になったり、入り組んだりする危険も敢えてする。文中に同じ言葉や思いが繰り返されていても頓着せず、もつれ入り組んだままの手紙を送っている。賛嘆すべき、たぎる熱情の人パウロも、表現においては不思議に貧しい。彼は一語に執着し、一ページ中であらゆる事柄にその語をあてはめる。これは貧弱というものではなく、一途な精神からきたものであり、文体を校正することには無頓着なのだ。この時代の熱情、使徒の権威、古の書簡の素材的な条件から生ずるさまざまな偽造を避けるため、パウロはそれと容易に識別できる自分の筆跡見本を各教会に送っておくのを常としている。こうしておいて当時の習慣に従って、本物であることを証するために文末に自筆で二、三、言い添えることで十分とした。

パウロの書簡がかなりの数に上ったが、今日残っているのは、その一部に過ぎないことは疑いない。初期教会の信仰は、形ある物には執着せず、純粋に理想主義的だったから、このようなお文《ふみ》に莫大な価値があるとは思い及ばなかった。信仰がすべてであり、各自が信仰を心中深く持っていたから、真筆でもない吹けば飛ぶようなパピルスの切れ端に、意を留めなかった。たいていの場合手紙は当座の事情に応じて書かれ、将来聖なる御文章《ごぶんしょう》になろうとは誰も思わない。使徒パウロが生涯をとじる頃になって初めて、人々は手紙そのものを尊重し、心満たされ、しまっておく気になったのである。各教会は手持ちの手紙を大事に保存し、しばしば参照し、定期的に読み上げ、写しがとられたが、初期の手紙の多くは失われ取返しがつかない。教会が出した手紙や返事はすべて失われたが、それも致し方ないことであり、パウロは遍歴の人生において記憶と胸中にしか記録保管所《アルカイヴ》を持たなかった。

やさしく、しばしば高圧的なパウロ

第二次伝道では二通だけが今日に伝えられ、これがテサロニケ教会宛の二通の手紙である。パウロがコリントから書き送ったもので、表書《おもてがき》に自分の名前に添えてシルワノとティモテの名も加えている。この二通は間をおかずに書かれたものに相違ない。もの柔らかい口調、やさしさ、感動、そして魅力に溢れている。パウロはマケドニア教会をひいきする気持ちを隠さない。生き生きした表現と、愛情のこもった比喩を用いて、この愛情を吐露する。あたかも彼は乳母が胸に乳飲み子を抱くように、また父親がわが子に気を配っているように自分を表現している。ここにはパウロがみずから礎石を築いた教会への思い入れがある。パウロは驚嘆すべき伝道者であるが、何よりも驚嘆すべき良心の導師、だった。責任をもって魂の面倒をみる者として、かつて誰もこれほどまでに深く自分を見つめたものはいない。人間教育の問題をこれほど鋭く、これほど懇《ねんごろ》に取り上げた者はかつて誰もいない。この先達《せんだつ》がへつらいとか、手加減に汲汲としていたなどと、考えてはならない。パウロは無骨で、みっともなく、しばしば怒った。少しもイエスと似ているところはない、賛嘆すべきイエスの寛容さも、すべてを宥す態度も、悪を見ることのできない神の特質も彼にはない。往々にして彼は高圧的であり、びっくりするほど高飛車に自分の権威を認めさせる。命令し、叱責し、また確信をもって自分を語り、躊躇することなく範としての自分を見せつける。だが、なんという崇高さだろう。なんという純粋さ。なんという無私であろう。この最後の点については極端にまでこだわる。誇りをもって、口をすっぱくして子供じみて細々《こまごま》と数え上げる。誰にも用立ててもらわなかった、誰からもただでパンをもらって食べたことはない、他の使徒のように祭壇の仕事で食べていくこともできたのに昼も夜も職人として働いた、と。この熱情の原動力は〝無限の〟といってもいい人々への愛であった。

初期教会の風景

初期の教会における幸せ、純真、兄弟愛、限りない慈愛の光景は、その後二度と出現することはない。すべて自発的で、拘束もなかったが、ささやかな共同体は鉄壁の堅固さをもっていた。ユダヤ教徒のしつこい嫌がらせに抵抗しただけでなく、内部組織も驚くほど強固であった。これを想像するには、誰にでも開かれた今日の大教会ではなく、非常に厳しい固有の生活を営む宗教団体や、メンバーが四六時中触れ合い活気に満ち、激論を戦わし、愛し合い憎しみ合う非常に限られた信徒団体を考えればよい。

教会には一定の階層《ヒエラルシー》ができていた。メンバー内でもっとも古参の者、もっとも活動した者、使徒と縁があった者たちが上席権を享受した。だが使徒パウロ自身は管理職に見られかねないものは真先に拒否する。自分は〝一同の喜びに協力する者〟に過ぎないことにこだわった。

「長老」は表決つまり挙手で選ばれたり、ある時は使徒パウロが選んだこともあるが、聖霊、すなわちあらゆる行いについて教会を導いてくれる直観によって選ばれたものといつも見なされた。「監督《エピスコピ》」（この語はもとは政治用語であるが一般社会で用いられるようになった）という呼び方がすでに始まっており、教会の指導を担う「羊飼い」と考えられた。更に特定の者が教導に関する専門家とされ、これがカテキストで、家から家へ巡回し、私的教化により神の言葉を伝えた。パウロは少なくとも特定の場合については規則として、入門者《カテキューメン》は教育期間中、その所有物すべてをその教師《カテキスト》と共有すべきものと定めた。

全面的な権威が教団に属していた。その権威は個人生活のもっとも私的な部分にまで及んでいた。兄弟たちは世話をし合い、戒め合った。教団ないし少なくとも「霊的指導者」と呼ばれた者たちは、過ちを犯した者を叱り、気落ちしている者を励まし、心の中を知るに巧みな熟練の指導役を受け持った。公的改悛はまだ定められていなかったが、疑いなく萌芽的にはすでにあった。信者を引きとめる外的強制力もなく、分裂したり、教会を捨てたりすることをも妨げなかったから、スパイと聞き込みで成り立っているとしか思えないこのような組織体は、われわれから見れば耐えがたく、早々に崩壊するにちがいないように思える。それが全くそうならなかった。この時期、棄教は一例も見当たらない。すべての者は教会の判断に謙虚に従ったのである。行いが規則通りでない者、使徒の伝統を踏み外した者、あるいは使徒の書簡に従わない者がいると、その名は記録に留められ、人々はその者を避け、また全く交際を絶った。彼を敵として扱うのではなく、兄弟として彼に警告した。このような孤立状態になると、本人は面目ないと感じて、戻ってくる。共同生活をしている善人たちの小集会は、いつも活発で、忙しく、情熱にあふれ、愛憎共に烈しく、私は繰り返し云うが陽気なことこの上なかった。まことに、イエスの言葉はここに成就していた。優しい者、謙虚な者の支配が到来し、すべての者の心に、溢れる至福となって立ち現われていた。

人々は異教におぞけをふるってはいたが、彼らなりのしきたりを守って異教徒に対してきわめて寛大に振るまっていた。避けるのではなく、彼らを引きつけ、取りこもうと努めている。信者の多くがかつては偶像崇拝者だったか、その親が偶像崇拝者だった。だから誤っているときも、どれほど誠実でおれるものかは承知していた。救いの真理を知ることなくこの世を去った彼らの高潔な先祖が思い出された。死者のための洗礼は心温まる慣行であって、このような心情から発生したものだ。聖水を受けなかった先祖たちに洗礼を施すことで、秘跡《サクラメント》の功徳を彼らに授けたと信じられた。このようにして人々はかつて愛した人と引き離されたくないという願いをかなえた。強い連帯意識が全員を支配しており、息子は両親に、父は息子に、夫は妻によって救われた。善意の人ないしは高徳の人々に少しでも愛着を抱いている人を、地獄に落とすには忍びなかった。

道徳的ロマンティスム

風紀は厳格であったが、うっとおしいものではなかった。七面倒くさい徳行は近代の謹厳過ぎる者（ジャンセニスト、メソディストたちなど）がクリスチャンの徳であるかのように説いたもので、当時のものでは決してない。男女関係は禁止されるどころか、盛んになった。異教徒がキリスト教徒を嘲笑した理由の一つは、若い娘、老女、子供の秘密集会のために一般の社会を見捨てた女々しい連中とみなしたからであった。異教徒のように身体部分を露出することは厳重に禁止され、通常、婦人は窮屈にヴェールで覆い、細心につつましくあろうと心掛けて手落ちはなかった。だが慎みはまた喜びでもあり、また男性の抱く理想の夢を千万の道に案内するものだ。聖ペルペチュの行伝、聖ドロテアの伝説を読むと、純粋無垢の女傑が出てくるが、（シトー会の）ポール・ロワイヤルの修道女となんと似てもつかぬことか！　そこでは人間本能は半ば抹殺されている。後世、教会によりサタンの教唆と見なされることになるこの人間の本能も、新たな指導をうけただけのことだ。初期キリスト教のありようは、道徳的なロマンティスム、すなわち愛する能力を精いっぱい善導することといってもよい。キリスト教はこの能力を抑えることなく、何の警戒も払わず、不信も抱かず、自然のままのびのび育てたのである。こうした奔放さによる危険はまだ現われていなかった。悪は教会内部では、まず不可能だった。悪の根である悪しき欲望は除去されていたからである。

　教理問答教師《カテシスト》の役割はしばしば女性で占められた。処女性は聖なる状態と考えられた。こういう独身好みは、今から数世紀前の干からびて愚かな禁欲主義が生んだ愛と美の否定とは、まったく趣を異にする。女性にあっては、徳と美とは秘すれば秘するほど花、という正しくも、真実の心情があった。この愛の希少な真珠が分からない女性は一種の驕慢と警戒心から、神、それも嫉妬深く、個人的な秘密の共同分担者として想定した神だけのために自らの美とモラルの完成につとめている。再婚は禁止されていなかったが、あまり見上げたこととはされなかった。この世紀の民衆感情はこのようであった。συμβιοσ という美しく心打つ表現は、「夫」を指す通常の語となった。Virginius, Virginia, Παρθενικοσ の語は、他と契らなかった夫を指し、称賛をこめて優しさを表わす語となった。家族愛、夫婦の協力、相互の尊敬、妻への世話と配慮に対する夫の感謝は、ユダヤの碑文を見ると感動的な文言につづられて現われているし、そこにはキリスト教の信徒を開拓していた貧しい階級の情感が率直に現われている。一夫多妻がだれからも禁止されていなかった一民族の手で結婚の神聖さについてももっとも高い観念が世界に広がったというのも、不思議なことである！　だがキリスト教を確立したユダヤ社会の分派において、一夫多妻は実際に廃止される必要があった。そんな重大な誤りも教会が非難すべきだと考えたとは思われないからだ。

俗務に賢く、天の国に愚か

慈愛、兄弟愛はすべての教会と学びの場に共通した至上の法であった。慈愛と貞潔はすぐれてクリスチャンの徳であって、これが新しい教えを成功に導き、全世界を回心させたのである。すべての者に善を施すように、なお同宗者には優先して施すがよいとされた。仕事熱心は美徳とされた。パウロは腕のいい職人として、なまけと徒食を力をこめて叱り、「働かざる者は食うべからず」という庶民の素朴なことわざを何度も繰り返している。彼が心に描いていたモデルとは、堅気、温和、仕事にはげみ、自分で稼いだパンを静かに満足して食べる、そんな職人だ。まったくコミュニスト的で修道士のようなイエルサレム教会の素朴な理想とも、あるいは預言と超自然の恵み、伝道に頭がいっぱいになっているアンティオキア教会とも、ここはなんと隔たっていることか！　かくて、教会は快活で満足し、金持ちをうらやむことのない善良な働く者の団体だ、彼らの考えでは、神は世間の人のようには評価をしないし、策謀家の白い手よりも額に汗する正直者の手を嘉《よみ》するからである。主要な徳目の一つは、「外部の人々に対して品位を保ち、何不自由のないように」自分の仕事に励むことにある。数人の教会メンバーが「少しも働かず、余計なことをして」いるのをパウロが耳にし、厳しく戒めている。よき実務感覚と光明思想《イリュミニスム》*との結合は決して驚くには当たらない。欧米にいるイギリス国民は、俗事に関して良識に恵まれながら、天国の種々《くさぐさ》に関して愚かしいという、同じようなコントラストを見せてくれている。クエーカーの教義も同様で、愚直の糸で織りなしたもので始まったものながら、今日ではウイリアム・ペンの影響で実際には偉大、かつ実り豊かなものになっている。

預言と同じく聖霊という超自然の恵みも無視されていなかった。しかし非ユダヤ系で構成されたギリシャの教会内では、こうした奇妙な仕事はあまり意味をもたず、まもなく廃れてしまったことが分かる。キリスト教の教義は真の神に仕え、祈り、善をなすことから成る一種の理神論者《ディスト》の信仰に変化していったことが分かる。広大な希望が、この純粋な宗教の教えに本来そなわっていなかった効率の良さを与えた。イエスに触発された思想運動の核心にあった理想は、なおもキリスト教の基本的教義《ドグマ》であり続けていた。神の国の到来の近いことを、大いなる栄光のうちに神の子が再び現われる不意の発顕を誰もが信じていた。この不思議な現象について抱いた思いはイエスの時代と同じである。「大いなる怒り」、すなわち恐ろしい大災害《カタストロフ》が、まさに起ころうとしている。このカタストロフは、それまでにイエスにより救済されていない人々すべてを襲う。イエスは天使たちに囲まれて「栄光の王」として天に姿を現わす。そこで審判が行なわれる。聖者、迫害された者はイエスの傍らの席に着き、彼と共に永遠の憩いを楽しむだろう。彼らを迫害した不信心者（とりわけユダヤ人）は業火に包まれる。彼らへの懲罰は永遠の死であり、イエスの面前から追放され、破滅の淵に引いて行かれる。業火の炎があがり、世界もイエスの福音を拒んだ者も焼き尽くす。最終のカタストロフはイエスと聖者の大いなる発顕、至高の審判、それまで時代を支配していた不公平を遅まきながら償うものとなるだろう。

＊ 神の直接的啓示に基づき、真理を重んじる神秘思想。

その時以前の死者はどうなる

この変わった教義に対して当然、異議の声があがった。その要点の一つはイエス即位の時、死んでいた者の運命をどのように解釈するかの難しさである。パウロがテサロニケ教会に立ち寄った後に、そこで何人か亡くなったが、当初の死者に対する気持ちは複雑だった。荘厳な時がくる以前にこのように逝去してしまった者たちは神の国から締め出された者と見なして憐れむべきなのだろうか？　個々人の不滅と個別の審判に関する思想は、まだそれほど発達していなかったから、このような異論が持ち出されたわけだ。これについて、パウロは死は一時の夢に過ぎないと次のように明快に答えている。

兄弟たち、既に眠りについた人たちについては、希望を持たないほかの人々のように嘆き悲しまないために、ぜひ次のことを知っておいてほしい。イエスが死んで復活されたと、わたしたちは信じています。神は同じように、イエスを信じて眠りについた人たちをも、イエスと一緒に導き出してくださいます。主の言葉に基づいて次のことを伝えます。主がこられる日まで生き残るわたしたちが、眠りについた人たちより先になることは、決してありません。すなわち、合図の号令がかかり、大天使の声が聞こえて、神のラッパが鳴り響くと、主御自身が天からくだって来られます。すると、キリストに結ばれて死んだ人たちが、まず最初に復活し、それから、わたしたち生き残っている者が、空中で主と出会うために、彼らと一緒に雲に包まれて引き上げられます。このようにして、わたしたちはいつまでも主と共にいることになります。ですから今述べた言葉によって励まし合いなさい。（Iテサロニケ　4　十三—十八）

人々はこの大いなる出現がいつ来るか指折り待っていた。聖パウロはこの詮索を非難し、その空しさを教えて、イエスが言ったとされる言葉をほとんどそっくり用いている。

兄弟たち、その時と時期についてあなたがたには書き記す必要はありません。盗人が夜やってくるように、主の日は来るということを、あなたがた自身よく知っているからです。人々が「無事だ。安全だ」と言っているそのやさきに、突然、破滅が襲うのです。ちょうど妊婦に産みの苦しみがやって来るのと同じで、決してそれから逃れられません。しかし兄弟たち、あなたがたは暗闇の中にいるのではありません。ですから、主の日が、盗人のように突然あなたがたを襲うことはないのです。あなたがたはすべて光の子、昼の子だからです。わたしたちは夜にも暗闇にも属していません。従ってほかの人々のように眠っていないで、目を覚まし、身を慎んでいましょう……。（Iテサロニケ　5　一—六）

主はいつ来られるのか

この間近に迫ったカタストロフについて関心は大変なものだった。神がかった者たちはその日が特別な啓示によって分かると考えた。すでに未曾有の大惨事があった。その終局を示した使徒の贋の手紙が回覧されようとしていた。

さて、兄弟たち、わたしたちの主イエス・キリストが来られることと、そのみもとにわたしたちが集められることについてお願いしたい。霊や言葉によって、あるいは、わたしたちから書き送られたという手紙によって、主の日は既にきてしまったかのように言う者がいても、すぐに動揺して分別を無くしたり、慌てふためいたりしないでほしい。だれがどのような手段を用いても、騙されてはいけません。なぜなら、まず、神に対する反逆が起こり、不法の者、つまり、滅びの子が出現しなければならないからです。この者は、すべて神と呼ばれたり拝まれたりするものに反抗して、傲慢にふるまい、ついには、神殿に坐り込み、自分こそは神であると宣言するのです。まだわたしがあなたがたのもとにいたとき、これらのことを繰り返し語っていたのを思い出しませんか。今、彼を抑えているものがあることは、あなたがたも知っているとおりです。それは、定められた時に彼が現われるためなのです。不法の秘密の力は既に働いています。ただそれは、今のところ抑えているものが、取り除かれるまでのことです。その時がくると、不法の者が現われますが、主イエスは彼をご自身の口から吐く息で殺し、来られるときのみ姿の輝かしい光で滅ぼしてしまわれます。不法の者は、サタンの働きによって現われ、あらゆる偽りの奇跡としるしと不思議な業とを行ない、そして、あらゆる不義を用いて、滅びてゆく人々を欺くのです。彼らが滅びるのは、自分たちの救いとなる真理を愛そうとしなかったからです。それで、神は彼らに惑わす力を送られ、その人たちは偽りを信じるようになります。こうして、真理を信じないで不義を喜んでいた者は皆、裁かれるのです。(Ⅱテサロニケ　2　一―十二)

イエス没後二〇年たってから書かれたこの文章には、イエスが考えたままの主の日の告知版に、ただ一つだが重要な要素が書き加えられている。それはイエス自身が現われるより前に姿を見せるはずの〝アンティ・クリスト〟ないしは「贋のキリスト」、すなわち奇跡を行ない、崇められようとするサタン的メシアのたぐいである。魔術師シモンについてすでに見たように、贋の預言者が本物そっくりに偽って奇跡を行なうという奇妙な考え方があった。神の審判に先立って、恐ろしいカタストロフ、不信心と汚辱の氾濫、偶像崇拝の一時的な勝利、瀆聖の王の即位があるという見方は、きわめて古くからあったもので、黙示録的な教義の起源にまで遡る。徐々にキリスト教徒において束の間の悪の統治は善の決定的勝利を予告しつつ、イエスとまったく逆の、いわば〝地獄のキリスト〟と考えられた一人の人間の姿をとって現われると見られるようになった。

悪へ誘う将来の誘惑者のタイプは、一面ではダニエル書に出てくるアンティオコス・エピファネスの思い出がバラム、ゴグとマゴグ、ネブカドネザルの記憶と、他面では時代の状況から取り入れた特色とで合成されたものだ。当時ローマが衆目の前で演じていた戦慄の悲劇も想像を大いにかき立てないはずはなかった。反《アンティ》ゴッドであった前帝カリギュラは生前中から礼拝されることを望んだ最初の皇帝だが、パウロは彼を見て、かかる人物が俗にいうところの神々や、すべての偶像の上位に奉られて、神そのものとして受け取られることを望み、イエルサレムの神殿に座すという状況を恐らく想像した。このように反《アンティ》クリストはカリギュラの瀆聖の狂気を引き継ぐ者として西暦五四年に案出されたものだ。現実はこのような前兆を告げる序曲をことあるごとに奏でるだろう。パウロがこの不思議なページを書いて数カ月後に、ネロは帝国を手中にする。後になってキリスト教徒は、そうか、このネロが救世主《キリスト》到来の怪物による前触れだったと思い当たるだろう。五四年にもなお、パウロの考えではアンティ・クリスト時代の到来を妨げていた原因、というよりその人物があったはずだが、それは誰か。これはなお不明である。多分信者の仲間うちでは話題になっていたが、自らを危うくする恐れから書き留められず、政治と無縁でない秘密がこれに関係していたのだろう。没収された一通の手紙でも、恐ろしい処罰に十分だった。他の件でもそうだが、初期のクリスチャンは特定の事柄は書き記さない習慣があって、そのために解明できない疑問点が残っている。ある者の推測によると、問題の人物はクラウディウス帝であり、パウロの表現に彼の名前のごろ合わせを見る者もあった（クラウディウス＝gui claudit＝Οκατεχον）。実際この手紙が書かれた頃、極悪のアグリッピーナによる不可避の罠にはまった哀れなクラウディウスの死は時間の問題でしかなかったろう。

　世間の誰しもそれを予期していたし、皇帝自身もそう語っていた。いたるところ暗澹たる予感があった。一四年後にヨハネ黙示録の著者に強烈な印象を与えることになる自然の怪事が、民衆の想像をたくましくさせていた。巷にはぞっとするような怪物の胎児や、ハイ鷹の爪をもった子を生んだ豚のうわさが立っていた。どれも未来の不安に人々を怯え上がらせるものだ。キリスト教徒も市井の人としてこの恐怖を共にしていた。自然の大災害の予測と縁起かつぎによる恐怖が、黙示録的確信の要因であった。

この世の悲しみ、安らぎの集会

明白なる事実、これら評価しにくい書物の中になお輝いて見えているもの、キリスト教伝道の前代未聞の成功の所以《ゆえん》を解くもの、これはささやかな協会内部を支配していた献身、高い道徳心である。ちょうどモラヴィア兄弟団、深い信仰に専念するプロテスタント敬虔派の信者、ある種の在俗修道会やカトリック修道会の第三会を思い描いてみるとよい。祈りの声とイエスのみ名が信者たちの口をついていつも出た。例えば食事の前など、何かする前にはそのつど、神を賛美したり、そっと感謝の仕種《ぐさ》をした。(教会でなく)世俗の裁判官に訴え出るのは、教会を侮辱するものと見なされた。世界が間もなく壊滅するという確信が、人の心を刺々しくする革命の発酵菌を抑えていた。使徒パウロの変らぬ規則は、人はこの世で(主に)望まれた時の状態のままであるべき、であった。割礼を受けるよう望まれた、では割礼をかくすな。割礼を受けないよう望まれた、では割礼してもらうな。童貞か、では童貞のままでいなさい。結婚したのか、では結婚したままでいなさい。奴隷の身分だ、そのことを気にするな、もし解放され得ても、奴隷のままでいるがよい。「主によって召された奴隷は、主によって自由の身にされた者だからです。同様に主によって召された自由な身分の者は、キリストの奴隷なのです」（Iコリント　7　十七―二十四）。深い諦めが心を占め、なにも気にしなくなり、この世のすべての悲しみの上に安らぎと忘却が広がった。

教会は啓発と慰めがこんこんと湧く泉だった。当時のクリスチャンの集会を、ハプニングや個々人の提唱《イニチアティヴ》など出る余地のないよそよそしい今日の集会をモデルにして想像してはならない。むしろイギリスのクエーカー教徒、アメリカのシェーカー信者、フランスの交霊術師の小集会から推測すべきである。集会中は全員坐って、霊感を受けたと感じたらその者が口を開く、立ち上がると聖霊に駆られるまま、われわれが今では聞き分け難い様々な形式の演説――詩篇、恵みの讃歌、祝別《エウロギア》、預言、啓示、学び、高揚、慰安、異言解釈を口にした。このような即興は神託とみなされて、あるいは詠じられ、あるいは節を付けずに唱えられた。交互に唱和し、互いに感動をかきたてた。これが〝主に歌う〟と呼ばれたものである。女性は沈黙を守っていた。皆が聖霊を間断なく授かるものと信じていたから、信者たちの脳に閃く映像と音がいちいち深い意味を秘めているように見えた。また一同は最大限の善意をもって、純粋な幻想から真の魂の糧《かて》をくみ取った。このような即興の祝別と祈りをするたびに、続けて会衆はアーメンと唱えて、霊感を受けた者と一体となった。神秘的な集会の様々な所作を強調するために、会長が oremus と先導句を入れたり、あるいは「〝Sursum corda〟（心を高くせよ！）」と天に向かって嘆息したり、イエスが約束通り、会の真ん中におられることを思い起こして、〝Dominus vobiscum（主は共にあり、主よあわれみたまえ）〟と合いの手を入れた。キリエ・エレイソン（主よ、われらを哀れみたまえ）の叫びも、懇願しうめくようなリズムで頻繁に繰り返された。

預言は、高く評価されるべき賜物《たまもの》とされ、数人の婦人がその賜物に恵まれた。異言《グロッソラリア》に関しては多くの場合、どう見るかでためらいがあった。時には悪霊の巧妙なごまかしにあうことを恐れさえした。霊感に強い人たちとか、いわゆる「霊能者」がこの奇妙な雑音を解釈し、意味を見つけ、それが由来した霊を見分ける役目を担った。こうした現象は異教徒の改宗には大いに有効で、最も説得力のある奇跡と見なされた。事実、異教徒、少なくとも好意的と見られる異教徒が集会に加わると、そこで奇妙なシーンがよく起こった。一人ないし数人の霊感を受けた者が、新入りに話しかけ、厳しさと優しさを交互にまじえて語り、当人だけしか知らないと思っていた内証事を暴露し、過去に犯した罪を指摘してみせる。不幸にも指弾を受けた者は呆然とし、困惑する。皆の前でこのように暴かれた恥ずかしさ、この集会でいわば精神的に赤裸々にされたという思いが、彼と兄弟たちとを断ち切りがたいきずなで結ぶのだ。一種の告白が宗門に入る際の最初の信心の業となることがよくあった。こうして兄弟姉妹の間に確立した親密さと愛情には一片の陰りもなく、会衆が一個の人格を形成した。完全な交霊術となり、このような関係が目にあまる乱用に陥らないよう努めることも大切とされた。

精神的つながりを欠いた社会、とりわけ国家と宗派から軽視されている庶民階級において、かくも活発な精神生活は、絶大な魅力を発揮したにちがいない。この時代とよく似たわれわれの世紀もこの歴史から汲みとるべき大きな教訓がある。未来は人民階級を掴み、向上させる党派に属するだろうからである。だが我々の時代にあっては、その困難はかつてないほど大きい。古代の地中海沿岸でなら、物質生活はシンプルでもよかった。身体上の欲求は二次的であったし、容易に満足が得られた。われわれの場合、この欲望は多岐にわたって、絶対的である。今日の民衆の共同体は鉛の重りで地上に固定されているようなものだ。

主の晩餐の推移

なかんずく聖なる祝宴、「主の晩餐」は、絶大な心理効果を与えた。皆がキリストに組み込まれ、その結果同じ一つの身体になる秘儀と考えられた。ここには平等と友愛という久遠《くおん》の教えがあった。イエスの最後の晩餐のことだとされた、厳かな言葉が皆の耳に残っていた。このパン、このワイン、この水、それはイエスその人の肉であり、血であると信じられた。参加者はイエスを食べ、えも言えぬ神秘によってイエスと一体になると見なされた。これに先立って「聖なる口づけ」ないし「愛の口づけ」を交わし合ったが、そこには第二の幸福な人生の純真さをかき乱す一点の疑念も無かった。通常、男子は男子同士で口づけし、婦人は婦人同士で口づけを交わした。ただ教会によっては、愛の口づけにおいて性の区別をまったくしないところまで神聖な自由を進めた。このような純潔を世間はあまり理解できなかったから、様々な中傷の種になる。キリスト教徒の純粋な口づけが、みだらな者という疑いを呼び起こしたので、早くから教会はこの件に関して厳しい用心に怠りなかった。しかしこれは当初から聖餐《エウカリスティア》と不可分な重要な儀式であり、平和と愛のシンボルという尊い意義を補完したものである。断食の日には哀悼と禁欲のしるしとして、口づけを控えるものもいた。

禁欲的な初期のイエルサレム教会では毎日パンを裂いた。二、三〇年後には、週に一度だけ聖なる宴を祝うようになる。ユダヤの風習に従って、祝いは夕方、灯をたくさんつけて行なわれた。このために選ばれた日は安息日《シャバト》の翌日、すなわち週の最初の日である。この日を人々は復活の思い出とし、またこの日に神は世界を創り終えたもうたと信じていたので「主の日」と呼んだ。施しと募金はこの日に行なわれた。安息日についても、クリスチャンは、なお几帳面に祝っていたと思われるが、これは主の日とは別であった。だが休息の日が次第に主の日と混同するようになり、土曜日を選ぶ理由をもたない異邦人の教会においては、この推移がすでに行なわれていたものと想像できる。オリエントのエビオン派はこれと違って土曜日に休養した。

漸次この会食は形式上純粋にシンボリックになった。初期においては、本当に食事をとったもので、神秘的な意味合いはあったものの、各自が空腹であれば食べていた。食事は祈りから始まった。異教徒の教団員の食事と同じように、各自施し物を持ち寄り、持参したものを頂いたのである。恐らく教会側は、ミニステリウム、すなわち湯とイワシのような副食物を提供したことだろう。人々はイレネ（平和）とアガペ（愛）という目に見えない二人の侍女を心に描くことを好んだ。一人は酒を注いでくれ、いま一人はそれを熱い湯で割ってくれる。食事中のある時、奉仕の女に、その名がなにであろうと、「イレネよ、湯で割ったお酒を下さい」、「アガペよ、湯割りをお願いします」と軽く微笑みながら声をかけたことだろう。優しい遠慮と慎しみ深い節度が宴の内に凛乎としてあった。人々が席についたテーブルは中をくり抜いた半円形あるいは月型のシグマの形で、長老はその中央に座った。飲むために用いる浅い杯ないし受け皿には特別の注意を払うべきものとされた。欠席者たちには祝別されたパンとワインが長老を介して運ばれた。

　時代が下るにつれ、食事は形だけのものになる。人々は空腹になれば自宅で食事をし、集会では象徴と考えて、二三口だけ食べ、一口だけ飲むことになった。兄弟の共同の食事とパンを裂くことで成り立っている神秘の所作とを区別されるようになるのは自然の勢いだった。パンを裂く所作は日々ますます秘蹟的《サクラメンタル》になった。逆に、食事は教会が大きくなるにつれて世俗化する。一方で、共に時折、食事することはほとんど意味を失い、こうした変遷を経て重要なのは秘蹟《サクラメント》の所作だけになる。ある場合は両者は二つに分離して存続し、食事はエウカリスティア（感謝の式）の序曲《プレリュード》ないし付加曲《エピローグ》だった。コミュニオン（聖体拝領）の前か後に皆は一緒に食事をとった。* その後この二つの儀式は完全に分化する。聖なる食事は、貧者のための慈悲の行為、ときには異教徒的風習の名残りとなってエウカリスティアとは関わりがないものとなり、やがて四世紀になると一般に廃止される。こういうわけで「エウロギア」ないし「祝別されたパン」はエウカリスティアがもっと複雑で、明確に分析されていない形態をとっていた時代の唯一の名残りを留めたものである。それでもなお長い間、人々はワインを飲みながらイエスの名を呼ぶ風習を保ち、パンを裂き共に飲む行為を頌徳《エウロギア》と見なし続けた。ここにはイエスの素晴らしいしきたりの最後の名残り、かすかな残像があった。

* 第三回カルタゴ会議。カノン24、29、30。アウグスティヌスの手紙。

復活祭とペンテコステ

エウカリスティアの宴が本来持っていた神への感謝という語源は、この優れた祭儀に備わっている神の効験と健全な道徳性のすべてを見事に表現している。人々はそれらをアガペと呼んだ。すなわち「友誼」ないし「慈愛」である。信仰上の宴会にユダヤ教徒とりわけエッセネ派はすでに徳行の意味を持たせていた。ただし他民族の手に移っていく間に、このオリエントのしきたりは殆ど神話的な意義を帯びた。ミトラ教の祭儀が間もなくローマ社会に広がってゆくが、主要な儀式として一定の言葉を唱えながらパンとワインの奉納が行なわれた。これが非常に類似していたので、クリスチャンたちは評して、自分たちの最も神聖な儀式を不正に変えて残忍きわまる喜びにひたろうとする悪魔の策略だと言ったほどである。こういったことすべての隠れた諸関係は不明である。が、重大な悪用がこのような作法に混じりこんでくること、いずれ会食（正確に言えばアガペ）は廃れるだろうこと、および初期のしきたりの名残でもあり記念でもある聖餐《エウカリスティア》の一口だけは辛うじて残るだろうことは容易に予想された。

この一風変わった密儀が中傷の口実となり、パンという形を用いて創始者の身体と血を食べていると主張する宗派がテュエステース（息子の肉を知らずに食べたというギリシャ神話）の祝宴を復活させたとか、パンの皮に包んで子供を食べているとか、食人の風習を行なっていると告発されたとしても驚くに当たらない。例年の祭りはずっとユダヤの祭り、とりわけ過越しの祭り（出エジプトを記念する）とペンテコステ（五旬節）だった。クリスチャンの復活祭《イースター》は通常ユダヤ教徒の過越しの祭りと同じ日に祝われた。しかしながら毎週の安息日《シャバト》の休日を日曜日に移したと同じ理由で、過越し祭をユダヤ人の慣習と思い出に因むものとしてではなく、イエスの受難と復活に因んで実施するようになった。パウロの生前からこのような変更が、ギリシャとマケドニアの教会ですでに行なわれたと考えることも不可能ではない。いずれにせよ、この主要な祭りの縁起の考え方は根本的に変更された。紅海を渡ることなどは、イエス復活の意義の前に霞んでしまった。死に対する勝利のイエスの姿を見るためのものでなければ、他はもはや関心の外であった。この後、過越しの祭りの真の主人公は、すべての人のために犠牲《いけにえ》になったイエスとなり、真の種なしパンとは真理、正義のこととなり、活性を失った古いパン種は捨てるべきものとなった。もっとも、過越しの祭りは、更に遠い昔にヘブライ人の中で意味の変化を経ていた。確実に言えることだが、元来は春のお祭りだったものを、語源をこじつけてエジプト脱出の思い出に結び付けたものなのだ。

五旬節《ペンテコステ》もユダヤ人社会で行なわれるのと同じ日に祝った。復活祭と同じように、この祭りも古いユダヤ人の見方を陰に押しやって、新しい意味付けがなされた。真偽のほどはともかく、集まった使徒たちに聖霊が下るという重要な事件がイエス復活の五〇日後に起こったと人々は想像したのである。セム族の古い収穫の祭りが新しい宗教では、このように聖霊の祭りに変化した。同じ時期にユダヤ教徒においてもこの祭りは同様の変化を経て、シナイ山上で律法が公布された記念の日となった。

集会用にわざわざ借りたり建てたりした建物はなかったし、したがって芸術も造型もない。形象化されたすべての描写は異教を連想させ、偶像崇拝に見えたことだろう。集会が催されたのは一番皆によく知られた兄弟の、あるいはよくととのえられた部屋を持っている兄弟の家である。オリエントの家の中では階上の、われわれの応接間に当たる部屋が好まれた。これらの部屋は高い位置にあり、窓がたくさんあって、涼しく換気がよかった。ここに友人を迎え入れ、祭りの行事を行ない、祈り、死者を安置した。このように形成された各グループは「家庭教会」ないし道徳的な活動に励《いそ》しむ敬虔な仲間をつくったが、同じ時期に異教徒社会の内部に存在していた「家庭学校」にきわめて似ている。このような家庭教会が多くあった大都会ではすべての支部教会を統括する全体の教会があったことは疑いない。だが時代の趨勢は小さな社会に向かっていた。偉大な物事はこのようにして見ばえのしないセンターで培われる。ここでお互い窮屈に膝突き合わせ、強い親愛の火で心を燃やした。

イエス神格化の兆し

歴史を遡ってみると、仏教だけが高度な英雄的精神《ヒロイズム》と純粋性においてここまで人間を向上させていた。キリスト教の勝利は、四世紀だけを研究しても、説明できない。人の世にほとんどいつも生じる事態は、キリスト教にも同じく起こっている。キリスト教は精神的に衰え始めた時に功が成り、もはや燃えかすに過ぎなくなった時に公認されたもので、真の独創と若さの時代が過ぎ去った時に、一般にもてはやされた。だからと言ってそれは高い功労賞に値しないわけではない。三世紀にわたる徳行によって、またそれが呼び起こした善に対する比類ない意欲によって、勲功に値するのである。このような驚くべき成果をおもえば、傑出したイエスについていかなる誇張表現を行なっても、不当ではないように思われる。イエス、彼こそ常に霊感を与える人、師であり、教会内の生命の原理であった。彼の神の役割は年ごとに大きくなり、それはとりもなおさず正義であった。むべなるかな。もはや単に神なる人、偉大な預言者、神が認め権威を授けた人、業《わざ》と言葉に力ある人、というだけではなくなった。こうした表現は初期の使徒たちの信仰と愛を表わすには十分であるが、ここに来ると今ひとつ実感に欠けると思われた。イエスは主《セニョール》であり、救世主《キリスト》であり、完全な超人であるが、いまだ神ではなかった。だがそれに近い存在なのだ。人々は彼にあって見、彼にあって死に、彼にあって復活した。神について言われるほとんどすべてのことは、彼について言われた。すでに彼は一種の神格を帯びている。だから彼を神と同一視したい者にとっては、神学者が言うように、それはただ語彙の問題、単なる「属性の交用」*の問題に過ぎない。後に述べるが、パウロ自身もこの考えに到達する。『コロサイ人への手紙』に見られる最も進んだ表現は、萌芽的にはそれ以前の手紙にもすでに存在している。「わたしたちにとっては、唯一の神、父である神がおられ、万物はこの神から出、わたしたちはこの神へ帰っていくのです。また唯一の主、イエス・キリストがおられ、万物はこの主によって存在し、わたしたちもこの主によって存在しているのです。」（Iコリント 8 六）ここから数歩を進めると、イエスはロゴス、創造者となる。四世紀に同一実態論者《コンスブタンシアリスト》（父と子と精霊の同一論）が主張したもっとも過大視した表現をすでに見ることができる。

＊　人性と神性に固有の属性を帰属させること。

この世は亡命生活

クリスチャンのあがないに関する見解はパウロの教会において同種の変化を見た。イエスのたとえ話や道徳的教えはあまり人々に知られておらず、福音書はまだ存在していなかった。当時の教会からすれば、キリストはほとんど生ける実在の人物ではなかったのであって、神の似姿《イマージュ》であり、世の罪の責任を自ら引き受け、人間を神と和解させる天の取りなし人の姿であり、すべてを作り直し、古いものを破壊する、神のような変革者なのだ。彼はすべての人のために死んだ、すべての人は彼を通してこの世で死に、もはや彼のためにしか生きるべきではない。彼は神性のまったき豊かさにおいて豊かであったが、われらのためにみずからを貧しくした。故にクリスチャンの生活はすべて人間的意味づけの逆をゆくべきなのだ、弱さは真の力である、死は真の生である、肉の知恵は愚かなのだ。その肉体にイエスの死を体する者、イエスのために絶えず死にさらされている者、これらの者は幸いである！　その者はイエスと共によみがえるであろう。その者はじかにお会いしてその栄光を見よう。そして栄光から栄光へたえることなく上り、彼と同じ姿につくり変えられるだろう。かくて、クリスチャンは死を待ち望みつつ、また絶えざる悲嘆のうちに生きるのだ。外なる人間（肉体）が滅びに落ちるにつれ、内なる人間（魂）は一新される。一時の艱難により栄光につつまれた永遠を手にするのだ。地上の家が消えてなくなったとて、何ほどのことがあろう。天には人の手によって造られたものではない永遠の家がある。この世の生活は亡命である。死は神の懐に戻るのであって、この世においても滅ぶべきすべてのものが永遠の生によって〝飲み込まれる〟に等しい。しかしこの希望という宝をクリスチャンは〝土の器〟（IIコリント 4 七）に入れて持っており、キリストの裁きの座ですべてが明らかになる大いなるその日まで、畏れていなくてはならない。

第十章　アンティオキアに帰る

パウロはシリアの諸教会をもう一度訪ねてみたいと思っていた。アンティオキアを出立したのは、三年前のことだった。今回のミッションは第一次より期間は短かったが、ずっと重要なものとなった。活発に、精力的な人々が集い寄った新しい教会は、イエスの足下に計り知れない価値ある賛辞を捧げた。このいきさつをパウロはイエルサレムの使徒たちに語りたかった、そして他の教会のモデルである母教会に自分が結ばれることを望んだ。独立志向をもっていたにもかかわらず、彼はイエルサレムとの一体性を失えば、分裂と激しい対立しかないことをよく承知していた。彼の本性となっている正反対の気性を感心するほど見事に折り合わせて、尊大さを素直さに、反逆を従順に、高慢を優しさに意表をついて調和させることができた。パウロは出立の口実を五四年の復活祭を祝うため、とした。この決意にいっそう重みをつけ、初心変更の道を絶つため、彼はイエルサレムに上って復活祭を祝うという誓いをたてた。この種の誓願を立てるやりかたとしては、頭を剃って、特定の祈りと祭りの前の三〇日間、葡萄酒を断つことを課したりしたものである。パウロは彼の教会にいとまを告げ、ケンクレアイで髪を剃らせ、シリアに向けて乗船する。同行のアキラとプリスキラは途中のエフェソでとどまることになり、また多分シラスは伴っていたものと思われる。ティモテはコリントないしエーゲ海沿岸を離れなかっただろう。この一年後に彼はエフェソにいることが分かっている。

本船は数日エフェソに停泊した。時間があったのでパウロはシナゴーグにいき、ユダヤ人たちと議論した。人々は彼に留まってくれるよう頼んだが、彼は誓願を楯に、どうしてもイエルサレムで祭りを祝いたいと言った。ただし、また帰ってくると約束する。そこで彼はアキラ、プリスキラそれになにほどか交誼を結んだ者たちに別れを告げると再び船上の人となり、パレスチナのカエサリアに向かって出帆し、そこから間もなくイエルサレムに赴いた。

誓願の通りこの地で彼は祭りを祝った。このいかにもユダヤ人風の細心さは、イエルサレム教会の気風に合わせて一種の妥協を例の如く行なったものだろう。自らの大胆な振る舞いを高い信仰心から許してもらい、ジュダイザン（律法《トーラ》を護るキリスト教徒）の覚えをよくしたいと彼は思っていた。論争は鎮静化しておらず、積極的に妥協をはかるしか和合は得られなかった。この機会をとらえてイエルサレムの貧者にかなりの寄進を持参したことも考えられる。例の如くパウロは首都にごく短いあいだしか滞在しなかった。永く逗留しておれば、激しいその感受性から仲違いが起こりかねなかった。真にキリスト教的な自分の教会にいて、快い雰囲気の暮らしに慣れていた彼は、ここではイエスの身内という肩書のユダヤ人たちにしか会えなかった。彼は人々がイエスに十分高い地位を与えていないことに驚き、また何にしてもイエスの死後、イエスよりも前からあったことに今なお何らかの価値を認めていることに憤慨した。

ペテロは妻帯していた

このときイエルサレム教会の長は、主の兄弟であるヤコブだ。ペテロの権威が衰えたというわけではないが、彼はこの聖都にはもはや定住していなかった。ある面でパウロに見ならって、彼は活発な伝道生活を選んでいた。パウロが異邦人の使徒で、ペテロは割礼した者たちの使徒という考えは、一般にますます受け入れられ、この考えに従ってペテロはユダヤ人たちに福音を説きながらシリア全土を歩いていた。彼は妻としてまた助祭として一人の女性を傍らに伴っており、妻帯した使徒という最初の例になったが、後のプロテスタント宣教師たちがこれに倣うことになる。ヨハネ・マルコはいつものようにペテロの弟子、連れ、通訳として姿を見せており、使徒第一の者もギリシャ語を知らなかったことを想像せしめる。またペテロはマルコを養子としたらしく、自分の息子として扱っている。

ペテロの各地歴訪の詳細は不明である。後世になって語られたものは大部分が信じがたい。〝割礼者の使徒〃の生活も、異邦人の使徒と同じく試練の連続だったことを知るのみだ。なお信じられないような『ペテロ行伝』の基礎になっている道筋は架空ではないと信じてよい。すなわちイエルサレムからカエサリアへ、カエサリアから沿岸沿いにツロ、シドン、ベリトゥス、ビブロス、トリポリ、アンタラドゥス、そしてラオディケ海浜へ、ラオディケからアンティオキアへとこれが使徒をいざなった行程《ルート》である。間違いなく使徒ペテロはアンティオキアを訪れているし、ある時期からふだんはそこに住んだとさえ考えられる。町の近くを流れるオロントとアルケウタスの川がつくった湖と沼では、淡水の雑魚《ざこ》がとれ安い値段で出荷されていたが、ペテロは漁師という以前やっていたなりわいをまた始めたこともあったろう。

主の兄弟たちや伝道会のメンバーたちも大勢が同じようにユダヤ近隣の国々を巡った。ペテロと同様に、だがパウロ派の伝道者とは異なり、彼らはそれぞれ妻を伴って旅にでかけ、教会の費用で生計を立てていた。ガリラヤで営んでいた職業は、パウロの場合のようにそれで暮らしていけるほどのものではなく、それもとっくにやめていた。彼らにつきそった女性たちは、「シスター（修道女）」と呼ばれ副助祭の起源となるが、一種の女の助祭《ディアクレ》ないし聖職者の指導下で暮らしている修道女であり、教会の独身主義の歴史において重要な役割をもっている。

教会内の亀裂

ペテロはイエルサレム教会の在住長老であることをやめ、伝道会の多くのメンバーも旅の生活を選んでいたから、母教会の最高の位はヤコブに任された。彼は「ヘブライ人の司教《エヴェーク》」、すなわちセム語を話す弟子たちの側の司教となる。したがって彼は全教会の長ではない。厳密には誰にもそのような肩書をもつ権限はなく、事実上はペテロとパウロ両人で分担されていた。ただ主の兄弟という事実に結びついてイエルサレム教会の議長職についたため、ヤコブには絶大な権威があった。イエルサレム教会は総体の中核であり続けていた。だがヤコブは年老いていた。どことなく高慢な身振り、かなりの偏見、一徹なところは、このような地位についた結果であった。後世に法王庁を教会の害毒たらしめた欠点と腐敗の誘因は萌芽的にイエルサレムのこの初期共同体に見いだされる。

ヤコブは多くの点で尊敬すべき人物ではあったが、狭量な心の持ち主で、もしイエスが後の彼を知ったなら、もしくは少なくともわれわれが思い描いているような彼を知ったなら、ずばり鋭いからかいの言葉をあびせたことだろう。ほんとうに彼はイエスの兄弟だったのか、あるいは本従兄弟《もといとこ》に過ぎなかったのか。この件に関する証言は、完全に一致しているので、信じるより他ない。だが血縁があるのに実に奇妙な動きがひとつある。多分イエスの死後に回心したこの兄弟は、縁続きではないがイエスに生前から親しくしていた者と較べて、師の伝統を正しく受け継いでいなかった。同じ親から生まれたか、あるいは同一家系に属する二人の子供が当初は敵対し、その後互いに和解しあったにしても、イエスのよく知られた唯一の兄弟がパリサイ人めいて、外面だけ禁欲家であり、イエスが難詰の手を休めなかったやくたいもない戒律にしばられた狂信者であったほど根っから違っているのは、意外であることに変わりはない。確かに言えることは、この時代「ヤコブ、主の兄弟」「義《ただ》しい人、ヤコブ」あるいは「人々のとりで」と呼ばれた人物がイエルサレム教会の内部で、もっとも偏狭なユダヤ人の一派を代表していたことだ。活動的な使徒たちが世界をイエスの手中にするため東奔西走しているときに、イエスのこの兄弟はイエルサレムにいて、彼らの事業を潰そうと、おそらくイエスが存命中ならやらなかっただろう根深い仕打ちで、その死後はイエスに反対することに全力を尽くしていた。

はんぱに改宗したパリサイ派のこの社会、キリスト教徒であるというより実際はユダヤ教徒であるこの社会は、ユダヤの信仰の古いしきたりを守って神殿の周りで生活し、あたかもイエスがこれらのしきたりを無効と宣言しなかったかのように、パウロにすれば耐えがたい仲間をつくっていた。彼を特に苛立たせたのは、布教に対するこの人々の反対だった。ヤコブの支持者たちは厳格な戒律遵守のユダヤ人として、新規改宗者がつくりだされることを望まなかった。古く続いた宗派はしばしばこのような矛盾に陥っている。一方で彼らは自分たちだけが真理を奉持していると主張し、他方で自分たちの地平を拡張することは望まない。彼らは真理を自分たちのために護持したいのだ。今日フランスのプロテスタンティスムもこれに似た現象を呈している。対立した二派があって、一方は古い象徴の保存を何よりも望み、他方は新たに多数の人々をプロテスタンティスムのために獲得する能力がある。共に改革された教会内部に発生したものであるが、守旧派は烈しく後者を責めた。守旧派はグループの伝統をこわすものは、なんであれ大騒ぎして拒み、輝かしい運命よりは、体制的な人々から成る、取るに足らない閉鎖的な小グループ、同じ偏見を共有し、変わらないことが貴族的であると見なす者にとどまる喜びの方を選んだ。ユダヤ人の栄《は》えある肩書も持っていない、新しい仲間を大勢引き連れてくる不遜な伝道者に対して、イエルサレムの保守派のメンバーが覚えた疑念も、同じようなものだったにちがいない。彼らは先を越されたと気付くと、パウロに従うか感謝するかわりに、彼を悶着を起こす者《トラブルメーカー》、沿岸地方から掻き集めてきた連中を率いて城門をこじあける闖入《ちんにゅう》者とみなした。激しい言葉が一度ならず飛び交っただろう。まさにこのとき主の兄弟、ヤコブはイエスの事業《わざ》を台無しにしかねない計画を立てたのではなかろうか。わたしは敢えて計画と言うのだが、異邦人の使徒パウロの後を追って、彼の基本方針に反対を唱え、改宗者に割礼を受けるよう、律法《トーラ》のすべてに従うよう、納得させる対抗伝道の計画のことである。派閥的な動きは、この種の亀裂を生まないではおかない。ここで思いあたるのは、サン・シモン（空想的社会主義者一七六〇—一八二五）主義の長たちがサン・シモンの下に結束はしていたが、互いに否認し合い、やがて彼らの死後残った者たちの手でおのずと手打ちが行なわれたことである。

パウロは一目散にアンティオキアに向けて発ち、突発事を避けている。この時シラスはパウロと別れたようだ。彼はイエルサレム教会の生え抜きだった。彼はイエルサレムに留まり、その後はペテロに固く結びついている。『行伝』の編集者としてのシラスは意見調整の人であったらしく、両派のあいだを行ったり来たりして両長老に仕えながら、勝利のうちに教会を救った見識ある、真底からのクリスチャンだったように思われる。この時ほどキリスト教会が内部に深刻な亀裂の素因をもったことはない。ルターと型にはまった注釈者との違いも、パウロとヤコブとの違いほど深刻ではなかった。シルワノ、ルカ、ティモテの穏やかな良識のおかげで、とげとげしさは和らげられ、敵意は解消した。深刻な混乱にわき立っていた年ではあるが、冷静で品位ある美しい『使徒行伝』の語り口が愛情豊かな理解を浮き彫りにしている。

ヤコブの横槍

アンティオキアでパウロは自由な空気を味わっていた。彼はそこでかつて連れだったバルナバに再会する。二人がまた会えた感激はひとしおだったに違いない。彼らをしばらく離れさせていた理由は、原則問題ではなかったからである。またおそらくパウロはアンティオキアで弟子のティトスにも再会したと思われる。彼は第二次の旅には参加しなかったが、この後パウロに惹かれたようである。パウロが行なった奇跡の回心談は、この若く活発な教会の信徒たちを賛嘆させた。パウロにしてみれば、ここは伝道の揺籃の地であり、一〇年前バルナバと一緒に壮大な計画を立てた処、また異邦人の伝道者という称号を彼に贈ってくれた教会であるから、再び目にした時、感激に堪えなかった。だがこの甘美な感動も、間もなく起こる事件によってぶちこわされ、いっときは鎮静していた不和が、かつてないほど深刻に再燃することになった。

パウロのアンティオキア滞在中にペテロがやってきた。はじめの内は、ただもう喜びと友情が倍加するだけだった。ユダヤ人の使徒と異邦人の使徒は、釣り合いがとれている間は、最も善なる者と最も力ある者とが敬愛しあうように敬愛しあった。ペテロは遠慮することなく改宗異教徒たちと気持ちを分かち合った。公然とユダヤ教の戒律を破って、彼らと食事を共にすることをためらわなかった。しかしやがてこの協調は支障をきたす。ヤコブが不穏な計画を実行したのである。十二使徒の長として、またただ一人伝道のお墨付きを下付する権限をもっているヤコブの、サイン入り推薦状を手にした兄弟たちが、イエルサレムを出発した。彼らの主張するところは、自前の教義を主の兄弟であるヤコブの教義と照合するためイエルサレムに足を運ばなければ、またヤコブの証明を持っていなければ、キリスト教の教師を名乗ることはできないというものだ。彼らによれば、イエルサレムはすべての信仰の源、すべての布教委任の源なのだ。正真の使徒はそこに住まっており、何人《なんぴと》であれ母なる教会の長が認めた信任状なくしては、また彼に服従を誓わない限り、偽りの預言者、偽の使徒、悪魔の使者として排除されなければならない。このような認証を持っていないパウロは闖入者《イントゥルーダー》であり、根も葉もない勝手な啓示と、お墨付きも発行できない伝道を鼻にかけておる。幻を見たとほざきおって、面妖な仕方でイエスに会ったのだから、個人的にイエスを見知っているよりも勝ると主張している。「妄想もいいところだ」とイエルサレムの連中はいった、「どんな幻《まぼろし》を見ようとも確実な感覚の証明にはならぬ。幻は確実なものではない。亡霊を見たというが、悪霊だったかもしれない。偶像崇拝者も聖者と同じく幻を見るものだ。誰でも幻に自問しては、欲する通りに自答する。亡霊は一瞬輝いて忽ち消える。じっくり問いかける余裕はない。あの夢みる男が思ったことは、忘我であり、そのような状態は正気の沙汰ではない。生身でない神の子（イエス）を見るのは、不可能である。見れば人は死ぬからだ。世にも不思議な輝きの一閃に人は死ぬだろう。天使でさえ自分の姿を見せるために、やむなく人の姿をしているのだ！」

さらにこの件で、密使たちは不信心者や不敬の連中がそれまで見たという幻《まぼろし》を並べたてた上で、使徒のお柱さまはイエスをその目で実際に見たわけだから、雲泥の差があると結論した。彼らは旧約聖書の文章も引用して、親炙《しんしゃ》できたのは仲間内の特権によるものだったが幻《まぼろし》は怒りの神から出現したものであると証明した。「イエスが一時間くらいの一度の会見で、パウロに教えを授けられるようにしたなどと、どうして主張できるのか。イエスは使徒を育成するために丸一年教えなければならなかったのだ。ところで、ほんとうにイエスが彼に現われたものなら、どうしてパウロはイエスの教義に反することを教えるのか？　イエスの教えをその通りに守り、使徒たちを愛して、イエスに選ばれた人たちに戦いを仕掛けたりしないで、イエスと話したということを証明してもらいたい。真理に仕えたいなら、イエスの弟子のそのまた弟子となれ、そうすれば有能な補佐役になれるかもしれぬ。」

パウロ、ペテロを難詰する

ここには教会の権威と個人的啓示、カトリシスムとプロテスタンティスム、の問題がきわめて深刻に提示されている。イエスはこの点に関してはなにも明確に定めていなかった。イエスの存命中と没後の数年に限ると、イエスただ一人がささやかな教会の魂であり命だったので、運営や機構という考えはまったく出てこなかった。一方、ここにきて必要となったのは、イエスを代理する権限はあるのか、キリスト教徒の精神は自由なままでよいのか、イエスを説くためには資格免状が必要なのか、イエスにより啓発されたと確信すれば事足りるのか、の判断である。パウロはその自主伝道について、彼の確信しか証明として示さなかったから、多くの点で立場が弱かった。この偉大な改革者が、八方から攻撃の矢に曝されながらも、なんと舌を巻くばかりの雄弁と活動によって真っ正面から立ち向かったことか、そして使徒の一団と決定的には袂を別つことなく、彼らが自由を妨げない限りはいつも権威に感謝しつつ、自らの権利を押し通したことは追って見るだろう。しかし、このような闘いそのものを見ると、彼がそれほど好ましく感じられない。論争し、抵抗し、自らを語る男、自説と特権を強く主張し、他の者に苦痛を与え、面と向かってののしる男、このような男にわれわれは好感がもてない。イエスならこうした場合にすべて譲り、名台詞《せりふ》を放って面倒を切り抜けている。ヤコブの密使がアンティオキアにやってきた。ヤコブは回心した異教徒がモーセの律法を守らなくとも救われることに全面的に賛同しておきながら、本当のユダヤ人、割礼したユダヤ人が律法を破って罪に問われないことは断じて認めなかった。割礼の教会側の長がほんとうの異邦人のようにふるまって、尊敬すべきユダヤ人が高貴さと優越性のしるしとして遵守している神との非本質的な契約が破られているのを見たとき、ヤコブの弟子たちの不快感は頂点に達した。彼らは強硬にペテロに訴え、彼を驚かした。この人物はたいそう善良で正しく、なによりも和を望んでいたので、誰に向かっても反対できなかった。このことは少なくとも外見上は、彼をぐらつかせた。手もなく狼狽し、返答に窮した。既にイエス生前のころから勇気に欠けていたため、というよりは不器用さからくる気弱さのため、あやまちを犯し、あとで涙したことがあった。彼はあまり議論が得意でなく、しつこい連中に逆らうことができないと自覚していたので、厄介な事件の場合黙り込んで、ぐずぐずしていた。こうした性格的な態度が、このたびも弱気の仕儀を招いた。二派の人々の間に挟まれ、一方の感情を傷つけないで他を満足させることもならず、彼は完全に孤立し、非割礼の者との関係を拒み、離れて生活していた。このようなやり方が改宗した異教徒をひどく傷つけた。輪をかけて深刻なことに、割礼を受けた者がみな彼を見習った。これを見たバルナバもこの風潮に押され割礼を受けないクリスチャンを避けた。

　パウロは怒り心頭に発した。食事を共にすることの儀式的重要性を思い出して欲しい。共同体の一派との会食を拒否することは、その派の破門を意味する。パウロは非難の雷を落とし、この偽善的な仕打ちをやり玉に上げて、福音の正しい道をねじまげるペテロとその追随者を責めた。すこしたって後、教会の人々が一堂に会することになり、両使徒も顔を合わせた。パウロは面と向かって一同の面前でペテロを激しくののしり、首尾一貫しない彼をなじって言った、「なんですか！　あなたはユダヤ人でありながら、ユダヤ人らしい生き方をしないで異邦人のように生活しているのに、どうして異邦人にユダヤ人のように生活することを強要するのですか」（ガラテヤ　2　十四）。ここでパウロは十八番《おはこ》の理論を展開し、救いはイエスにより行なわれるのであって、律法《トーラ》によるものではない、またイエスによって律法は廃止されたと言った。ペテロは彼に返事をしなかったのではなかろうか。心の底ではパウロの意見に賛成していた。だから苦しまぎれに逃げ口上を並べて面倒なことになるのを避けようとする人たちと同じようにペテロも自分が正しいとは主張しなかった。彼は一方を満足させつつ、他方を離反させないことだけを望んだ。その結果得られるのは、双方の気分を害することでしかない。

　不和に終止符を打つのは、ヤコブの使者たちがいなくなることだけだ。彼らが去ってしまうと、お人よしのペテロは以前のように異邦人との会食を再開したに違いない。このように荒々しさと親愛が奇妙に交互にやってくるのは、ユダヤ人の性格の特徴だ。『ガラテヤ人への手紙』のある文章から、ペテロとパウロの断絶が決定的になったと結論づける近代の論者は、『使徒行伝』だけでなく、『ガラテヤ人への手紙』の別の数節とも矛盾している。情熱的な人々は仲違いすることなく、議論を戦わせつつ暮らしているものだ。こうした性格は現代の、教育もあり名誉がらみで感情的になる人々がとる態度と同列に論ずべきではない。特に先の言葉はユダヤ人たちに対して含む所はさらさらなかった。

だが、アンティオキアでの仲違いは深いしこりを残したように思われる。オロント川沿いの大教会は、いうならば二つの小教区に分裂し、一つは割礼を受けた者の教区、いま一つは非割礼者の教区になった。教会の二分割状態は永いあいだ続いている。後代になって言われたように、アンティオキアではペテロ、パウロ両名の各々により叙任された二人の司教がいた。エウオディアスとイグナティウスが両使徒の後を受けてこの顕職に適う者として選ばれた。

ユダの手紙

ヤコブの密使たちは敵意を抱いており、激しくなる一方である。アンティオキアでのいきさつが残した恨みは一世紀たった後になってさえ、ユダヤ・キリスト教徒の一党の書き物に怒りの表現が見られるほどだ。彼らに道理ありと認める寸前だったアンティオキア教会を雄弁な敵対者パウロが阻止したものだから、目の上のたんこぶだった。彼らはパウロに恨みを抱きつづけ、パウロの生前中から数知れない妨害にでたし、パウロは死んでなお大半の教会から血も涙もない破門と誹謗を受けた。宗教的情熱と熱意は人間の弱点を取り払うどころの騒ぎではない。アンティオキアを立ち去ったイエルサレム派の手先たちは、パウロの築いた礎石をくつがえし、その教会を破壊し、辛苦の結晶を踏みにじることを誓った。これを機に、新たな書簡がイエルサレムから使徒たちの名で発送されたと思われる。こうした執念深い書簡の一通がヤコブの兄弟であり、彼と同じく「主の兄弟」とされたユダの手紙として保存され、正典の一部となったとさえ考えられる。これは反乱者とか、けがらわしい連中としてやり玉にあげた匿名の反対者に向けた激しい攻撃文書《ファクトム》である。この短文の文体は、大半の新約聖書の文体よりも古典ギリシャ語に近いもので、ヤコブの手紙と多くの類似点がある。ヤコブもユダもおそらくギリシャ語を解さなかったから、イエルサレム教会は多分この種の書簡にはギリシャ人の秘書を用いたのだろう。

「愛する人たち、わたしたちが共にあずかる救いについて書き送りたいと、ひたすら願っておりました。あなたがたに手紙を書いて、聖なる者たちに一度伝えられた信仰のために戦うことを、勧めなければならないと思ったからです。なぜなら、ある者たち、つまり、次のような裁きを受けると昔から書かれている不信心な者たちが、ひそかに紛れ込んできて、わたしたちの神の恵みをみだらな楽しみに変え、また、唯一の支配者であり、わたしたちの主であるイエス・キリストを否定しているからです。

あなたがたは万事心得ていますが、思い出してほしい。主は民を一度エジプトの地から救い出し、その後、信じなかった者たちを滅ぼされたのです。一方自分の領分を守らないで、その住まいを見捨ててしまった天使たちを、大いなる日の裁きのために、永遠の鎖で縛り、暗闇のなかに閉じ込められました。ソドムやゴモラ、またその周辺の町は、この天使たちと同じく、みだらな行いにふけり、不自然な肉の欲の満足を追い求めたので、永遠の火の刑罰を受け、見せしめにされています。

しかし、同じようにこの夢想家たちも、身を汚し、権威を認めようとはせず、栄光ある者たちをあざけるのです。大天使ミカエルは、モーセの遺体のことで悪魔と言い争ったとき、あえてののしって相手を裁こうとはせず、「主がお前を懲らしめてくださるように」と言いました。この夢想家たちは知らないことをののしり、分別のない動物のように、本能的に知っている事柄によって自滅します。不幸な者たちです。彼らは「カインの道」をたどり、金もうけのために、「バラムの迷い」に陥り、「コラの反逆」によって滅んでしまうのです。こういう者たちは、厚かましく食事に割り込み、わが身を養い、あなたがたの親ぼくの食事を汚すしみ、風に追われて雨を降らさぬ雲、実らず根こぎにされて枯れ果ててしまった晩秋の木、わが身の恥を泡に吹き出す海の荒波、永遠に暗闇が待ちもうける迷い星です。

アダムから数えて七代目に当たるエノクも、彼らについてこう預言しました。「見よ、主は数知れない聖なる者たちを引き連れて来られる。それはすべての人を裁くため、また不信心な生き方をした者たちのすべての不信心な行い、および不信心な罪人が主に対して口にしたすべての暴言について皆を責めるためである。」こういう者たちは、自分の運命について不平不満を鳴らし、欲望のままにふるまい、大言壮語し、利益のために人にこびへつらいます。

愛する人たち、わたしたちの主イエス・キリストの使徒たちが前もって語った言葉を思い出しなさい。彼らはあなたがたにこう言いました。「終りの時には、あざける者どもが現われ、不信心な欲望のままにふるまう。」」……

パウロはこの時からイエルサレム教会派の全員にとって、最も危険な異端者、偽ユダヤ人、偽使徒、偽預言者、新たなバラム、イゼベル、教会破壊の下準備をする極悪人、早い話が魔術師シモンとされた。ペテロはいつでも、どこでも彼との戦いに大わらわだと見られていた。ひとびとは異邦人の使徒をバラムに近い訳語であるニコラ（民衆を制圧する者）のあだ名で呼ぶことに慣れてしまった。このあだ名は成功を収めた。なんとも嘘っぱちの幻想を抱いている異邦人誘惑者、異邦人の娘との罪な行いを唆す人物というのが、パウロの真実の姿と受け取られ、偽幻覚の男、宗派の違う者同志の結婚に肩入れする畜生野郎ということになった。同時に彼の弟子はニコライ派の者と呼ばれた。パウロが迫害者であったことを忘れるどころか、忌まわしい限りだとこだわるのだった。パウロの福音は偽の福音なのだ。ある人物を含意しながら、「背徳者」、「人民の敵」、あるいは彼の犯している悪を正すために使徒の長がその後を追っている「反キリストの先鋒」、「ペテン師」と色々な語を用いて狂信者たちがとりあげているのは、まさしくパウロのことであった。パウロは「ふまじめな人物」で、異邦人の無知につけこんで律法《トーラ》と相容れない教義を授けている、彼のいわゆる「神の奥深さ」なる幻は「サタンの奥深さ」*に他ならない、彼の教会は「サタンのシナゴーグ（会堂）」と呼ばれている、十二使徒だけがキリストなる大建築の礎石である、とパウロ憎し、のあからさまな主張が行なわれた。

反パウロの伝説はこの時期から始まる。もしパウロがほんもののユダヤ人なら、彼が元凶と思われる邪悪な言動はありえない。そこで、彼は異教徒の生まれで、改宗したのだと人々は言いたてた。それはまたどういうわけで？　中傷の理由には事欠かないものである。パウロは偉い聖職者の娘との結婚を望んだので割礼を受けた。その聖職者は賢明にも、彼に娘をやることを拒否したところ、パウロは腹いせに割礼や安息日や律法《トーラ》を論難し始めた云々。やれやれ、これが熱狂者たちが望むのと別のやり方で彼らの大義に尽くした者にたいする仕打ちなのだ、これが彼らの狭量な精神と愚かな排除によって損なわれつつあった大義を回復した者にたいする報いというわけである。

＊　黙示録2　二十三

ヤコブの法王化

一方ヤコブはユダヤ・キリスト教派にとって、全キリスト教徒の長、司教中の司教、正しい全教会すなわち間違いなく神が創った教会の長となった。ひとびとがこの根拠の怪しい役柄を彼のために捻り出したのは、多分彼の死後のことだろうが、この伝説は色々な点で偉人の実際の性格にもとづいて作られたことは疑いない。重々しいが、メリハリの欠けたヤコブの話しぶり、古代世界の賢者や婆羅門の荘重な司祭《ブラーマン》か、古代の僧侶を思わせる物腰、派手で見せびらかしの聖徳、こうしたところが、彼を陳列窓《ショーウインドー》用の人物、公認の聖者、またはやくも姿を現わした一種の法王に仕立てあげた。ユダヤ・キリスト教徒は彼にはもとからユダヤの神職の身分が備わっていたと次第に信じることに少しづつ慣れた。またユダヤの高僧の印が額《ひたい》に付けた黄金の薄板、ペタロンであることから、人々はそれを彼に飾りつけた。こうして金の薄板つきの「衆人の砦」は、ユダヤの僧侶、ユダヤ・キリスト教徒おかかえの疑似高僧になった。人々は彼が高位聖職者と同じように特別の計らいで年に一度、聖所《サンクチュアリー》の内部に入るものと思った。また彼は聖職者の家系であるとさえ言い立てた。イエスの指名を受けて聖なる町の司教となり、イエスに固有の司教の冠が彼に託されたとも云われた。ユダヤ・キリスト教徒はイエルサレムの大半の人たちに、この神の僕のおかげで雷鳴が民衆の頭上に落ちるのを免れていると信じさせた。更に嵩じてイエスの場合と同じく、聖書には預言者たちが比喩を用いてヤコブについて言及しているという、聖書の数節にこじつけた伝説を創作するまでになった。

イエスのイメージがこのキリスト教会派内部において日々薄れていく一方、パウロの教会では益々巨大化していった。ヤコブのクリスチャンたちは、キリストのユダヤ人伝道を信じる単純で敬虔なユダヤ人たち（ハシディーム）である。パウロのクリスチャンたちは、以後支配的となる流れに沿ったクリスチャンだ。彼らは律法《トーラ》、寺院、供犧《くぎ》、高位聖職者、ペタロン（金の薄板）、こういうものに関心をもたない。イエスはすべてを新しくし、古いものすべてを廃棄した。どんな者にであろうと聖性の価値を付与するのは、イエスの優越性に対する侮辱である。イエスに会ったことのないパウロにとっては、ガリラヤにおける師のまことに人間的な姿は、イエスと話したことのあるペテロや他の者にとってより、いっそう容易に形而上的《メタフィジック》な一典型に形を変えたのは当然である。パウロにとってイエスは実際に生きて教えてくれた人物ではなく、われわれの罪をあがなって死に、われわれを救い、われわれを義《ただ》しくする救い主《キリスト》なのであり、まったく神のような存在なのだ。人は彼との交わりに招きいれられ、超自然の方法で彼と交信する。彼は人間にとって贖い、義認《ジュスティフィカション》、知性、義《ただ》しさであり、栄光の王である。天と地にあるすべての権力はまもなく彼に委ねられよう、彼は父なる神にだけ劣るのだ。仮りにこの宗派だけが書き物を今日に伝えていたとしたら、われわれはイエスの人柄に触れることなく、イエスが実在したことを疑ったかも知れない。しかし彼に会ったことがあり、その思いを温めていた者たちが、多分この頃最初のメモを書き、これにもとづいて神の文書（福音書のことをわたしは言っているのだが）が書かれる。これがキリスト教の繁栄をもたらしたのであり、知られおくべき最も重要な特色をそなえた核心の事跡をわれわれに伝えた。

第十一章　ガラテヤ教会の内紛

アンティオキアを出たヤコブの密使たちはガラテヤの教会をめざして歩を進めた。イエルサレムの聖職者たちは、かなり以前からこれらの教会の存在を知っていた。割礼の最初の事件が起こったのも、いわゆるイエルサレム公会議が開かれたのも、これらの教会にまつわってのことだった。おそらくヤコブはこの拠点、パウロの権力中枢の一つを攻撃するようメンバーに命じていたと考えられる。

イエスに会ったことがあるかと罵られて

かれらが成功するのは容易なことだった。ガラテヤ人たちはだましやすく、イエスの名において話しにやってきた最新の者がほとんど間違いなく正しいとされた。イエルサレム派はいち早く彼らの大半にガラテヤの人々が正しいクリスチャンでないことを納得させていた。割礼を受けるべきこと、律法《トーラ》を守るべきことを繰り返し彼らに説いた。代表者たちは狂信的《ファナティック》なユダヤ人の子供じみた見栄から、割礼を肉体的な特恵だと言って薦めた。彼らはそれを誇示し、この特権なくしては、あるべき人間とは認めなかった。異邦人を笑い物にし、劣った者、育ちの悪い者と見る習慣がこの奇妙な考え方を導いた。イエルサレムの聖職者は同時にパウロに対し罵詈雑言《ばりぞうごん》の限りを尽くす。パウロを非難し、彼はイエルサレムにより任命されて一介の弟子として十二使徒派に所属している態度を何度もそこで見せたにもかかわらず、独立の使徒としておさまっていると言った。イエルサレムに上ってくるということは、すなわち使徒団の上位を認めてのことではないのか。彼の知識は、使徒たちが彼に教えてやったものだ。使徒たちの定めた規則を彼は承認している。割礼を免除できると言い切っているこの伝道者は、その場に応じて割礼を説いたり、自分の手で施術することもやぶさかではない。自分たちはパウロに譲歩させようと迫って、彼にユダヤの掟《おきて》の必要なことを認めさせたことがあると言い立てた。これは恐らくティキコとティモテの割礼に関する事実を特に念頭においたものであろう。イエスに会ったこともない男が、どうしてあつかましくもイエスの名で語るのか。真の使徒、啓示を受けた者と目すべきはペテロであり、ヤコブである。

挑戦を受けて立つ

善良なガラテヤの人達は動揺した。パウロの教義を捨てて新しい師に鞍替えし、割礼を受ける者もあり、また最初の師に節を守っている者もあった。いずれにしても対立は深い。双方から激しい言葉が飛び交った。

この知らせがパウロに届くと、彼は怒りで腹のそこが煮えくりかえった。もともと性格的に嫉妬深く既になんども傷ついた神経は極度にぴりぴりした。彼が事業に取りかかると、イエルサレムのパリサイ一派がぶち壊しにかかったことは、これで三度目だ。気弱く、御しやすく、無防備な人たちを誑《たぶら》かす卑怯な手合い、自分の師匠への信頼だけで生きているような連中に彼は我慢できない。堪忍袋の緒が切れた。卒然とこの時、果断で激しいパウロはかの賛嘆すべき手紙を口述する。記述法はともかく、それは最も美しい古典作品に肩を並べるものであり、筆鋒に激烈な気質が火を吐いている。それまで彼は「使徒」の称号を遠慮がちにしか用いていなかったが、こうなればライヴァルからの否認を受けて立ち、自らが真実と思うところを押し通すため、いわば挑戦者としてあえてこの称号を名乗った。


人々からでもなく、人を通してでもなく、イエス・キリストと、キリストを死者の中から復活させた父である神とによって使徒とされたパウロ、ならびにわたしと一緒にいる兄弟一同からガラテヤ地方の諸教会へ。

わたしたちの父である神と、主イエス・キリストの恵みと平和が、あなたがたにあるように。キリストは、わたしたちの神であり父である方の御心に従い、この悪の世からわたしたちを救い出そうとして、ご自身をわたしたちの罪のために献《ささ》げてくださったのです。わたしたちの神であり父である方に世々限りなく栄光がありますように、アーメン。

キリストの恵みへ招いてくださった方から、あなたがたがこんなにも早く離れて、ほかの福音に乗り換えようとしていることに、わたしはあきれ果てています。ほかの福音といっても、もう一つ別の福音があるわけではなく、ある人々があなたがたを惑わし、キリストの福音を覆そうとしているに過ぎないのです。しかし、たとえわたしたち自身であれ、天使であれ、わたしたちがあなたがたに告げ知らせたものに反する福音を告げ知らせようとするならば、呪われるがよい。わたしたちが前にも言っておいたように、今また、わたしは繰り返して言います。あなたがたが受けたものに反する福音を告げ知らせる者がいれば、呪われるがよい。こんなことを言って、今わたしは人に取り入ろうとしているのでしょうか。それとも、神に取り入ろうとしているのでしょうか。あるいは、何とかして人の気に入ろうとあくせくしているのでしょうか。もし、今なお人の気に入ろうとしているなら、わたしはキリストの僕ではありません。

兄弟たち、あなたがたにはっきり言います。わたしが告げ知らせた福音は、人によるものではありません。わたしはこの福音を人から受けたのでも教えられたのでもなく、イエス・キリストの啓示によって知らされたのです。あなたがたは、わたしがかつてユダヤ教徒としてどのようにふるまっていたかを聞いています。わたしは、徹底的に神の教会を迫害し、滅ぼそうとしていました。また先祖からの伝承を守るのに人一倍熱心で、同胞の間では同じ年ごろの多くの者よりもユダヤ教に徹しようとしていました。しかし、わたしを母の胎内にあるときから選び分け、恵みによって召し出してくださった神が、御心のままに、御子をわたしに示して、その福音を異邦人に告げ知らせるようにされたとき、わたしは、すぐ血肉に相談するようなことはせず、また、エルサレムに上って、わたしより先に使徒として召された人たちのもとに行くこともせず、アラビアに退いて、そこから再びダマスコに戻ったのでした。それから三年後、ケファと知り合いになろうとしてイエルサレムに上り、十五日間彼のもとに滞在しましたが、ほかの使徒にはだれにも会わず、ただ主の兄弟ヤコブにだけ会いました。わたしがこのように書いていることは、神のみ前で断言しますが、うそをついているのではありません。

その後、わたしはシリアおよびキリキアの地方へ行きました。キリストに結ばれているユダヤの諸教会の人々とは、顔見知りではありませんでした。ただ彼らは、「かつてわれわれを迫害した者が、あの当時滅ぼそうとしていた信仰を、今は福音として告げ知らせている」と聞いて、わたしのことで神をほめたたえておりました。

その後、十四年たってから、わたしはバルナバと一緒にイエルサレムに再び上りました。その際、ティトスも連れて行きました。イエルサレムに上ったのは、啓示によるものでした。わたしは、自分が異邦人に宣べ伝えている福音について、人々に、とりわけおもだった人たちには個人的に話して、自分は無駄に走っているのではないか、あるいは走ったのではないかと意見を求めました。しかし、わたしと同行したティトスでさえ、ギリシャ人であったのに、割礼を受けることを強制されませんでした。潜り込んで来た偽の兄弟たちがいたのに、強制されなかったのです。彼らは、わたしたちを奴隷にしようとして、わたしたちがキリスト・イエスによって得ている自由をつけねらい、こっそり入り込んで来たのでした。福音の真理が、あなたがたのもとにいつもとどまっているように、わたしたちは片ときもそのような者たちに屈服して譲歩するようなことはしませんでした。おもだった人たちからも強制されませんでした。（この人たちがそもそもどんな人であったにせよ、それは、わたしにはどうでもよいことです。神は人を分け隔てなさいません。）実際、そのおもだった人たちは、わたしにどんな義務も負わせませんでした。それどころか、彼らは、ペテロには割礼を受けた人々に対する福音が任されたように、わたしには割礼を受けていない人々に対する福音が任されていることを知りました。（割礼を受けた人々に対する使徒としての任務のためにペテロに働きかけた方は、異邦人に対する使徒としての任務のためにわたしにも働きかけられたのです。）また、彼らはわたしに与えられた恵みを認め、ヤコブとケファとヨハネ、つまり柱と目されるおもだった人たちは、わたしとバルナバに一致のしるしとして右手を差し出しました。それで、わたしたちは異邦人へ、彼らは割礼を受けた人々のところに行くことになったのです。ただ、わたしたちが貧しい人たちのことを忘れないようにとのことでしたが、これは、ちょうどわたしも心がけてきた点です。

さて、ケファがアンティオキアに来たとき、非難すべきところがあったので、わたしは面と向かって反対しました。なぜなら、ケファはヤコブのもとからある人々が来るまでは、異邦人と一緒に食事をしていたのに、彼らがやって来ると、割礼を受けている者たちを恐れてしり込みし、身を引こうとしだしたからです。そして、ほかのユダヤ人も、ケファと一緒にこのような心にもないことを行い、バルナバさえも彼らの見せかけの行いに引きずり込まれてしまいました。しかし、わたしは彼らが福音の真理にのっとってまっすぐ歩いていないのを見たとき、皆の前でケファに向かってこう言いました。「あなたはユダヤ人でありながら、ユダヤ人らしい生き方をしないで、異邦人のように生活しているのに、どうして異邦人にユダヤ人のように生活することを強要するのですか。」わたしたちは生まれながらのユダヤ人であって、異邦人のような罪人ではありません。けれども、人は律法の実行ではなく、ただイエス・キリストへの信仰によって義とされると知って、わたしたちもキリスト・イエスを信じました。これは、律法の実行ではなく、キリストへの信仰によって義としていただくためでした。なぜなら、律法の実行によっては、だれ一人として義とされないからです。もしわたしたちが、キリストによって義とされるように努めながら、自分自身も罪人であるなら、キリストは罪に仕える者ということになるのでしょうか。決してそうではない。もし自分で打ち壊したものを再び建てるとすれば、わたしは自分が違犯者であると証明することになります。わたしは神に対して生きるために、律法に対しては律法によって死んだのです。わたしは、キリストと共に十字架につけられています。生きているのは、もはやわたしではありません。キリストがわたしの内に生きておられるのです。わたしが今、肉において生きているのは、わたしを愛し、わたしのために身を献げられた神の子に対する信仰によるものです。わたしは、神の恵みを無にはしません。もし、人が律法のお陰で義とされるとすれば、それこそ、キリストの死は無意味になってしまいます。

ああ、物分かりの悪いガラテヤの人たち、だれがあなたがたを惑わしたのか。目の前に、イエス・キリストが十字架につけられた姿ではっきり示されたではないか。あなたがたに一つだけ確かめたい。あなたがたが〝霊〟を受けたのは、律法を行ったからですか。それとも、福音を聞いて信じたからですか。あなたがたは、それほど物分かりが悪く、〝霊〟によって始めたのに、肉によって仕上げようとするのですか。あれほどのことを体験したのは、無駄だったのですか。無駄であったはずはないでしょうに……。あなたがたに〝霊〟を授け、また、あなたがたの間で奇跡を行われる方は、あなたがたが律法を行ったから、そうなさるのでしょうか。それとも、あなたがたが福音を聞いて信じたからですか（ガラテヤ　1　一—三・六）。それは、「アブラハムは神を信じた。それは彼の義と認められた」と言われているとおりです。……信仰が現われる前には、わたしたちは律法の下で監視され、この信仰が啓示されるようになるまで閉じ込められていました。こうして律法は、わたしたちをキリストのもとへ導く養育係となったのです。わたしたちが信仰によって義とされるためです。しかし、信仰が現われたので、もはや、わたしたちはこのような養育係の下にはいません。あなたがたは皆、信仰により、キリスト・イエスに結ばれて神の子なのです。洗礼を受けてキリストに結ばれたあなたがたは皆、キリストを着ているからです。そこではもはや、ユダヤ人もギリシャ人もなく、奴隷も自由な身分の者もなく、男も女もありません。あなたがたは皆、キリスト・イエスにおいて一つだからです。あなたがたは、もしキリストのものだとするなら、とりもなおさず、アブラハムの子孫であり、約束による相続人です。つまり、こういうことです。相続人は、未成年である間は、全財産の所有者であっても、僕《しもべ》と何ら変わるところがなく、父親が定めた期日までは後見人や管理人の監督の下にいます。同様にわたしたちも、未成年であったときは、世を支配する諸霊に奴隷として仕えていました。しかし、時が満ちると、神は、その御子を女から、しかも律法の下に生まれた者としてお遣わしになりました。それは律法の支配下にある者を贖い出して、わたしたちを神の子となさるためでした。あなたがたが子であることは、神が、「アッバ、父よ」と叫ぶ御子の霊を、わたしたちの心に送ってくださった事実から分かります。ですから、あなたはもはや奴隷ではなく、子です。子であれば、神によって立てられた相続人でもあるのです。

ところで、あなたがたは、かつて神を知らずに、もともと神でない神々に奴隷として仕えていました。しかし、今は神を知っている、いやむしろ神から知られているのに、なぜ、あの無力で頼りにならない支配する諸霊の下に逆戻りし、もう一度改めて奴隷として仕えようとしているのですか。あなたがたは、いろいろな日、月、時節、年などを守っています。あなたがたのために苦労したのは、無駄になったのではなかったかと、あなたがたのことが心配です。

わたしもあなたがたのようになったのですから、あなたがたもわたしのようになってください。兄弟たち、お願いします。あなたがたは、わたしに何一つ不当な仕打ちをしませんでした。知ってのとおり、この前わたしは体が弱くなったことがきっかけで、あなたがたに福音を告げ知らせました。そして、わたしの身には、あなたがたにとって試練ともなるようなことがあったのに、さげすんだり、忌み嫌ったりせず、かえって、わたしを神の使いであるかのように、またキリスト・イエスででもあるかのように、受け入れてくれました。あなたがたが味わっていた幸福は、いったいどこへ行ってしまったのか。あなたがたのために証言しますが、あなたがたは、できることなら、自分の目をえぐり出しても、わたしに与えようとしたのです。すると、わたしは、真理を語ったために、あなたがたの敵となったのですか。あの者たちがあなたがたに対して熱心になるのは、善意からではありません。かえって、自分たちに対して熱心にならせようとして、あなたがたを引き離したいのです。わたしがあなたがたのもとにいる場合だけに限らず、いつでも、善意から熱心に慕われるのは、よいことです。わたしの子供たち、キリストがあなたがたの内に形づくられるまで、わたしは、もう一度あなたがたを産もうと苦しんでいます。できることなら、わたしは今あなたがたのもとに居合わせ、語調を変えて話したい。あなたがたのことで途方に暮れているからです……。（ガラテヤ　3　二十三―四・二十）

この自由を得させるためにキリストはわたしたちを自由の身にしてくださったのです。だから、しっかりしなさい。奴隷の軛に二度とつながれてはなりません。ここで、わたしパウロはあなたがたに断言します。もし割礼を受けるなら、あなたがたにとってキリストは何の役にも立たない方になります。割礼を受ける人すべてに、もう一度はっきり言います。そう言う人は律法全体を行う義務があるのです。律法によって義とされようとするなら、あなたがたはだれであろうと、キリストとは縁もゆかりもない者とされ、いただいた恵みも失います。わたしたちは、義とされた者の希望が実現することを、〝霊〟により、信仰に基づいて切に待ち望んでいるのです。キリスト・イエスに結ばれていれば、割礼の有無は問題ではなく、愛の実践を伴う信仰こそ大切です。

あなたがたは、よく走っていました。それなのに、いったいだれが邪魔をして真理に従わないようにさせたのですか。このような誘いは、あなたがたを召し出しておられる方からのものではありません。わずかなパン種が練り粉全体を膨らませるのです。あなたがたが決して別な考えを持つことはないと、わたしは主をよりどころとしてあなたがたを信頼しています。あなたがたを惑わす者は、だれであろうと、裁きを受けます。兄弟たち、このわたしが、今なお割礼を宣べ伝えているとするならば、今なお迫害を受けているのは何故ですか。そのようなことを宣べ伝えれば、十字架のつまずきもなくなっていたことでしょう。あなたがたをかき乱す者たちは、いっそのこと自ら去勢してしまえばよい。

兄弟たち、あなたがたは、自由を得るために召し出されたのです。ただ、この自由を、肉に罪を犯させる機会とせずに、愛によって互いに仕えなさい。律法全体は、「隣人を自分のように愛しなさい」という一句によって、全うされるからです。（ガラテヤ　5　一―一四）……霊の導きに従って歩みなさい。そうすれば、決して肉の欲望を満足させるようなことはありません。肉の望むところは、霊に反し、霊の望むところは、肉に反するからです。肉と霊とが対立し合っているので、あなたがたは、自分のしたいと思うことができないのです。しかし、霊に導かれているなら、あなたがたは、律法の下にはいません。肉の業《わざ》は明らかです。それは、姦淫、わいせつ、好色、偶像礼拝、魔術、敵意、争い、そねみ、怒り、利己心、不和、仲間争い、ねたみ、泥酔、酒宴、その他このたぐいのものです。……これに対して、霊の結ぶ実は愛であり、喜び、平和、寛容、親切、善意、誠実、柔和、節制です。これらを禁じる掟はありません。キリスト・イエスのものとなった人たちは肉を欲情や欲望もろとも十字架につけてしまったのです。（ガラテヤ　5　十六―二十四）

パウロはこの手紙を心中の火が鬱積していたかのように一気呵成に口述した。例によって彼は自筆で追伸をしたためる。

この通り、わたしは今こんなに大きな文字で、自分の手で書いています。いつもの挨拶で締めくくるのが、自然なように見えた。が、あまりにも激していたし、強い思い入れに取りつかれていた。論旨は言い尽くされていたが、今一度強い調子で繰り返す。

肉において人からよく思われたがっている者たちが、ただキリストの十字架のゆえに迫害されたくないばかりに、あなたがたに無理やり割礼を受けさせようとしています。割礼を受けている者自身、実は律法を守っていませんが、あなたがたの肉について誇りたいために、あなたがたにも割礼を望んでいます。しかし、このわたしには、わたしたちの主イエス・キリストの十字架のほかに、誇るものが決してあってはなりません。この十字架によって、世はわたしに対し、わたしは世に対してはりつけにされているのです。なぜならイエス・キリストにおいて割礼の有無は問題ではなく、大切なのは、新しく創造されることです。このような原理に従って生きていく人の上に、つまり、神のイスラエルの上に平和と憐れみがあるように。これからはだれもわたしを煩わさないでほしい。わたしは、イエスの焼き印を身に受けているのです。兄弟たち、わたしたちの主イエス・キリストの恵みが、あなたがたの霊と共にあるように、アーメン。

即刻パウロはこの手紙を出した。しばしなりとも熟慮していたら、そのまま送ったとも思われない。この手紙は誰に宛てたものか分からないが、パウロは弟子にガラテヤを一巡してくるように命じてそれを持って行かせたにちがいない。書簡は事実、特別の共同体に宛てたものではなかった。デルベ、リストラ、イコニウム、ピシディヤのアンティオキアのどの小さな教会も、大司教座《メトロポール》として他の面倒をみるほど立派ではなかった。一方使徒パウロは自分の手紙の回覧の仕方について、なにも名宛人に指示していないし、この手紙がガラテヤの人々にどのような効果をもたらしたのかも不明である。

パウロの一方的な主張か

手紙がパウロ派を固めたことは間違いないが、反対派を完全に黙らせることはなかったようである。以後、ほとんど全教会が二陣営に分裂する。イエルサレム崩壊（西暦七〇年）までユダヤの教会は自説を保持した。一世紀も終りになって初めて心からの和解が、パウロの栄光をすこし犠牲にした形で進められた。彼の栄光は以後ほぼ百年間、目立たぬところに押しやられたけれども、この期間は彼の基本的な思想が完勝するのに役立った。この時から後のユダヤ＝キリスト教は年老いた頑固者の一派でしかなくなり、次第に人知れず息も絶え絶えとなり、シリアのうらぶれた地方で五世紀には姿を消していった。一方のパウロはほとんど否認されることになる。使徒という名称も彼の敵対者によって取り消され、味方によって辛うじて守られた。明白にパウロの尽力によってつくられた諸教会も、パウロとペテロ両人の手で創られたとすることを望むようになる。例えばコリント教会は、創設をパウロと同時ペテロに負っていることを示すために、誰の目にも明らかな歴史の曲解をやってのける。異邦人の改宗は十二使徒の協力の下に行なったものとして押し通された。パピアス、*ポリクラト、ユスティヌス、**ヘゲシップス***はパウロの役割をわざと抹殺し、その存在を殆んど無視しているように見える。パウロの権威が回復するのは、新しい聖なる書である正典《カノン》の観念がようやく確立した時である。この時、彼の書簡はいくつか教会の資料室《アルカイヴ》から取り出されて、キリスト教神学の基礎となり、世紀から世紀へ神学を刷新させていく。

現代から遠く隔てて眺めると、パウロの勝利は完璧だったという印象をわれわれは持つ。パウロは自分が受けた被害をわれわれに語っているが、誇張があるようだ。パウロ側の落度は、誰がわれわれに語ってくれるのか。パウロの敵対者《ライヴァル》が彼から弟子の親愛の情を奪おうとしているとか、また素朴な者たちの割礼を誇りにしようとして自分の縄張りを荒らしているとか、俗な考え方をパウロは彼らに押しつけているが、これは真実の歪曲ではないのか？　イエルサレム教会と彼との関係の記述は、『使徒行伝』のそれとは大いに異なっており、当時、必要があって多少脚色されたものではないか。彼は回心すると、ただちにその日から神じきじきの指示で使徒になったと主張しているけれども、自分に固有の使徒職がそなわっているとする彼の確信は心中で徐々に形成され、第一次の伝道以降になって初めて明確なものになったことを考えると、時間的に見てそれは不正確ではないのか。パウロがいうほどに、ペテロはほんとうに非難されるべきなのか。話は逆で、ガリラヤの使徒ペテロの振舞いは和を尊ぶ人にふさわしく、原則よりも友愛を大切にしてすべての人に満足を与えようと考え、騒ぎを好まず妥協したもので、彼だけが正しかったというまさにその理由でみなから非難されたのではなかったのか。われわれはこの疑問に答えるすべを持っていない。パウロはきわめて独自な見解をもった人であった、一度ならず彼は自分が長老から学んだことを啓示によるとしたことを思いあわせればよい（Iコリント 11 二十三）。『ガラテヤ人への手紙』は特別な断章であり、そこでは使徒パウロはあまりにも純真と誠実をもって自己を描写しているので、彼の才気と雄弁に過大な賛辞を呈する論評は、とんでもない不見識になろう。狭量な伝統派への思い入れはわれわれにはない、だが年老いたケファを酷評しておいてどのようにして聖者になりうるかの説明はほかの人たちに任せよう。パウロがしばしば激し、情熱を燃やし、自己の弁護と敵との戦いに専念しているからといって、彼は標準の偉人以下に低く評価されはしない。あらゆる点でプロテスタンティスムの真の始祖であるパウロには、プロテスタントなりの欠点があった。いかなる教条《ドグマ》といえども面と向かってはねつけたり、思いやりを欠いたりするほどの価値はないと分かるようになるまでには、時間とかなりの経験を要する。パウロはイエスではない。

わが師イエスよ、わたしたちは何とあなたから遠いことでしょう！　あなたの優しさ、あなたの詩情《ポエジー》はどこにあるのでしょうか。一枝の花にもこころ動かされ、忘我の境にひたってしまわれるあなたは、あのように張り合う者たちをあなたの弟子とお認めになるでしょうか、すべてが自分だけに従属することを望み、特権を呵責なく攻撃する者たちを。彼らは人間です、あなたは神でした。あなたの使徒を自認する男の厳しい手紙を介してしか、あなたを知るすべがないとしたら、われわれはどうなったことでしょう。

幸い、ガリラヤの芳香は、忠実なメモによりすこし今に伝わっている。おそらくすでに山上の垂訓はひそかに数枚の紙に書きとめられていたであろう。弟子の誰かはわからないが、この宝物を手にしていた者の掌中に、まことに未来が握られていた。

* 二世紀の小アジアの司教

** 二世紀の護教家

*** 二世紀の教会著述家

第十二章　第三次の旅——エフェソ教会の設立

パウロの心をしっかり掴んでいた神霊《ダイモン》の力が衰えて偉大さに陰りが見え、彼は不毛の口論に疲れたことであろう。狭量な連中に対応していると、自分も卑小になってしまう。この下らないいさかいに彼は忙殺されていた。卓越した精神の持ち主、パウロは彼らを軽蔑した。彼としては前を向いてまっすぐ歩むのみで、論敵との決着は時にまかせた。偉大な事業に身を捧げる者の鉄則は行く手をはばむ凡庸な者があれば、一蹴することだ。異邦人を説教し回心させるよう正しくやったかどうかをヤコブの代理人と論議することはやめ、パウロは激しい中傷を受けるのを覚悟の上で、布教の再着手だけを考えていた。アンティオキアで数カ月を過ごした後、彼は三度目の伝道に出る。愛するかのガラテヤの教会を訪れたいと心から願っていた。この教会の問題に途方にくれて、時折、激しい言葉をあびせて彼らをひどく悲しませたことを申し訳なかったと思い、手紙の荒々しい語調を改めて、やさしい言葉をかけてやりたいと思う。特にエフェソに逗留したい、そこはテサロニケやコリントのような宣教のセンターをつくろうとして、第一次伝道の際にはちょっと立ち寄っただけだった。第三次伝道の範囲は、このように第二次の時とほとんど同じである。小アジア、マケドニアそしてギリシャは、パウロがまず手中にした地域とも云えた。

彼はおそらくティトスを連れて、アンティオキアを発った。まず第二次の旅と同じ行程をとりデブレ、リストラ、イコニウム、ピシディヤのアンティオキアと小アジア中央部の教会に三度目の訪問をした。ただちにその影響力を発揮して、敵対者が植えつけようとやっきになった彼への反感がまだ残っていれば、すぐに払拭した。デルベでガイオという新しい弟子が加わり同行した。こうしたよきガラテヤ人たちは従順そのものだったが、気の弱いところがある。歯に衣着せぬくせのあるパウロは彼らをきびしく扱い、パウロ自身もときおり冷酷と受け取られたのではないかと悩んだ。ためらいがあった。心中の強い愛情から発したものが十分に伝わらないまま、わが子たちにいい聞かせてきたのではないかと心配だった。

エフェソに向かう

第二次の旅のときに地方総督のいるアジアを伝道する妨げになっていた事由は、もはやなくなっていたので、パウロはガラテヤ巡回を終え、エフェソに向けて出発する。おりしも夏たけなわだった。ピシディヤのアンティオキアからエフェソへ行く通常のルートはアパメ・キボトスへ行き、そこから、リキュスの盆地に入り、互いに近接した三つの町、コロサイ、ラオディキア、ヒエラポリスと辿ったにちがいない。この三つの町は数年後にはキリスト教活動に熱心なセンターができて、この地とパウロはしょっちゅう連絡をとることになる。が、さしあたってそこに足をとめることなく、誰と知り合うこともなかった。カドムスの森林地を迂回して、メアンダー峡谷に出、アジア幹線道路《ハイウェー》の大十字路、カルラの旅籠《はたご》に向かった。ここから、美しく歩きやすい道路を三日間でニサ、トラレス、マグネシアを通って、メアンダーの流水をケイスターの流れに分岐している山脈の頂に到着した。古道と急流が狭い所でせめぎあっている峡谷の道を下って、吟唱詩人によって歌われた「アジア平原」、すなわちケイスター川が海に達する前で潟をつくっている平野におり立った。地平線に五つ六つ山が連らなっているところ、稜線がすぱっとが碧空を画し、ここはギリシャの景勝の地だ。ここは今日でも白鳥や美しい野鳥が落ち合い、名声は古代世界にとどろいていた。一部は沼で、一部はコラスス山の斜面にかかり、プリオン山にも抱えられて巨大な町がそびえ立ち、ぽつんと離れた岡の上に郊外がある。この地はイエルサレムとアンティオキアに次ぐキリスト教第三の首都となる運命にあった。

都会の退廃から発芽するキリスト教

こういうと語弊があるかもしれないが、ローマ帝国が増やしていた〝ありふれた町〟すなわち、民族性を離れ、祖国愛を知らず、またあらゆる民族、あらゆる宗教が協調しあっているような町において自らの存在理由があることを、キリスト教は強く感じ取っていたことはすでに幾度か指摘した。エフェソは、アレクサンドリア、アンティオキア、コリントと共に、この種の町の典型である。

地中海東岸地方《レヴァント》の大きな町々の現在の様子を見れば、往時の町を想像することができる。ひどい悪臭を放つバザール、狭く汚い囲い地、耐久性を考えてない仮の建物の迷路を歩いてみて、旅人が受ける驚きは、気品も政治的な精神も公徳心さえもまるでないことだ。ひしめく民衆を見ると、低俗と良い素質、のらくらと活発、不作法と愛想のよさの混在である。古代の地方貴族を形作っていた、栄光ある広い教養以外はなんでもある。加えて、ゴシップ好きで、お喋り、軽薄、町中がほとんど知り合いで、絶えず他人事にかまけている。ともかく軽率で、興奮しやすく、移り気、少しでも目新しいものが欲しくてたまらない有象無象《うぞうむぞう》の好奇心、流行を慌てて追いかけるが自分から創りだすことは得手でない。出身や民族による偏見のない人々の方が、百姓、ブルジョア、都市貴族または封建貴族よりもずっと容易にコスモポリタンで人道的といわれる見方《フィロソフィー》をするものだが、そのようなオリエントの環境がややもすると〝醸しだす〟産物がキリスト教なのである。現今の社会主義やすべての新思想と同じくキリスト教も、人いうところの〝大都会の弊風〟の中から発芽した。この弊風というものは、より充実したより自由な命、人類に内在する能力の一大覚醒に他ならないことが多い。

今でもそうだが、かつてユダヤ人たちはこのような混合都市で他とまったく別の区域を占めていた。こういう場所は今もスミルナ、サロニケに見られるのとほぼ同じである。特にエフェソには人口稠密なユダヤ人居住区があった。今日、巡礼や信仰の名高い中心となっている町にいくと、どこでも見られるとおり、異教徒の民衆はかなり狂信的《ファナティック》だった。エフェソにおけるアルテミス信仰は世界中に広まり、重要な生業をいろいろ成り立たせていた。にもかかわらず、アジアの首都としての町の重要性、商活動、あらゆる民族の集中が、エフェソをしてキリスト教精神の普及に好都合な拠点たらしめた。シリア人、ユダヤ人それに古代から地中海のすべての上陸地点を押さえていた素性のあやしい連中に侵略され、異邦人に溢れた人口の多い商業都市以上に、キリスト教の思想を歓迎してくれる土地はなかった。

エフェソが純粋な古代ギリシャの町でなくなってから数世紀がたっていた。往時のエフェソは少なくとも美術に関してはギリシャの町々の中でも上位に輝いていた。だがこの町はアジアの風習に染まることを何度も許した。ギリシャ人たちの間でこの町はいつも悪評が立っていた。ギリシャ人によると、腐敗と贅沢はイオニアの軟弱な風習のせいであり、エフェソはそのイオニアの中心であり縮図であった。リディア、ペルシャによる支配がそのエネルギーと愛国心を圧殺していた。サルディスと共に、エフェソはヨーロッパへ向かうアジアの影響をもっとも早く受けた地点であった。アルテミス信仰がこの地にもっていた力が強過ぎたため、科学精神が失われ、ありとあらゆる迷信の横行を助けた。ここは神政政治の町といっても過言でなく、しきりに行なわれる祭りは壮麗なものだ。寺院のもっている法の及ばない聖域権が町を犯罪人で溢れさせた。恥ずべき神職制度が堅持され、日ごとに正常な感覚が麻痺していく体たらくだったにちがいない。ヘラクレイトス、パラシウス、と多分アペレスの輝かしい祖国は、絵画と彫刻の傑作を保持しているにもかかわらず、もはやポルティコ、スタジアム、劇場の町、凡庸で豪華な町でしかなかった。

その港はアタルス・フィラデルフスの技師たちの不手際のせいで傷んでしまっていたが、町は急速に拡大し、タウルス山脈のこちら側の地帯は商業の主要な中心地《エンポリウム》となった。ここはイタリア、ギリシャから来る人と物が陸に上がる所であり、いわばアジアの敷居に建っている宿泊所、倉庫であった。あらゆる出身地の人々がひしめきあい、全世界の人の町となり社会主義思想が根着いたが、そこでは祖国という観念は失われた。国は殷賑を極め、商業は盛大だが、ここほど精神《エスプリ》が堕落したところはなかった。碑文にはローマ人へのいやらしい卑屈さ、精一杯の服従心が滲み出ている。

遊び女と道楽者とが世界中から集まり、落ち合う処だったとも言えよう。町には魔術師、占い、パントマイム、笛吹き、去勢者、宝石商、お守りとメダル売り、小説書きなどで溢れていた。「エフェソ的小説」は「ミレトスの寓話」という語と同じく文学の一ジャンルを指し、エフェソは恋愛小説の場面設定にもっとも好まれた町である。たしかに温暖な風土は深刻なことを敬遠させ、ダンスと音楽に余念がなかった。公生活が酒神祭《バカナリア》の騒ぎにまで落ちてしまい、真剣な教育はなおざりにされた。アポロニウスのばかげた奇跡がエフェソで起こったという評判だった。当時の評判のエフェソ人はバルビルスという名の占星術師で、ネロとウェスパシアヌスに信頼された悪党だったらしい。今なお廃墟が残っているコリント様式の美しい神殿は、この時期に建立された。これはガリオンのしゃれた言い方を借用すると、ネロとアグリッピーナが気の毒なクラウディウスを〝鉤で天国に引き上げて〟、捧げたものであろう。

パウロがやってきて滞在した頃のエフェソには、すでにキリスト教が入っていた。先にも述べたようにアキラとプリスキラは、コリントを発って後はこの地に留まっていた。この敬虔な二人は、不思議な運命に導かれて、ローマ、コリント、エフェソの教会の起源に重要な役割を果たすように定められ、弟子たちの小さな核となった。聖パウロが「キリストに捧げられたアジアの初穂」と呼んで、たいへん愛したエパイネトはこの仲間に違いない。いまひとつずっと重要な回心は、アレクサンドリア出身のアポロニウスかアポロという名のユダヤ人のもので、パウロが第一次伝道でエフェソを通過したすぐ後エフェソに上陸したに違いない。彼はエジプトのユダヤ人学校で、旧約聖書のギリシャ語訳を深く読んで得た知識、巧みな解釈法、磨かれた雄弁法を身につけていた。当時ユダヤ教の各所に開花していた新しい思想を研究していたフィロンのような人物であった。旅行中に洗者《バプテスト》・ヨハネの弟子たちと知り合って、洗礼を受けていた。イエスについても聞き及び、その時からイエスに救世主《キリスト》の称号を捧げたという。ただキリスト教に関する知識は不完全なものだった。エフェソにやってきた彼はシナゴーグに赴き、霊感を受けて発せられた力強い弁舌によって大いに成功した。これを聞いたアキラとプリスキラは、すばらしい助手をむかえて大喜びだ。彼を傍らに呼ぶと、教えを補足してやり、ある点については一層正確な知識を授けた。彼ら自身あまり器用な神学者ではなかったので、彼をイエスの名で再洗礼を受けさせようとは思わなかったのではないか。アポロは自分の周りに小さなグループを作り、アキラとプリスキラによって正してもらった教義を教えたが、唯一知っていたヨハネの洗礼だけを授けた。この後しばらくして、彼がアカイア州に移ることを希望したところ、エフェソの兄弟たちはコリントの者に宛て非常に熱意あふれる推薦状をもたせてやっている。

パウロがエフェソにやってきたのは、このような状況のときだ。彼はコリントにいた時と同様に、アキラとプリスキラの家に泊まり、協力して再び自前の店で働いた。当時エフェソはテントの産地として有名だった。この種の職人はプリオンの山からアイア・ソルークの切り立った岡まで広がっている貧しい郊外に住んでいたのではなかろうか。疑いもなく、ここはキリスト教徒の初の住処《すみか》であり、ここに使徒の聖堂《バシリカ》、すべてのキリスト教徒が崇めた多くの墓があった。アルテミス神殿が破壊されてから後、エフェソは異教の評判をキリスト教の名声にゆずった。新しい信仰の思い出と伝説のいちばん豊富な町となったビザンティン時代のエフェソには、キリスト教の貴重なモニュメントに恵まれた岡の周りに家々が集まっていた。滔々たる文明の流れがせき止められたとたんに、かつての景勝地は異臭を放つ沼地に変わり、旧市街は徐々に見捨てられ、巨大な歴史的大建造物《モニュメント》は航行用水路とか海の近くにあったため大理石の採石場となった。こうして町は四キロ近くも移動した。クラウディウスかネロ治下で数人のしいたげられたユダヤ人が住居を定めたことが、多分この移動の一番の原因だろう。トルコによる一番古い征服はビザンティンの伝統を継承したが、イスラムの一大都市がこのクリスチャンの町を引き継ぐようになると、多くの追憶の上に、荒廃、熱狂、忘却が決定的に支配するに至った。

パウロは第一、第二次伝道のときと違って、今回は新しい神秘をまだ知らず、また屈服させることを必要としたシナゴーグと対面することはなかった。彼が来る前に、最も独創的かつ自発的な方法で形成された教会が、二人の善良なユダヤ商人と当時まだ半人前のクリスチャンでしかなかった外国の一学者の助力で作られていた。アポロのグループは約十二名でできていた。パウロが彼らに質問してみると、信仰の点でなお足りない点があることが分かった。とりわけ聖霊について彼らは一度も耳にしていなかった。パウロは彼らの知識を補ってやり、イエスの名で再洗礼を授け、彼らの頭に手を置いた。すると忽ち聖霊が彼らの上にくだり、彼らは異言を話しだし、立派なクリスチャンのように預言しはじめた。

ただちにパウロはこの小さな信者のサークルを大きくしようと努める。アテネでは哲学的で学問的な人間を相手にしたため、直ぐに活躍をはばまれてしまったが、ここではそういう心配はなかった。エフェソは知性の中心地ではない。歯止めなく迷信が流行っていた。だれもかれも下らない魔術の研究と降神術に心を奪われて暮らしていた。エフェソの呪文を知らない者はなく、魔法の本が溢れ、児戯に類する愚行の明け暮れだ。ティアナのアポロニウスはこの頃エフェソに姿を見せていたかもしれない。

いつものようにパウロはシナゴーグで福音を説いた。三カ月の間、土曜日がくる毎に神の国を予告して倦むことがなかったが、実りは薄かった。人々が暴動や厳しい仕打ちで彼に反対するようなことはなかったが、侮辱と軽蔑のことばを口にして彼の教義をあしらった。そこでシナゴーグは諦め、人々がエコレ・ティラノイ Σχολη Τυραννου と呼んでいた場所に弟子たちを別に集めた。それは公的な場所で、スコーレ、つまり半円形のアーチ道の一つで、古い町に多く、屋根つき歩道《ジスト》のようにお喋りや自由な教育に使われていた処か、あるいは逆に、私的な場所で、ひとかどの人物、例えばティラヌスという名の文法学者の個人の部屋だったかもしれない。一般に共同浴場と体育場に接続しているスコーレをキリスト教はあまり利用していない。シナゴーグに次いでキリスト教伝道に好まれた場所は個人の家、炉辺である。ただしこの大都会、エフェソにおいては宣教を白昼堂々と行なうことができた。二年間パウロはスコラ・ティラニで語り続けた。公共の場所か、それに近いところで長く続いたこの説法はかなりの反響を呼んだ。この他に使徒パウロは改宗した者や、感銘を受けた者の家を訪ねることもよくしている。彼の説法はユダヤ人や異邦人たちにも向けられるようになった。属州知事《プロコンスル》が配置された全アジアにイエスの名が知れ渡り、エフェソに付属する教会が周辺に多くできた。パウロが行なった奇跡もよく噂になる。魔法を行なう男という評判を聞いて、ひとびとは彼が肌に付けていた手拭いやシャツを病人に触れさせようと、必死で探し求めた。民衆は病を癒す効果が本人から発散してこんな風に伝わるものと信じていた。

悪魔払いと見られる

エフェソ人の魔術好きが、さらにショッキングな挿話を作り上げたにちがいない。パウロは悪霊《デーモン》に睨みをきかす力があると見られていた。ユダヤ人の悪魔払いたちが、パウロの魔力を騙《かた》って、「パウロが説いているイエスの名において」悪魔払いをしようと考えたようである。祭祀長スケヴァの息子か弟子を自称する、いかさま治療師たちの厄介な出来事が伝わっている。先に述べたお祓いの文句を唱えて、邪悪な悪魔を追い払おうと、彼らは示し合わせて、とりつかれたある男に宿る悪魔に対してたっぷり悪口を浴びせたが、これが気に入らず、男はかれらに飛びかかり、祈禱師の服をずたずたにして、しこたま殴りつけたという。ユダヤ人や異邦人の多くがこんなあさはかな動機からイエスを信じるほど、精神が弛みきっていた。特に魔術の虜になっていた者たちが改宗している。パウロの呪文が優れていることに驚いて、オカルト術の素人たちは、やってきてパウロに自分たちのやり口を打ち明けた。魔術の本を持ってきて、燃やす者まで多くいた。燃やされたエフェソの教本を値段にすると、しめて銀貨五万枚にもなると見積もられている。

　こんなあきれた暗い面から目を転じよう。無知な大衆がやっていることはどれも不愉快な手垢がついて汚れている。幻想と絵空事は民衆が作りだす偉業の必要条件なのだ。純粋なのは賢者の仕事だけである。ただ賢者は一般に非力である。パウロの生理学や医学よりも現代は格段に進んでおり、彼が共有していた数々の誤った考えから私たちは解放されている。だがなんということか。憂慮すべきは、われわれの仕事は、パウロが成しとげたことの千分の一にも断じて及ばないだろうということだ。人事の万端が理性によって行なわれるのは、人類すべてがある高さまで実証的学問を教わり習得した時でしかない。卑俗で、いかがわしいものが混在している運動を、善にして偉大と呼ぶことを拒むならば、人は歴史というものをまったく理解できないだろう。

第十三章　アジアとフリギアにおけるキリスト教の発達

エフェソ滞在中のパウロの熱意はすさまじかった。苦難が続く日々で、反対者の人数は多く活発だった。エフェソ教会は純粋にパウロが創出したものではなかったため、内部にユダヤ＝キリスト教徒もかかえており、彼らは異邦人の使徒パウロに重要な点で強硬に反対する。二つの信者の群れがたがいに呪い、イエスの名において説く権限を否定しあった。他方、新興宗教の発展を面白く思わない異教徒は、気がかりな兆しを見せていた。とりわけパウロは切迫した危険に見舞われ、その時の自分を野獣に襲われた男になぞらえている。事件は劇場で起きたのではなかろうか、この比喩がぴったりくるからだ。アキラとプリスキラが彼を救ったが、すんでのところで彼のために命を落とすところだった。

二番目の神の国

しかしながら、使徒パウロは、こんな目にあいながらもすべて忘れた。神の言葉が実を結んだからである。小アジアの西部すべて、とくにメアンダーとヘルムスの流域にはこの時期、教会が広範囲につくられ、パウロは多かれ少なかれ直接に働きかけた創始者だったことは疑いない。こうしてスミルナ、ペルガモ、ティアティラ、サルディス、フィラデルフィア、と多分トラレスに信仰の種が蒔かれた。これらの町には既に大きなユダヤ人の集落ができていた。美しく豊かな国内にあって、何世紀も政治生活に無頓着で、ローマにごまを擂るほど、すっかり平定され、おだやかな風俗と地方生活の多年にわたる倦怠が、多くの人の胸に純粋な生き方の歓びの受け入れを準備していた。イオニアの民俗性の穏やかさは、国民の独立とは相容れないが、道徳、社会面の発展には好ましいものだった。軍国魂は持ちあわさず善良な、敢えて言えば女性的なこれらの民衆は、もって生まれてキリスト教的だったと言えるかもしれない。ここでは家庭生活が重きをなしていたようで、穏やかな風土のなか、男は戸外に、婦人は門口で生活する風習が、付き合いのよさを広めた。競技会や見せ物の団長であるアシアルクたちのいるアジアは娯楽の団体、娯楽と祭りの協会みたいだった。今日でさえキリスト教徒の民衆は愉快で陽気だ。婦人の明るい顔、遠くを見るようなやさしい眼差し、美しいブロンドの髪、控え目で謙虚な様子といい、自分たちの美しさをよく知っていることを伺わせる。

こうしてアジアは、幾分か神の国の第二州となった。記念建造物《モニュメント》と無関係にこの国の往時の町々は今日のたたずまいと基本的に変わっていないようである。傾斜した屋根に覆われ、透かし模様をほどこした外廊のある木造家屋が無秩序に重なって、あい間に必ず美しい木が植わっている居住区。暑い国では楽しみと憩いに必要な公共の建築物が思いがけず堂々と建っている。それらはシリアにあるような凝った建築ではなく、ベドウィンたちを威圧する円柱の町の風習からすれば無造作なものであった。この〝アジアの壮麗な町〟の累々たる廃墟を見るときほど、満足し自信をもった華々しい文化のありし日を圧倒的な形で感じさせる処はない。今述べているこの美しい地方はこれから先、狂信、戦争、蛮族の襲来があっても壊滅せず、そのたびに豊かさによって世界の恋人になろう。この地はそのためのあらゆる打ち出の小槌をもっていて、高貴な人々の貨幣がひとりでに積み上げられた。一世紀のイオニアは人口稠密で、いたるところに町と村ができた。市民戦争時代の不幸は忘れられていた。中世のイタリア、フランドルにあったような、職人の強力な協会が高官を選び、公共の記念碑を建て、彫像をつくり、公共施設の工事を行ない、慈善事業を創出し、繁栄、幸福、精神活動の様相がいろいろ見える。ティアティラ、フィラデルフィア、ヒエラポリスのような手工業の町が、カーペット、布、絹、皮の染色などアジアの大産業に特に力を入れるかたわら、豊かな農業の発展もみた。ヘルムスとメアンダー流域の多様な生産物、トモルスとメソギスの豊かな鉱物資源はアッシリアの古代王国リディアの財源であって、とくにトラレスにおいて富裕なブルジョアジーを育て、彼らはアジアの王と同盟したり、時には自ら王制までつくり上げた。こうした新興階級は文芸趣味や気前の良さといったさらに巧者なやり方で、気品を備えるようになった。確かに、彼らが生み出したものにギリシャ的繊細さや完成を求めるべきではない。成り金趣味でつくられたこのような大建築物を眺めると、それらがそびえ立った段階で品格はまったくなかったにちがいない。ただ市民精神は横溢していた。王になったり、シーザーの愛顧を得た市民は、町の機能向上を追求し、町を美化するために私財を投じた。このような建設は聖パウロの時代にもっとも活発だったが、ティベリウス治下に国を荒廃させた地震のため、多くの修復を行なう必要があったためでもある。

フリギア南部のスケッチ

フリギア南部の豊かな地方、とりわけメアンダー川の支流、リクス川の狭い流域にきわめて活発なキリスト教徒のセンターができた。たがいに近接していた三都市、コロサイないしはコラス、リクス川沿いのラオディケ、およびヒエラポリスは活力にあふれていた。かつてはもっとも勢いのあったコロサイは衰えを見せ、旧習はよく保っていたが、刷新のない古い町だった。ラオディケとヒエラポリスはこれと異なりローマの支配により、非常に重要な町になった。美しいこの国の心臓部はカドムス山で、西方アジアにおけるすべての山の父であり、いたるところ黒っぽい絶壁がそそり立ち一年中雪をいただく巨大な森林である。ここから流れ出る水は、渓谷の斜面に豊かな果樹園を育み、魚の多く棲む川となり、人になついたコウノトリの姿も楽しめる。他の側では自然の驚異を目の当たりにする。リクス川の流れのひとつは石灰成分を含み、ヒエラポリスの山から巨大な温泉の滝となって落ちてくる川は平野を不毛にし、クレヴァスとも奇妙な洞穴、伏流水の床とも言えるような凍りついた雪のように見える見事な窪みを形作って、水がたまり、水面に虹が鮮やかに反映している。連《れん》を組んだ滝が轟々と流れ落ち、水が渦巻く深い滝壺となっている。またこの側の地面は石灰石を敷きつめた広大な平原でしかなく、温度は非常に高い。が、ヒエラポリスの高地に立つと、澄明な空気、まばゆい光、蠱惑の霊気の中にカドムスの山容がオリンポス山のように浮かんでいる。空の碧とあかね色に染まったフリギアの山頂、メアンダー川の渓谷が開き、メソギス山の斜角の横顔、遠くトモルス山の白い頂、まさに法悦境の演出だ。ここは聖フィリップとパピアスの住んだところ、エピクテトスの生まれた地である。リクスのどの谷にも一様に夢幻の神秘がただよっている。住民にはギリシャ出身の者はまったくおらず、一部がフリギア人だ。カドムスの周辺には、おそらくリディアに付属したセム系人の古い定住地があったように思われる。他の世界から切り離されたこの平穏な谷間は、キリスト教にとって、いわば隠れ家だった。が、後述するように、キリスト教思想はここで深刻な試練を受けている。

パウロの〝戦友〟たちの活動

この地域に福音を伝えたのは熱血漢でパウロの友人かつ協力者であったコロサイのエパフロディット（エパフラス）だった。パウロはリクスの谷を通過しただけで、ここに戻ってはいない。だが多く改宗異邦人から成るこれらの教会も、同様に彼の監督下にあった。エパフラスはこの三つの町である種の司教職を勤めていた。ニンフォドルス（ニンファ）はラオディキアにある自宅を教会とした。裕福で親切なフィレモンはコロサイでよく似た小集会を主催していた。フィレモンの妻だったらしいこの町の女執事《ディアコネス》、アフィアもここで重要な役割を担っていたアルキポも、パウロを長として認めている。アルキポはパウロと身近で共に働いたこともあったようだ。パウロは彼を〝戦友〟と呼んでいる。フィレモン、アフィア、アルキポは親戚どうしだったか、あるいは親密なつながりがあったにちがいない。

　パウロの弟子たちはひんぱんに旅に出て、委細を師に報告した。未熟な信者も熱心な教理問答教師《カテシスト》として、各自の心を満たしてくれた教えを周囲の人々に広めた。この国にみなぎっていた清新な道徳的希求が、燎原の火のように活動を広げた。カテシストはどこにでも出かけた。彼らは迎え入れられるとすぐ宝物のように大事にされた。みなは彼らを養うのに大童《おおわらわ》である。限りない誠意、歓び、好意が次第に人々の心をしっかりとらえ、強固にした。ところがこの地方ではユダヤ教がキリスト教に先行していた。二五〇年前にユダヤ人の集落がバビロニアから移住させられ、多分その生業（たとえばカーペット製造）のいくつかが持ち込まれて、ローマ皇帝の治下において莫大な富と影響力のある組合をこの国にもたらしていた。

　はたして、パウロとその弟子の教えは、大フリギア、エザネス、シナダ、ドシミアのコチアの地方にまで達したのであろうか。前述したように、最初の二度にわたる伝道の旅でパウロはパロレのフリギアで宣教し、第二次の旅ではフリギア・エピクテトスを宣教することなく通過した。さらに第三次の旅において、アパミア、キボトゥスと後になってパカチアヌスと呼ばれたフリギアを通っている。これ以外のフリギアとビティニアにおけるキリスト教の種子撒きはパウロの弟子たちに負っていることは間違いない。西暦一一二年頃*、キリスト教信仰がビティニアで定着したと思われる。それは社会の各層に浸透し、町と同様に村や田舎に広がり、官立の宗教を永く中断に追い込んだ。その後、供犠《くぎ》が再開され、何人かの信者が神殿に戻り、供え物を買う者たちがあちこちからやって来るのを、ローマの権威筋は指をくわえて見ているだけになった。一一二年頃、クリスチャンかどうか尋ねられた者たちが答えて言うには、そうだったけれども「二〇年以上前から」クリスチャンをやめた、とある。このことはキリスト教の最初の宣教がこの方面でパウロの生存中に行なわれていたことを想像させる。

＊　プリニウスがトラヤヌスに宛てた手紙を書いた年。

フリギアの国柄

この頃からフリギアは三百年の間、本質的にクリスチャンの国であった。この地でキリスト教の表立った信仰告白が一般に始まったのであり、ここには衆目の集まるところに立っている三世紀の初めからの記念碑に、**ΧΡΗΣΤΙΑΝΟ**《クリスティアーノ》あるいは**ΚΡΙΣΤΙΑΝΟΣ**《クリスティアノス》の文字がある。キリスト教徒とはっきり告白しなくとも、墓碑がキリスト教の教えをひっそり表わしており、セプティミウス・セヴェルス帝の時代（一九三―二一一）からこの地域の大都市は貨幣に聖書のシンボルを刻むことを採用しているが、より正確に言えば、彼らの古くからの伝承を聖書の物語に合わせ見たものだ。エフェソやローマのキリスト教徒の大半はフリギアからやってきた。フリギアの墓碑にもっともよく見られる名前は、古いキリスト教徒名、使徒時代の特殊な名前、殉教者名簿によく記されている名前である。イエスの教義をこのようにいち早く取り入れたのは、その民族性と以前からあったフリギア人の宗教制度に因ると言えそうである。ティアナのアポロニウスは素朴なこの住民たちの間に（彼を祀る）神殿を持っていたといわれている。人間の姿をした神々という観念は、彼らにとってはごく自然なものだ。古代フリギアから今日まで残っている碑文を見ると、キリスト教に類似したなにか宗教・道徳的に深いものがあるのを感じる。コチア近くの善良な職人たちが、「義《ただ》しく、聖なる神々に」祈っている碑文があり、そこから遠くない場所にも、「義《ただ》しく、聖なる一神に」捧げられた別の祈りの文字が見られる。当地の韻文で記した墓碑銘で、形式的には不正確で、冗漫な、あまり古典的でない表現に、近代とそっくりな感情、心にしみる一種のロマンティスムが感じられる。この国自体が他のアジアと大いに趣きを異にしている。しばしば地震に見舞われて炎上した、というより灰塵に帰したこの国は、かっての地層破断の深い爪痕を残して、物悲しく、厳しく、暗い。

忘却されたパウロ

この時期、カッパドキアのポントスでイエスの名を耳にした。キリスト教は小アジアに突然あがった火の手に似ている。ユダヤ・キリスト教徒側でもここに福音を広めようと、精を出したと思われる。この教派に属していたヨハネは、アジアにおいてはパウロよりも上位の権威をもつ使徒として受け取られていた。ヨハネ黙示録は西暦六八年にエフェソ、スミルナ、ペルガモン、ティアティラ、サルディス、フィラデルフィア、ラオディキアの教会に宛てたものだが、ユダヤ・キリスト教徒たちのために作成されたように思われる。疑いもなくパウロの死から黙示録が編集されるまでの間に、エフェソとアジア内においてユダヤ・キリスト教のいわば第二次宣教が行なわれたのである。もっとも、パウロは十年にわたってアジアの諸教会に唯一人の長であったとすると、彼がそれほど早く忘れ去られたとは考え難い。ヒエラポリス教会の栄光、聖フィリップ、パピアス、サルディスの栄光メリト、こうした人たちはユダヤ・キリスト教徒であった。パピアスもエフェソのポリクラテスもパウロに言及しておらず、ヨハネの権威がすべてを吸収し、ヨハネはこれらの教会にとってユダヤ人の大祭司だった。二世紀になると、アジアの教会、とりわけラオディキア教会はキリスト教の死活問題に係わる論争の舞台となり、守旧派はパウロの思想と大きく違った考えを主張している。モンタニスム（熱狂的終末論、キリスト再臨と禁欲を説く）は、フリギアのキリスト教内部に起こった一種のユダヤ教への回帰である。いいかえればコリントと同じくアジアにおいても、パウロの記憶はその死後百年の間に、いうなれば〝日蝕〟に入ったように思われる。彼が創った教会でさえ、あまりにも危険な人物として彼を見捨て、その結果二世紀にはパウロは誰からも否認されたように見える。

このような反動はパウロ死後の非常に早い時期に、いや恐らくそれ以前にも起きていたに違いない。黙示録《アポカリプス》の第二、第三章は、パウロとその仲間たちへの憎しみの叫びなのだ。パウロの恩義を大いに受けたこのエフェソ教会が、「悪者どもに我慢できず、自ら使徒と称して実はそうでない者どもを調べ、彼らのうそを見抜いたことも知っている、ニコライ派の者たちの行いを憎んでいる」と褒められ、続いて天からの声が聞こえた、「わたしもそれを憎んでいる」。——スミルナ教会は「自分がユダヤ人であるという者ども、実はユダヤ人でなくサタンの集いに属している者どもから非難されている」ことを称賛されているのだ。ペルガモ教会に神の声がした、「あなたに対して少しばかり言うべきことがある。あなたのところには、バラムの教えを奉ずる者がいる。バラムは、イスラエルの子らの前につまづきとなるものを置くようにバラクに教えた。それは彼らに偶像に捧げた肉を食べさせ、みだらなことをさせるためだった。同じように、あなたのところにもニコライ派の教えを奉ずる者たちがいる」。ティアティラ教会に同じ声が言った、「あなたに対して言うべきことがある。あなたは、あのイゼベル（パウロの象徴的な呼称）という者のすることを大目に見ている。自ら預言者と称して、わたしの僕《しもべ》たちを教え、また惑わして、みだらなことをさせ、偶像に捧げた肉を食べさせている。わたしは悔い改める機会を与えたが、みだらな行いを悔い改めようとしない。……ティアティラのほかの人たちでまだ、この者の教えを受け入れず、サタンのいわゆる奥深い秘密を知らないあなたに言う。わたしは、あなたに別の重荷を負わせない」。——更に、フィラデルフィア教会に対してはこう言った、「サタンの集いに属して、自分はユダヤ人であるという者たちは、実はユダヤ人でなく偽っているのだ。彼らがあなたの足もとに来て、ひれ伏すようにし、わたしがあなたを愛していることを彼らに知らせよう」。——多分、サルディスとラオディキアの教会に宛てた「見者」のあいまいな非難もまた、イエスの教会を分裂させた大論争を暗示しているのだろう。

更に言えば、もしパウロがアジアにおける唯一の伝道者だったならば、その死後すぐに（黙示録が出た時、彼は世にいなかったと仮定して）彼の支持者がこの国の教会における少数派として表現されなかっただろうし、とりわけパウロが主たる創始者であるエフェソ教会が、彼を侮辱的なあだ名で呼ぶとは考えにくい。一般にパウロは他の者の縄張りで働いたり、自分が創ったわけでない教会で宣教するとか、手紙を出すとかを自らに禁じていた。だが、彼の敵対者は同じような分別を持ち合わせていなかった。彼らは慎重にパウロを追い詰め、悪口と中傷を振りまいて彼の事業を潰すことに専心していた。

第十四章　コリント教会の亀裂

アポロ――最初の悪評《スキャンダル》

パウロはイエス信仰によってアジアの心を捉えようと自ら一大宣教を指揮しているあいだも、深刻な心配事に悩んでいた。自分が創りあげたすべての教会が気がかりで、気が重くなっていた。特にコリント教会が彼を憂慮させた。ケンクレアイの港を発ってから四、五年の間、様々な動きにこの教会は動揺し続けていた。ギリシャ人の浅薄さのためにキリスト教がかつて接触したどの地域にも発生しなかった現象が、持ち込まれていた。

前述のように、アポロはアキラとプリスキラがキリスト教の教育に専念していたエフェソに、短期間滞在した後、コリントに向けて出発したが、手にはアカイア州の兄弟に宛てたアジアの兄弟からの緊急の手紙があった。この新しい神学者の学識と雄弁はコリント人に大いに称賛された。聖書の知識においてアポロはパウロに肩をならべるほどであり、文学的教養の面ではパウロをはるかに越えていた。アポロの話すギリシャ語は見事だったが、パウロは間違いだらけだった。彼は、雄弁家というパウロには欠けた対外的な天賦の才と堂々とした押し出しがあり、また饒舌でもあったと思われる。確実に言えることは、彼がコリントで目ざましい成功をおさめたことだ。イエスがメシアなのかどうかの問題を俎上にのせて、ユダヤ人を相手に彼が行なった議論は非常に説得力があり、多くの者を改宗させた。

コリント人気質

この新宗門においてアポロとパウロは各々明確な個性を見せていた。両人ともイエスの教義を把握するためのユダヤ的手法にきわめて明るかった。が、彼らは違った学派から出てきた。パウロは、ガマリエルの自由な学風を取り入れて修正を加えたイスラエルのパリサイ学派から出た。アポロはフィロンによって知られているアレクサンドリアのユダヤ・ギリシャの学派から出た。彼はすでにロゴスの理論を教えていたようだし、この理論をキリスト教神学に導入した人物ではなかろうか。パウロには、興奮した熱意というか、パレスチナのユダヤ人を特徴づける並はずれた狂信《ファナティスム》があった。パウロのような性格の人物は一生に一度しか節を曲げないものだ。彼らは狂信《ファナティスム》の方向が一度きまると、わき目もふらず、なにも吟味せずまっしぐらに進む。アポロの方は、好奇心と探究心がより強く、いつも学ぶ姿勢をもっていた。使徒というよりむしろ才人《タレント》なのだ。だが色々な点から見て、彼はこの才能に加えて、深い誠意を合わせ持っており、ひじょうに魅力的な人物だったと思われる。コリントにやってきた時の彼は、それ以前にパウロに会ったことはなかった。彼がパウロを知ったのは、アキラとプリスキラを通じてだが、まもなく思いもよらずライヴァルになった。

軽薄で賑やかでうわすべりな地中海沿岸の住民にとって、反乱分子、党派、分派は社会の必要物である。これがなくては人生は退屈なのだ。憎んで、愛し、興奮し、やきもちをやき、時には小躍りするなどして満足感を味わおうと、なんとも子供じみたことにしばしば互に頑固になる。何のために分裂するのかは問題外である。意見の衝突を望み、論争自体を求めている。この種の社会では人事が最大の問題となる。南仏《ミディ》で説教師でも医者でもいいが二人がいるとしよう。するとどちらがすぐれているかで町は二分する。両人が、たとえ友人同士であっても両者の名前が激しい争いの種になり、敵対する両陣営の旗印になるのを本人たちも止めようがないのである。

コリントはこのような状況だった。アポロの才能に人々は夢中になっている。これはパウロのやりかたとまるっきり違う。パウロは力と情熱によって、燃える思いを強烈に印象づける。アポロは上品、正確、堅実に話す言葉そのものによるのだ。パウロをあまり好まず、たぶん彼によって改宗したのではない者たちは、だれはばかることなくアポロについた。彼らはパウロを無教養で粗野な男、哲学にも文芸にも無知な男と見ていた。アポロは彼らの神学者であり、彼らはアポロを妄信した。パウロに忠実な者は猛烈にこの新参学者に言い返し、やり込めたに違いない。パウロとアポロは、敵対などしておらず、おたがい協力者と思い、意見の相違もなかったにもかかわらず、二派が二人の名前を旗印にかかげ、双方の師の意思に反して、かなり激しくやりあっている。アポロが出発した後も、気まずさは尾を引いた。彼はやいやい言われることに嫌気がさしたのか、このような狭い了見のところを抜け出してコリントを去り、エフェソに戻った。そこではパウロに会い、長時間話し合い厚誼を結ぶが、それは弟子とか親密な友情の結びあいというものではなく、理解しあい愛しあうにふさわしい二つの偉大な魂の会合であった。

教唆する密使

ここで特別な内紛をおこす理由はこれだけではなかった。コリントは外国人が頻繁に行きかう地点である。ケンクレアイの港には、毎日のようにユダヤ人とシリア人が大挙して上陸し、そのある者はすでにクリスチャンであったが、パウロとは別の派で、彼にあまり好意的ではなかった。先に述べたように、アンティオキアとガラテヤ州でパウロを付け回していたイエルサレムの密使がコリントに到着していた。この新参の者たちは饒舌家で高慢でイエルサレムの使徒が発行した推薦状をもち、パウロに反対し、その誠実さが疑わしいと言い広め、彼の使徒の称号を貶めたり否定した。あげくの果てにはパウロは使徒として通常の特権を活用していないのだから、彼自身使徒とは思っていないと力説するような心ない仕打ちに及んだ。彼の私心のないところにつけ込んで攻撃した。移り気、軽薄、無定見、言い散らし、無意味な恫喝をする男だ、と言い触らしたり、何事にも自信たっぷりで、神の恵みとやらを持ちだすと彼を非難した。パウロが見た幻影も否定する。パウロはイエスを知らない、だからイエスについて語る資格はないと強調した。

これと同時に彼らはイエルサレムの使徒たち、とりわけヤコブとペテロが真の使徒、いわば大使徒《アルキアポートル》であると推輓《すいばん》した。イエルサレムから下ってきたというだけのことでこの新参者たちは、自分たちはヤコブやキリストが生前に選んだ者たちと関係があり、従って血肉においてキリストと縁つづきであると主張した。彼らの言い分は、神はただ一人の師すなわちキリストを定め、そのキリストが十二使徒を定めたということだ。彼らは割礼したこととユダヤの子孫であることを誇りとし、律法遵守のしめつけを最大限に求めた。このようにしてほとんどどこでもそうだが、コリントにも「ペテロ賛成」派がいた。分裂は深刻で、「私はパウロ側だ」とある者は言い、「いやアポロに賛成だ」「私はペテロ派だ」と別の者が言った。とうとう数人の者が争いを超えた精神を掲げてある霊的な言葉を編み出した。自分たちを指して「キリスト派」と称することを案出したのである。議論が白熱してパウロ、アポロ、ペテロの名が論争に飛び交ったとき、みんなが忘れていた名前を持ち出して割り込んだ、「私はキリストにつく」と。この古代ギリシャの若者たちは、土壇場に立ったときキリスト教の真の心情をないがしろにはしなかった。こうして蘇ったイエスへの思慕が、強力な効果を発揮して意見の一致がえられた。それでも「キリスト派」という呼称は、ある使徒(パウロ)への一抹の敵意と忘恩を含意していた。というのも「キリスト派」を「パウロ派」と対決させた者たちは、キリストの知識を授けてもらった、ある使徒の足跡を消したい思っているように見えるからである。

不条理と見られたパウロの説

異教徒との接触はこの若い教会に危険をもたらすものではすこしもなかった。危険はギリシャ哲学と、ある程度は教会を取り囲み、浸透し、いたるところを蝕んだ悪習から来た。前述したように、アテネにおいては哲学がパウロの伝道の進展を阻んでいた。コリントはアテネのように教養の高い町の足下にも及ばなかったものの、教育のある者も大勢いて、新しい教義をかなり冷たくあしらった。彼らの目には、十字架、復活、目前にせまった世界の革新などは愚劣で精神異常に思われたのである。多くの信徒が動揺した。無謀な調整を試みて福音を変質させる者もいた。実証科学とキリスト信仰の超自然的要素との間に妥協不能な争いが始まる。この争いは六世紀になってキリスト教世界から実証科学がまったく姿を消してしまうまで終わらなかった。これと同じ争いが近世初頭に再燃するだろう。

コリントに広まっていた不道徳は教会にも災厄を持ち込んだ。クリスチャンの多くにだらしない習慣がいきわたり、恥ずべきこととも思わなくなっており、ここから抜け出すことができなかった。聖者たちの集まりで不思議な、聞いたこともないスキャンダルの噂がたった。町の悪習が教会の塀を乗り越えて、内部を腐敗させたのである。婚姻に関するユダヤ人の規則は、キリスト教会のどの分派も強制的で絶対なものと認めていたが、これも破られた。あるクリスチャンが堂々と〝継母〟と同棲していたのだ。虚栄、軽薄、いさかい、嘆かわしい高慢が多くの者の心を支配していた。この共同体は世界に他の教会はないかのように、他を意に介さず、わが道を行った。ほんらい啓発を積み重ねた結果であるべき霊の賜物、異言、預言的説教、奇跡の賜物が、とんでもない場面《シーン》に堕してしまった。妬みあいがひどくなった。またさまざまな段階で霊感を受けた人が、不作法に相手をさえぎった。教会内部は異常な無秩序状態を呈した。よそではおとなしい女性がここでは大胆になり、男性と同じように言い張った。女たちは教会で大声を出して祈り、預言をし、ヴェールもかぶらず髪振り乱して、恍惚境に入った姿、あられもない陶酔、敬虔な放埒を参集者に見せつけた。

教会の腐敗が始まる

なかでもアガペないし神秘の祝宴には、目に余る狼藉《ろうぜき》が見られた。異教徒の供犠《くぎ》に引き続いて、ご馳走の場面が繰り返し見られた。皆で分け合うのではなく、めいめい持参したものを一人で食べた。ほとんど酔っぱらって席を立つ者もあれば、空腹をかかえている者もある。貧乏人は恥ずかしい思いをし、金持ちはすかんぴんの連中を蔑《さげす》んだらしい。イエスへの追憶もなく、この食事に彼が付与した高い意義も忘れ去られていた。それに教会の物質的条件もかなり悪く、病人は多くいたし、死んだ者もある。霊感を受けている最中に死んでしまった場合は大きな驚きと迷いが生じた。病気は試練ないし懲罰として受け取られていたからである。

イエスの業《わざ》からその徳を帳消しするのに四年もあれば足りたということだろうか。勿論そのようなことはない。ステファノスの家族のように模範的な例もあり、彼の家族は一丸となって教会奉仕に身を捧げ、伝道活動のかがみであった。しかしクリスチャン社会の事情はもう変化していた。末日の聖者の小教会は腐敗し軽薄で神秘感覚に乏しい世間の中に放り出された。当時すでに悪しきクリスチャンがいた！　もうアナニアと妻のサフィラがわずかばかりの財産を守っているからといって、ちぢみあがらせる時代ではなかった。イエスの聖なる宴は底抜け騒ぎと化したが、主のテーブルから酔っぱらって出ていった者を地が裂けて呑み込むこともなかった。

こうした噂が次々にパウロの耳に入ってきたから、悲しみで胸をふさがれた。噂も初めのうちは風紀について、なにか過ちがあっただけのことだった。パウロはこの件について手紙を書いているが、現存していない。彼は信徒たちに生活がみだらな者たちと付き合ってはならないと言う。悪意のある連中は、こんな指図は実行不可能と言わんばかりだった。彼らは言った、「コリントで完全無欠な者としか付き合うな、だって！……なに考えているんだ。コリントからだけじゃなく、世界から出てゆかねばならんじゃないか」。やむなくパウロは、この指示を再びとりあげて、説明している。

パウロが教会を騒がしているいざこざを知ったのは少し後のことで、たぶん四月に、「クロエ家の人たち」と呼ばれた兄弟からだった。丁度そのとき彼はエフェソを去ろうと考えていた。が、どういう理由か分からないが、彼はなおしばらくここに留まり、弟子のティモテに自分と同じ権限を授けて、多くの兄弟とりわけエラストという名の、コリント市の会計係とは同姓だが別人らしい男と共にギリシャに向け先発させた。彼らの旅行の主たる目的地はコリントにあったにもかかわらず、マケドニア州を経由している。パウロもこの道筋をとるつもりで、いつものように弟子たちを先に遣って自分がいくことを知らせておいた。

クロエからの報告のすぐ後、ティモテとその一行がコリントに到着する前に、かの町からまた送られてきた数人がパウロに会いにやってきた。助祭のステファナ、フォルトナト、アカイコで、パウロと非常に親密な三人である。ステファナはパウロの表現によると「アカイア州の初穂」で、アキラとプリスキラが出発してから後は、共同体の、少なくともパウロ派中の筆頭者だった。使者たちは手紙を持参しており、文面にはパウロが先に出した手紙の説明を求め、また自覚すべきさまざまなケース、とりわけ結婚、偶像に捧げられた肉、霊的実践、聖霊の賜物に関して解決法を求めていた。三名の使者はすでに始まっている悪癖を詳しく口頭で補足した。パウロはたいへん悩み、敬虔な使者たちの慰めの言葉がなければ、このような弱さと軽率さに対し怒りがこみ上げてきたことだろう。彼は出発の日取りを約二カ月先の五旬節《ペンテコステ》の後と決めていたが、マケドニア州経由でいこう思った。そうすると彼は三カ月先より早くコリントに着くことはできない。即座に彼は、病める教会に宛て手紙をしたため、問い合わせてきた質問に答えることにした。身近にティモテがいないので、ソステネという名の詳細不明の弟子を秘書に用いたが、こまやかな配慮をみせて手紙の表書きの自分の名にこの弟子の名前を書き添えるように望んだ。

コリント人への手紙

文頭、彼は和合を呼びかけ、謙遜な態度でその訓話の弁明から筆を起す。

あなたがたはめいめい、「わたしはパウロにつく」「わたしはアポロに」「わたしはケファに」「わたしはキリストに」などと言い合っているとのことではありませんか。キリストは幾つにも分けられてしまったのですか。パウロがあなたがたのために十字架につけられたのですか。あなたがたはパウロの名によって洗礼《バプテスマ》を受けたのですか。クリスポとガイオ以外に、あなたがたのだれにも洗礼《バプテスマ》を授けなかったことを、わたしは神に感謝しています。だから、わたしの名によって洗礼《バプテスマ》を受けたなどと、だれも言えないはずです。もっとも、ステファナの家の人たちにも洗礼《バプテスマ》を授けましたが、それ以外は誰にも授けた覚えはありません。なぜなら、キリストがわたしを遣わされたのは、洗礼《バプテスマ》を授けるためではなく、福音を告げ知らせるためであり、しかも、キリストの十字架がむなしいものになってしまわぬように、言葉の知恵によらないで告げ知らせるためだからです。十字架の言葉は、滅んでいく者にとっては愚かなものですが、わたしたち救われる者には神の力です。それは、こう書いてあるからです。「わたしは知恵ある者の知恵を滅ぼし、賢い者の賢さを意味のないものにする。」知恵のある人はどこにいる。学者はどこにいる。この世の論客はどこにいる。神は世の知恵を愚かなものにされたではないか。世は自分の知恵で神を知ることができませんでした。それは神の知恵にかなっています。そこで神は、宣教という愚かな手段によって信じる者を救おうと、お考えになったのです。ユダヤ人はしるしを求め、ギリシア人は知恵を探しますが、わたしたちは、十字架につけられたキリストを宣べ伝えています。すなわち、ユダヤ人にはつまずかせるもの、異邦人には愚かなものですが、ユダヤ人であろうがギリシア人であろうが、召された者には、神の力、神の知恵であるキリストを宣べ伝えているのです。神の愚かさは人よりも賢く、神の弱さは人よりも強いからです。

兄弟たち、あなたがたが召されたときのことを、思い起こしてみなさい。人間的に見て知恵のある者が多かったわけではなく、能力のある者や、家柄のよい者が多かったわけでもありません。

ところが、神は知恵ある者に恥をかかせるため、世の無学な者を選び、力ある者に恥をかかせるため、世の無力な者を選ばれました。また、神は地位のある者を無力な者とするため、世の無に等しい者、身分の卑しい者や見下げられている者を選ばれたのです。それは、だれ一人、神の前で誇ることがないようにするためです。……（Ⅰコリント　1　十二―二十九）

兄弟たち、わたしもそちらに行ったとき、神の秘められた計画を宣べ伝えるのに優れた言葉や知恵を用いませんでした。なぜなら、わたしはあなたがたの間で、イエス・キリスト、それも十字架につけられたキリスト以外、何も知るまいと心に決めていたからです。そちらに行ったとき、わたしは衰弱していて、恐れに取りつかれ、ひどく不安でした。わたしの言葉もわたしの宣教も、知恵にあふれた言葉によらず、〝霊〟と力の証明によるものでした。それは、あなたがたが人の知恵によってではなく、神の力によって信じるようになるためでした。

しかし、わたしたちは、信仰に成熟した人たちの間では知恵を語ります。それはこの世の知恵ではなく、また、この世の滅びゆく支配者たちの知恵でもありません。……わたしたちは、世の霊ではなく、神からの霊を受けました。それでわたしたちは、神から恵みとして与えられたものを知るようになったのです。そして、わたしたちがこれについて語るのも、人の知恵に教えられた言葉によるのではなく、〝霊〟に教えられた言葉によっています。つまり、霊的なものによって霊的なことを説明するのです。自然の人は神の霊に属する事柄を受け入れません。その人にとって、それは愚かなことであり、理解できないのです。霊によって初めて判断できるからです。霊の人は一切を判断しますが、その人自身は誰からも判断されたりしません。……

兄弟たち、わたしはあなたがたには、霊の人に対するように語ることができず、肉の人、つまり、キリストとの関係では乳飲み子である人々に対するように語りました。わたしはあなたがたに乳を飲ませて、固い食物は与えませんでした。まだ固い物を口にすることができなかったからです。いや、今でもできません。相変わらず肉の人だからです。おたがいの間にねたみや争いが絶えない以上、あなたがたは肉の人であり、ただの人として歩んでいる、ということになりはしませんか。ある人が「わたしはパウロにつく」と言い、他の人が「わたしはアポロに」などと言っているとすれば、あなたがたは、ただの人にすぎないではありませんか。アポロとは何者か。また、パウロとは何者か。この二人は、あなたがたを信仰に導くためにそれぞれ主がお与えになった分に応じて仕えた者です。わたしは植え、アポロは水を注いだ。しかし、成長させて下さったのは神です。ですから、大切なのは、植える者でも水を注ぐ者でもなく、成長させてくださる神です。……わたしたちは神のために力を合わせて働く者であり、あなたがたは神の畑、神の建物なのです。わたしは、神からいただいた恵みによって、熟練した建築家のように土台を据えました。そして、他の人がその上に家を建てています。ただ、おのおの、どのように建てるかに注意すべきです。イエス・キリストという既に据えられている土台を無視して、だれもほかの土台を据えることはできません。……あなたがたは、自分が神の神殿であり、神の霊が自分たちの内に住んでいることを知らないのですか。……だれも自分を欺いてはなりません。もし、あなたがたのだれかが、自分はこの世で知恵のある者だと考えているなら、本当に知恵のある者となるために愚かな者になりなさい。この世の知恵は、神の前では愚かなものだからです。「神は、知恵のある者たちを、その悪賢さによって捕らえられる」と書いてあり、また、「主は知っておられる、知恵のある者たちの論議がむなしいことを」とも書いてあります。ですから、だれも人間を誇ってはなりません。すべては、あなたがたのものです。パウロもアポロもケファも、世界も生も死も、今起こっていることも将来起こることも、一切はあなたがたのもの、あなたがたはキリストのもの、キリストは神のものなのです。……（Ⅰコリント　2　一―三・二十三）

わたしたちはキリストに仕える者、神の奥義を管理している者です……わたしはあなたがたにさばかれたり、人間の裁判にかけられたりしても、何ら意に介することはありません。わたしは自分をさばくこともしません……真にわたしをさばくかたは、主なのです。だから主がこられるまでは、何事についても先走りをしてはいけません。主は暗い中に隠れていることを明るみに出し、心の中で企てられていることを、あらわにされるであろう。その時には、神からそれぞれほまれを受けるであろう。（Ⅰコリント　4　一―五）

兄弟たち、あなたがたのためを思い、わたし自身とアポロとに当てはめて、このように述べてきました。それは、あなたがたがわたしたちの例から、「書かれているもの以上に出ない」ことを学ぶためであり、だれも、一人を持ち上げてほかの一人をないがしろにし、高ぶることがないようにするためです。……あなたがたは既に満足し、既に大金持ちになっており、わたしたちを抜きにして、勝手に王様になっています。いや、実際、王様になっていてくれたらと思います。そうしたら、わたしたちも、あなたがたと一緒に王様になれたはずですから。考えてみると、神はわたしたち使徒を、まるで死刑囚のように最後に引き出される者となさいました。わたしたちは世界中に、天使にも人にも、見せ物となったからです。わたしたちはキリストのために愚か者となっているが、あなたがたはキリストを信じて賢い者となっています。わたしたちは弱いが、あなたがたは強い。あなたがたは尊敬されているが、わたしたちは侮辱されています。今の今までわたしたちは、飢え、渇き、着る物がなく、虐待され、身を寄せる所もなく、苦労して自分の手で稼いでいます。侮辱されては祝福し、迫害されては耐え忍び、ののしられては優しい言葉を返しています。今に至るまで、わたしたちは世の屑、すべてのものの滓とされています。

こんなことを書くのは、あなたがたに恥をかかせるためではなく、愛する自分の子供として諭すためなのです。キリストに導く養育係があなたがたに一万人いたとしても、父親が大勢いるわけではない。福音を通し、キリスト・イエスにおいてわたしがあなたがたをもうけたのです。そこで、あなたがたに勧めます。わたしに倣う者になりなさい。テモテをそちらに遣わしたのは、このことのためです。彼は、わたしの愛する子で、主において忠実な者であり、至るところのすべての教会でわたしが教えているとおりに、キリスト・イエスに結ばれたわたしの生き方を、あなたがたに思い起こさせることでしょう。わたしがもう一度あなたがたのところへ行くようなことはないと見て、高ぶっている者がいるそうです。しかし、主の御心であれば、すぐにでもあなたがたのところに行こう。そして、高ぶっている人たちの、言葉ではなく力を見せてもらおう。神の国は言葉ではなく力にあるのですから。あなたがたが望むのはどちらですか。わたしがあなたがたのところへ鞭を持って行くことですか、それとも愛と柔和な心で行くことですか。(Iコリント 4 六―二十一)

以上のように一般的な護教論《アポロジー》を述べた後、報告をうけた悪風と自分に投げかけられた疑問のひとつひとつに取りかかる。そのひとつは、彼がきわめて深刻に受けとめた近親相姦についてであった。

現に聞くところによると、あなたがたの間にみだらな行いがあり、ある人が父の妻をわがものとしているとのことです。それにもかかわらず、あなたがたは高ぶっているのか。むしろ悲しんで、こんなことをする者を自分たちの間から除外すべきではなかったのですか。わたしは体では離れていても霊ではそこにいて、現に居合わせた者のように、そんなことをした者を既に裁いてしまっています。つまり、わたしたちの主イエスの名により、わたしたちの主イエスの力をもって、あなたがたとわたしの霊が集まり、このような者を、その肉が滅ぼされるようにサタンに引き渡したのです。（Ⅰコリント　5　一―五）

パウロが宣したのは死刑の判決で、これは疑いないところだ。放逐の効果に関して恐ろしい風評が流れていた。それにパウロは自分が奇跡をいろいろ行なっていると本気で信じていたことを思い起こして欲しい。罪人の体しかサタンに渡さないのだから、自分は寛大だと信じていたに違いない。パウロがコリントに宛てた前回の手紙（失われているが）の中で、みだらなことをする者との関係を絶つようにとの命令は誤解を招いていた。パウロは自分の考え方を詳しく述べる。キリスト教徒は部外者を評定してはならないが、内部の者については、厳しくなければならない。清廉に生きていく上でわずかばかりでも汚点があれば、その社会から追放されるに十分である。違反者と食事を共にしてはならない。お気づきのように、このような組織は、用語の近代的な意味では、教会というよりずっと修道院を、お互い監視し評価することに気を配っている敬虔な人々の修道会を、思い起こさせる。パウロの見解によると、教会全体が内部で犯された過失に責任を負うのである。こうした極端な厳格さは、他にも度が過ぎるきらいがあった古代社会でなら存在理由《レゾンデートル》がある。だが今日ではこのような美徳の考えは窮屈で、不自由であり、かつて「まっすぐな人」と呼ばれたかの人のモラル、すなわち他人の行いについて、能《あた》う限り頓着しないとするモラルの基本原則の逆をいくものだという気がする。――われわれが知りたいのはひとえに個人の品行に対する監視なしに社会が成り立っていけるものか、また近代のリベラリズムが執拗に排除した教会の規律に似たものを将来、再び持ちこむ恐れはないか、である。

　パウロによると道徳的に完全な理想の人とは、優しさ、正直、純潔、節度、隣人愛、無欲、こういう美徳を備えた人物のことである。クリスチャンであるためには、地位の卑下と清貧が必要だというに近い。「けち、強欲、盗み」の言葉は同義語に近く、少なくともこれらが意味する悪徳は、同じ非難の対象なのだ。上流社会《ハイソサイエティ》に対するこの小共同体側の毛嫌いは異常であった。パウロは、この点でユダヤ教の伝統にのっとり、正義にもとる者による裁判に訴えることを信者にあるまじき行いとして非難する。

　あなたがたの間で、一人が仲間の者と争いを起こしたとき、聖なる者たちに訴え出ないで、正しくない人々に訴え出るようなことを、なぜするのです。あなたがたは知らないのですか。聖なる者たちが世を裁くのです。世があなたがたによって裁かれるはずなのに、あなたがたにはささいな事件すら裁く力がないのですか。わたしたちが天使たちさえ裁く者だということを、知らないのですか。まして、日常の生活にかかわる事は言うまでもありません。それなのに、あなたがたは、日常の生活にかかわる争いが起きると、教会では疎んじられている人たちを裁判官の席につかせるのですか。あなたがたを恥じ入らせるために、わたしは言っています。あなたがたの中には、兄弟を仲裁できるような知恵のある者が、一人もいないのですか。兄弟が兄弟を訴えるのですか。しかも信仰のない人々の前で。そもそも、あなたがたの間に裁判沙汰があること自体、既にあなたがたの負けです。なぜ、むしろ不義を甘んじて受けないのです。なぜ、むしろ奪われるままでいないのです。それどころか、あなたがたは不義を行ない、奪い取っています。しかも、兄弟たちに対してそういうことをしている。（Ⅰコリント　6　一―八）

危機迫る日々の男女関係

男女の自然な関係をどのように規制するかは、たいへん深刻な問題となった。パウロは「コリント人への手紙」をしたためたとき、ずっとこのことを心配していた。パウロの冷静さは、彼のモラルを理に適ったものとしたが、修道士のような厳格なものだ。性的誘惑は、彼に言わせると悪なのであり、恥ずべきものである。誰もそれを抑制できないから、規制しなければならない。聖パウロにとって自然は悪であり、神の恵みは、自然に異議を唱えこれを制御することにある。もっとも彼は、人が肉体に払うべき敬意を美しい言葉で表現している。すなわち神は肉体をよみがえらせるだろう、信者の身体は聖霊の寺院であり、キリストの手足であると。キリストの手足を娼婦の手足に用いるとは、なんという罰当たりか。貞潔が最もよく、純潔は完全な状態であって、結婚は必要悪として認められる。ただし、約束が交わされたならば、二人は相互に平等の権利をもつ。婚姻関係の中断は、一定期間の、信仰上の義務による他は禁止される。離婚は禁止される、ただし混宗婚の場合であって信者でない者が先に遠ざかった場合はこの限りではない。

キリスト教徒と信心でない者との結婚は継続してもよい。信者の妻は信者でない夫を、信者の夫は信者でない妻を尊ぶべきことは、子供が両親により聖なるものとして尊ばれるのと同じである。また一方が信者なら他方を改宗させるのが望ましい。しかし再婚はクリスチャンどうしでのみ行なうことができる。このような問題はすべて、実に奇妙な状況下で提起された。というのも人々は世界は今にも終りを告げると信じていたのだから。当時の危機的状態の下では妊娠も子供の養育も異常なことと考えられた。宗派内ではあまり結婚は行なわれなかった結果、入会した者たちにとって困ったことに、その娘たちをかたづけることができなくなった。これは当をえないし、また慣行にもとると多くの者が不平をもらした。もっと大きな悪を抑えるため、また年いった娘を抱えた父親を斟酌して、パウロは結婚を認めてはいる。が、彼はこのような事情についてさげすみと嫌悪を隠そうとしない。不愉快で、面倒ばかりで、屈辱的だと考えていたのである。

定められた時は迫っています。今からは、妻のある人はない人のように、泣く人は泣かない人のように、喜ぶ人は喜ばない人のように、物を買う人は持たない人のように、世の事にかかわっている人は、かかわりのない人のようにすべきです。この世の有様は過ぎ去るからです。思い煩わないでほしい。独身の男は、どうすれば主に喜ばれるかと、主のことに心を遣いますが、結婚している男は、どうすれば妻に喜ばれるかと、世の事に心を遣い、心が二つに分かれてしまいます。独身の女や未婚の女は、体も霊も聖なる者になろうとして、主のことに心を遣いますが、結婚している女は、どうすれば夫に喜ばれるかと、世の事に心を遣います。このようにわたしが言うのは、あなたがたのためを思ってのことで、決してあなたがたを束縛するためではなく、品位のある生活をさせて、ひたすら主に仕えさせるためなのです。（Ｉコリント　7　二十九―三十五）

宗教的高揚はいつも、このような心情を生むものだ。しかしながら、これと逆に独身に反対をとなえ、結婚を義務に昇格させた正統ユダヤ教にも、パウロと同じような理を説く教師たちがいた。「どうして結婚などしようか」とラビのベン・アザイは言う、「わたしは律法を愛している。世の中は他の者たちで続けていけるじゃないか」。後日のことのようにみえるが、パウロはこの問題についてずっと妥当な考えを表明し、男女の契りにキリストと教会の愛のシンボルを見て、結婚に関する最高の法として男性側の愛と、女性側の従順を定めた。彼は両性の神秘な魅力が神の美の哲学的物語によって説き明かされている『創世記』の美しいページを思い起こしている。

偶像に供えた肉について

異教徒が偶像に供えた肉の問題は、聖パウロの偉大な良識により解決された。ユダヤ・キリスト教徒は、そのような肉には絶対手をつけてはならないとゆずらず、イエルサレムの公会議で、なんぴともこれを避けるよう申し合わせたようだ。パウロはもっと闊達だった。彼によれば、生贄に捧げられた獣の一片の肉をどうこう言っても、とりたてて意味がない。いつわりの神々など何でもないのだから、そんなものに捧げた肉で汚れることはない。だから市場に並べられた肉の一切れの素性を聞くまでもなく、どれでも買ってよい。一つだけ留意すべきは、これは偶像崇拝であるとする明確な自覚である。賢明な者は原則だけに頼るのではなく、慈愛《シャリテ》によって自らを律しなければならない。それが許されていると知っていても、自らは慎まなければならない、なぜなら弱い者たちを罪に誘うからだ。知識は人を慢心させ、慈愛は向上させる。識者はどのようにもできようが、すべてのことが当を得たものでもなく、すべてのことが益になるわけでもない。自分のことを考えるだけでなく、他人のことを考えなければならない。これはパウロの持論であり、小心な人々を考慮してその生涯でパウロ自身少しも重んじていない戒律を遵守したエピソードがよくあったわけを説明している。彼は言った、「私が食べている肉が、まったく無実であるのに、私の兄弟の眉をひそめさせているというなら、わたしは今後いっさい肉を食べることをやめる」。

しかし信者の中には　すこし行き過ぎる者もいた。彼らは家族のつきあい上、やむなく供犠《くぎ》のあと、聖所で行なわれる宴会に参加していた。パウロはこの慣習を非難し、お得意の理論を展開して、今しがた彼が認めた原則とは異なる原則から説きおこす。諸国の神々は悪霊《デーモン》である。その供犠《くぎ》に参加することは、悪霊《デーモン》と交わることだ。だれも主のテーブルと悪魔《デーモン》のテーブルの両方に着いたり、主の杯と悪魔《デーモン》の杯の両方で飲むことはできない。家で催す宴会なら同じ結果をもたらすことにはならない。宴会に行くことを拒否すべきでないし、肉の出処を心配すべきでもない。ただある肉が神々に捧げられ、そのために非難を受けるだろうと人に聞かされたら、控えればよい。一般に、ユダヤ人、異教徒、クリスチャンにとって、躓《つまず》きの石になりかねないものには留意すべきであり、また自己の権利を保持しつつも、他者の自由に譲るように行動すべきなのである、つまりすべての人を喜ばすよう努めるべきだとした。

（わたしをご覧なさい）、わたしは自由な者ではないか。使徒ではないか。わたしたちの主イエスを見たではないか。あなたがたは、主のためにわたしが働いて得た成果ではないか。他の人たちにとってわたしは使徒でないにしても、少なくともあなたがたにとっては使徒なのです。あなたがたは主に結ばれており、わたしが使徒であることの生きた証拠だからです。わたしを非難する人たちには、こう弁明します。わたしたちには、食べたり、飲んだりする権利が全くないのですか。わたしたちには、ほかの使徒たちや主の兄弟たちやケパのように、信者である妻を連れて歩く権利がないのですか。バルナバとわたしだけにはこの権利がないのですか。いったい自分で費用を出して軍隊に加わるものがあろうか。ぶどう畑を作っていて、その実を食べないものがあろうか。羊を飼っていて、その乳を飲まないものがあろうか。……わたしたちがあなたがたに霊的なものを蒔いたのなら、あなたがたから肉のものを刈り取ることは行き過ぎでしょうか。他の人たちが、あなたがたに対するこの権利を持っているとすれば、わたしたちはなおさらそうではありませんか。しかし、わたしたちはこの権利を用いませんでした。かえってキリストの福音を少しでも妨げてはならないと、すべてを耐え忍んでいます。……では、わたしの報酬とは何でしょうか。それは、福音を告げ知らせるときにそれを無報酬で伝え、福音を伝えるわたしが当然持っている権利を用いないということです。

わたしは、だれに対しても自由な者ですが、すべての人の奴隷になりました。できるだけ多くの人を得るためです。ユダヤ人に対しては、ユダヤ人のようになりました。ユダヤ人を得るためです。律法に支配されている人に対しては、(わたし自身はそうではないのですが)、律法に支配されている人のようになりました。律法に支配されている人を得るためです。(また、わたしは神の律法を持っていないわけではなく、キリストの律法に従っているのですが)、律法を持たない人に対しては、律法を持たない人のようになりました。律法を持たない人を得るためです。弱い人に対しては、弱い人のようになりました。弱い人を得るためです。すべての人に対してすべてのものになりました。何とかして何人かでも救うためです。……あなたがたは知らないのですか。競技場で走る者は皆走るけれども、賞を受けるのは一人だけです。あなたがたも賞を得るように走りなさい。競技をする人は皆、すべてに節制します。彼らは朽ちる冠を得るためにそうするのですが、わたしたちは、朽ちない冠を得るために節制するのです。だから、わたしとしては、やみくもに走ったりしないし、空を打つような拳闘もしません。むしろ、自分の体を打ちたたいて服従させます。それは、他の人々に宣教しておきながら、自分の方が失格者になってしまわないためです。

（Ⅰコリント　8　一―九・二十七）

パウロの考える女性の役割

教会内の女性の役割について、人々はパウロが問題を一刀両断に解くことを期待した。彼はコリントの女性の不遜な試みを叱責し、他の共同体と同じようにするよう勧告している。婦人は教会の中で、けっして喋っても、質問してもならない。異言能力は女にはない。夫に従うべきである。もし女が何かを知りたいなら、家で夫に聞きなさい。婦人が教会でヴェールを着けずにいるのは、丸刈りしたり剃ったりして来るのとおなじくらい恥ずべきことである。なおヴェールは天使のためにも必要とされる。神の用事で現われた天使たちが、女性の髪を見て気をそそられたり、少なくとも聖者の祈りを神に運ぶ天使が任務についているとき、気が散る恐れがあると推察したものだ。

すべての男の頭はキリスト、そして女の頭は男、そしてキリストの頭は神であるということです。……男は神の姿と栄光を映すものですから、頭に物をかぶるべきではありません。しかし、女は男の栄光を映す者です。というのは、男が女から出てきたのではなく、女が男から出てきたのだし、男が女のために造られたのではなく、女が男のために造られたのだからです。……すべ

てのものが神から出ているからです。（Iコリント 11 三―十二）

主の食事

「主の食事」に関する見解は、おおきな史的意義をもっている。この食事はキリスト教信仰においてますます核心となっていく。またイエスその人を人々は食べるのだという理念《イデー》がますます広まった。これが隠喩《メタフォール》であることは言うまでもない。だが隠喩は、当時のクリスチャン用語では、現実と截然と異なったものではなかった。いずれにしても、この秘跡《サクラメント》は、すぐれて一体化と愛の秘跡《サクラメント》だった。

わたしたちが神を賛美する賛美の杯は、キリストの血にあずかることではないか。わたしたちが裂くパンは、キリストにあずかることではないか。パンは一つだから、わたしたちは大勢でも一つの体です。皆が一つのパンを分けて食べるからです。肉によるイスラエルの人々のことを考えてみなさい。供え物を食べる人は、それが供えてあった祭壇とかかわる者になるのではありませんか。……わたしがあなたがたに伝えたことは、わたし自身、主から受けたものです。すなわち、主イエスは、引き渡される夜、パンを取り、感謝の祈りをささげてそれを裂き、「これは、あなたがたのためのわたしの体である。わたしの記念としてこのように行ないなさい」と言われました。また食事の後で、杯も同じようにして、「この杯は、わたしの血によって立てられる新しい契約である。飲む度に、わたしの記念としてこのように行ないなさい」と言われました。だから、あなたがたは、このパンを食べこの杯を飲むごとに、主がこられるときまで、主の死を告げ知らせるのです。従って、ふさわしくないままで主のパンを食べたり、その杯を飲んだりする者は、主の身体と血に対して罪を犯すことになります。だれでも、自分をよく確かめたうえで、そのパンを食べ、その杯から飲むべきです。主の体のことをわきまえずに飲み食いする者は、自分自身に対する裁きを飲み食いしているのです。（Ⅰコリント 11 二十三—二十九）

主の食事という高い聖性を見誤ることにより受ける裁きは、永遠の地獄落ちではない、それは一時的な試練、ないし死ではあるが、その死によってしばしば魂が救済される罪滅ぼしなのだ。パウロは付け加えて言う、「あなたがたの間に弱い者や病人がたくさんおり、多くの者が死んだのです。わたしたちは、自分をわきまえていれば、裁かれはしません。裁かれるとすれば、それは、わたしたちが世と共に罪に定められる（すなわち永遠の劫罰）ことが無いようにするための、主の懲らしめなのです」。今のところ、パウロは愛餐《アガペー》に列席する者たちが、たがいに待ち合わせること、空腹なら家で食事をすませておくこと、そして主の食事が秘儀であることを心得るよう命ずるにとどめた。余のことは彼が行ってから解決することとした。

霊の顕現の理論

次にパウロは霊の顕現の理論を展開する。「賜物《カリスマタ》」、「勤め《ディアコニア》」、「働き《エネルゲマタ》」の定義は明確ではないが、これらに序列《ヒエラルシー》を与え、超自然的作用がすべて形をとって現れる十三の機能を振り分けた。三機能は明確に割当られ、相互に従属し合う。すなわち、①使徒の役割、②預言者の役割、③教師の役割がこれである。次に「賜物」「勤め」ないし「働き」がくるが、それほど高い永続的な性格のものではなく、霊の不断の出現に役立つものだ。これらは次の機能をもっている。すなわち⑴賢者の言葉、⑵知恵の言葉、⑶信仰、⑷治癒の贈り物、⑸奇跡を行なう力、⑹霊の識別、⑺色々な外国語を話す賜物、⑻いろいろな外国語で話された言葉の翻訳、⑼隣人愛のわざ、⑽管理。すべて以上の機能は善く、有用であり、必要なもので、互いに見下げたり、羨んだりするようなことがあってはならない、それらは同じ源から発している。すべての「賜物《カリスマタ》」は〝聖霊〟からくる、すべての「勤め《ディアコニア》」はキリストに由来する、すべての「働き《エネルゲマタ》」は神から出ている。身体は、いくつもの構成部分からなっているが、一つのものであり、機能の分化は身体の場合と同じく教会内にも必要である。諸機能は、あたかも目が手なしでは、頭が足なしではすまされないように、互いに無しではすまされない。したがって、これらのものどうし嫉妬するのは当を得ない。それらは威信において同等ではないが、まぎれもなく、それぞれがもっとも非力な構成物でありつつ、もっとも必要としている。それらはつつましい構成部分であるが、最大限に尊敬され各々大事にされる。神は身体内に分裂や嫉妬が生じないように、相互補完させようと考えられた。構成物は、互いに心配しあうべきである。一つが苦しめば全体が苦しむ。一つの栄光と栄誉は、他の栄光と栄誉なのだ。そもそも張り合って何になるか。すべてものに一つの道が開けており、その道は最善のものであり、他よりもはるかに優れた恵みなのだ。

賛嘆すべきページ

まことの預言者の霊気にさそわれて、パウロはいましがた口にした錯綜した思考と逸脱を一気にとび越えて、賛嘆すべき一ページを筆にした。これこそ全キリスト教文学を通じてならぶもののない短章、イエスの講話に肩を並べるページである。

たとえ、人々の異言、天使たちの異言を語ろうとも、愛がなければ、わたしはさわがしい銅鑼《どら》、やかましいシンバル。たとえ、預言する賜物を持ち、あらゆる神秘とあらゆる知識に通じていようとも、たとえ、山を動かすほどの完全な信仰をもっていようとも、愛がなければ、無に等しい。全財産を貧しい人々のため使い尽くそうとも、誇ろうとしてわが身を死に引き渡そうとも、愛がなければ、わたしに何の益もない。

愛は忍耐強い。愛は情け深い。ねたまない。愛は自慢せず、高ぶらない。礼を失せず、自分の利益を求めず、いらだたず、恨みを抱かない。不義を喜ばず、真実を喜ぶ。すべてを忍び、すべてを信じ、すべてを望み、すべてに耐える。
愛は決して滅びない。預言は廃れ、異言はやみ、知識は廃れよう。わたしたちの知識は一部分、預言も一部分だから、完全なものが来たときには、部分的なものは廃れよう。幼子だったとき、わたしは幼子のように話し、幼子のように思い、幼子のように考えていた。成人した今、幼子のことを棄てた。わたしたちは、今は、鏡におぼろに映った*ものを見ている。だがそのときには、顔と顔とを合わせて見ることになる。わたしは、今は一部しか知らなくとも、そのときには、はっきり知られているようにはっきり知ることになる。それゆえ、信仰と、希望と、愛、この三つは、いつまでも残る。その中で最も大いなるものは、愛である。

臨床心理学に通じておれば、さらにすこし進んで、このように言っただろう、「兄弟たちよ、もう幻覚にとらわれないように。このような片言、陶酔、奇跡はあなたがたの子供時代の夢なのです。絵空事でないもの、永遠なるもの、これをわたしは今説いたのです」。だが、そうしておれば彼は時代にそぐわなかった、彼が成しとげたことも成らなかっただろう。崩れることのない宗教的な永遠の真理と、初期の夢想として崩落する真理と、この両者を見事に区別して述べたことは、それだけでも大したことではないか。「文字は殺すが、霊は生かす」（Ⅱコリント 3 六）、こう書き残しただけでも、不朽なものを見事に捉えたと言えないだろうか。皮相なところにとどまっている者や、初期教会の奇怪なお唱えの声にかき消されて、二、三の絵空事の恵みを得るため勤《ディアコニア》めと賜物《カリスマタ》にかまけ、苦しむ者の世話、極端に貧しき者への、相互扶助があることを、忘れていた者に不幸あれ。

パウロは最後にこれらの職能を、つつましい事柄として列挙している。ここでも彼は鋭く真実をこう見ているのだ、「注意しなさい、ほんとうのところは最も立派でない者が最も尊敬される者なのです」。預言者、異言を語る者、学者よ、あなたがたは消えてなくなるだろう。執事、献身的なやもめ、教会財産の管理人たちよ、あなたがたは消えずに残っていくでしょう。あなたがたは永遠のために築いていているからです。

* 古代の鏡は明瞭に映らなかった。La Bible Osty p. 2410 の註。

** 「神から知られているのに。」（ガラテヤ4　九）

霊の識別

霊的行いに関する規定の詳細を読むと、パウロの実務的な気配りが分かる。彼は明確に預言を言葉の賜物よりも上位に置いている。異言を拒否こそしないが、彼はこの問題に非難にも等しい見解を述べる。異言する者は人間に話しているのではない。彼は神に語っている。誰も彼を理解しないし、自分を教化しているだけだ。一方預言者は、すべての者の教化と慰めに役立っている。異言はそれが翻訳されたとき、つまり、特別に才能に恵まれた他の信者が仲を取り持ち、意味を明らかにしたときに限り通用する。それだけでは、不明瞭な音楽といったところだ。笛やキタラ（ギリシャの撥弦楽器）の音はしても、その楽器が何の曲を演じているか分からないようなものだ。いわばかすれたトランペットの音だ。音が出たところで明瞭なところがまったくなければ、誰もこの不明確な合図に従わないし、戦闘の準備もしないだろう。言葉ははっきり発音されなければ、ただ空気の振動に過ぎない。理解不能な言葉による演説は、知性にとっては無に等しい。このように解釈のない異言はありえない。更に言えば、異言はそれ自体では不毛なのだ。異言をもってしては理性は実を結ばないのであり、祈りは異言と別個に心中で行われるべきである。

仮に、あなたが霊で賛美の祈りを唱えても、教会に来て間もない人は、どうしてあなたの感謝に「アーメン」と言えるでしょうか。あなたが何を言っているのか、彼には分からないからです。あなたが感謝するのは結構ですが、そのことで他の人が造り上げられるわけではありません。わたしは、あなたがたのだれよりも多くの異言を語れることを、神に感謝します。しかし、わたしは他の人たちをも教えるために、教会では異言で一万の言葉を語るより、理性によって五つの言葉を語る方をとります。

兄弟たち、物の判断については子供となってはいけません。悪事については幼子となり、物の判断については大人になってください。……教会全体が一緒に集まり、皆が異言を語っているところへ、教会に来て間もない人か信者でない人が入って来たら、あなたがたのことを気が変だと言わないでしょうか。反対に、皆が預言しているところへ、信者でない人か、教会にきて間もない人が入って来たら、彼は皆から非を悟らされ、皆から罪を指摘され、心の内に隠していたことが明るみに出され、結局、ひれ伏して神を礼拝し、「まことに、神はあなたがたの内におられます」と皆の前で言い表わすことになるでしょう。

兄弟たち、それではどうすればよいだろうか。あなたがたは集まったとき、それぞれ詩編の歌をうたい、教え、啓示を語り、異言を語り、それを解釈するのですが、すべてはあなたがたを造り上げるためにするべきです。異言を語る者がいれば、二人かせいぜい三人が順番に語り、一人に解釈させなさい。解釈する者がいなければ、教会では黙っていて、自分自身と神に対して語りなさい。預言する者の場合は、二人か三人が語り、他の者たちはそれを検討しなさい。座っている他の人に啓示が与えられたら、先に語りだしていた者は黙りなさい。皆が共に学び、皆が共に励まされるように、一人一人が皆、預言できるようにしなさい。預言者に働きかける霊は、預言者の意に服するはずです。神は無秩序の神ではなく、平和の神だからです。……わたしの兄弟たち、こういうわけですから、預言することを熱心に求めなさい。そして、異言を語ることを禁じてはなりません。しかし、すべてを適切に、秩序正しく行ないなさい。（Iコリント　14　十六―四十）

異言者が発する奇妙な声に混じって、ギリシャ語、シリア語、「アナテマ」と「マラナ・タ」の声、イエスと主のみ名の叫びが飛び交って、普通の人は肝をつぶした。この件について相談を受けたパウロは「霊の識別」を適用して、意味のわからない言葉を、聖霊からきたものと、そうでないものとに判別することにつとめている。

死者の復活

復活と間近に迫ったこの世の終り、という初期教会の基本的なドグマが、手紙の中で相当部分を占めている。パウロはこれを八、九回も繰り返し取り上げた。革新は火によって実現されるだろう。聖者が世界の審判者にならう、天使さえも。キリスト教のドグマの中でも復活は、ギリシャ精神から最も嫌悪されたが、特に重視された案件であった。イエスの復活、間近い彼の再臨、及び彼が行なうだろう革新については多数の者は全面的に認めたが、死者の復活は信じなかった。共同体の中で死者がでると、彼らにとっては、これは言語道断な事態であり、困りはてた。パウロは彼らの方が矛盾していると証明する労をおしまない。すなわちもし死者が復活しないなら、キリストもまた復活していないし、すべての希望は空しい。クリスチャンは人間でもっともみじめな者となり、真の賢者はこう言うだろう、「食べて、飲もう。明日は死んでしまうのだから」。イエスの復活はすべての者の復活を保証するものなのだ。イエスは道を開き、弟子たちは彼の栄光ある顕現の日までイエスにつき従うだろう。こうしてキリストの治世が始まり、彼以外のすべての権勢は取り上げられる。死は彼が屈伏させるべき最後の敵となる。万物を服従させてきた神を除いて、すべての者はイエスに従うだろう。そこで神の子はただちに神を讃え、神がすべてのすべてであるよう神に服従するだろう。

しかし、死者はどんなふうに復活するのか、どんな体で来るのか、と聞く者がいるかもしれません。愚かな人だ。あなたが蒔くものは、死ななければ命を得ないではありませんか。あなたが蒔くものは、後でできる体ではなく、麦であれ、他の穀物であれ、ただの種粒です。神は、御心のままに、それに体を与え、一つ一つの種にそれぞれ体をお与えになります。どの肉も同じ肉だというわけではなく、人間の肉、獣の肉、鳥の肉、魚の肉と、それぞれ違います。天上の体と地上の体があります。しかし、天上の体の輝きと地上の体の輝きとは異なっています。太陽の輝き、月の輝き、星の輝きがあって、それぞれ違いますし、星と星との間の輝きにも違いがあります。死者の復活もこれと同じです。蒔かれるときは朽ちるものでも、朽ちないものに復活し、蒔かれるときは卑しいものでも、輝かしいものに復活し、蒔かれるときには弱いものでも、力強いものに復活するのです。つまり、自然の命の体が蒔かれて、霊の体が復活するのです。……わたしはあなたがたに神秘を告げます。わたしたちは皆、眠りにつくわけではありません。わたしたちは皆、今とは異なる状態に変えられます。最後のラッパが鳴るとともに、たちまち、一瞬のうちにです。ラッパが鳴ると、死者は復活して朽ちない者とされ、わたしたちは変えられます。この朽ちるべきものが、朽ちないものを着、この死ぬべきものが死なないものを必ず着ることになります。この朽ちるべきものが朽ちないものを着、この死ぬべきものが死なないものを着るとき、次のように書かれている言葉が実現するのです。「死は勝利に飲み込まれた。死よ、お前の勝利はどこにあるのか。死よ、お前のとげはどこにあるのか。」……わたしたちの主、イエス・キリストによってわたしたちに勝利を賜る神に、感謝しよう。（Ⅰコリント 15 三十五―五十七）

悲しいかな、キリストはやって来なかった。みんな次々と死んでいった。大いなる再臨の日まで生きのびる者の一人になると信じていたパウロにもまた死が巡ってきた。だからといって、どうして信仰も期待もなくならなかったかについては後述する。この聖なる教義《ドグマ》を論評して、どんな経験を、たとえ不快な経験であれ持ち出してきても、人類を納得させないだろう。無理もない、人はこのドグマに慰めと歓びを求めていた、それもいわれもなくはないのだから。われわれが後になって、こうした期待は誇張されていたと、気がつくのはやさしい。希望をわかち持った者たちには先見の明がなくて、むしろ幸せだったとも言える。パウロはわれわれに率直に言う、もし復活が当てにできないとしたら、自分は卑俗な快楽に熱中して、安穏な市民生活を送るだろうと。マルクス・アウレリウスやスピノーザのような第一級の賢人は更に進めて見返りの希望なしに、もっとも高い徳を行なったのである。ただし大衆は果断な英雄では決してない。自分たちは死なないという確信を抱いた一世代が必要だった。莫大な献身とキリスト教をきずくための犠牲とを人々に求めるには、どでかい見返りがすぐ受け取れるという魅力を必要とした。だから間もなく神の国が出現するという大いなる絵空事《キメラ》が、新興宗教を創始する母なる想念であった。もろもろの必然がこの信念の形を変えていったが、これについては追って述べる。五四年から五八年にかけて、この確信はもっとも濃密な段階に達していた。当時、書かれたパウロの手紙はすべて、〝心にしみ通った〟のである。シリア語の二字「マラナ・タ（主は今に来られる）」はクリスチャンの同志であることを確認する合言葉であった。彼らはこの心踊る言葉を投げ交わした、希望を胸にして励ましあいながら。

第十五章　第三次の旅（続）――多額の募金、エフェソを出立

いつものように、パウロは手紙の末尾に次のように書き添えた。

わたしパウロが、自分の手で挨拶を記します。主を愛さない者は、神から見捨てられるがいい、マラナ・タ。（Ⅰコリント　15　二一―二二）

コリント人からの手紙を持って彼の許にやってきていたステファナ、フォルトナ、アカイコに彼は手紙を託した。この三名の使者はコリントにティモテとほとんど時を同じくして到着するだろうとパウロは考えていた。弟子ティモテの若さと引っ込み思案が、からかい好きのコリントの社会で悪く受けとられるのではないか、彼に権威を十分に発揮させないのではなかろうか、とパウロは危惧していた。皆がティモテを自分と同じように扱ってくれるよう切に頼み、できるだけ早く自分の許に送り返して欲しいと書いた。この大事な道連れなしでエフェソを発つ気はなかった、それほど

彼はパウロになくてはならぬ人になっていた。

パウロはアポロにステファナと一緒に、コリントに帰るよう強く促した。が、アポロは出発をむしろ先送りしようと思っていた。これを機に、彼の消息は不明となる。ただ伝承は、彼をパウロの弟子として引き続き扱っている。思うに、彼はユダヤ教の博識と品のよい話しぶりをキリスト教の教義に役立てて、伝道の生涯を続けたのであろう。

その間もパウロは果てしなく伝道計画をねっていたが、これは霊から告げられたものだと、いつものならわしで信じていた。一筋の活動に日頃いそしんできた者にありがちなことがパウロにも起こる。人生を大きく占めてきたものなしでは、もうおれなくなった。漂泊の思いやまず、その機会をねらっていたのである。マケドニア、アカイア州をいま一度見て、次に再びイエルサレムを訪ね、さらにイタリアやスペインのように遠く、布教がまだ手つかずの国々に新たな伝道《ミッション》に出発したい、ローマに行きたいという思いは熾烈だった。「ローマを見なくてはならない」が口癖だった。キリスト教の中心はやがて、ローマになる、あるいは少なくとも決着をつける事件はその地で起こることを彼は見抜いていた。一年も前から温めてきたイエルサレムへの旅はいま一つ別の腹案に結びついたものだ。

愛の貯蓄

イエルサレム教会の嫉妬深く、傷つきやすい心を鎮めるためと、西暦五一年に会見した際に取り交わした和解条件のひとつを果たすためもあって、パウロは小アジアとギリシャの教会において多額の募金集めにとりかかった。前述したように、地方教会のユダヤの教会への依存関係を明示するものとして寄進の義務があった。イエルサレム教会は、その構成員たちの不手際もあって、いつも窮乏状態だった。内部には乞食がひしめいていた。もっと古代に遡ってユダヤ人社会を特徴づけていたものは、内に裕福な者も貧困な者もないことであった。二、三世紀前からイエルサレムには金持ちと、当然ながら貧乏者がでてきた。世俗文明に背を向けた本来のユダヤ人は日毎に丸裸になっていった。この町はアグリッパ二世の公共事業にありつこうと、飢えた石工であふれた。数千の職人の失業をそのままほっておけないというだけで、建造物のとりつぶし作業が行なわれた。使徒たちも取り巻きたちも世間一般とひとしくこのような状況に苦しんでいた。大司教の教会に従属する活発で勤勉な諸教会は、こうした聖なる人達が飢え死にするのを阻止しなければならない。ユダヤの兄弟たちからの要請をじれったい思いで負担しながらも、地方では彼らの主導権と貴人の呼称とを認めていた。パウロも彼らに対して最大限の敬意を払っており、信徒に言った、「あなたがたはそうする義務もあるのです。異邦人はその人たちの霊的なものにあずかったのですから、肉のもので彼らを助ける義務があります」。世界各地のユダヤ教徒がイエルサレムに寄附金を送る習慣は古くからあり、これを踏襲したものだ。パウロみずから巨額の募金を持参すれば、援助も受けず大仕事をやっているのに渋々しか認めてくれない古い教会の受けが良くなるだろう、また飢えて痩せ細っている気高い面々には、またとない恭順のしるしに映るだろう、そう彼は考えた。これほどまでの気前のよさ、親愛の情、恭順を示す者を、どうして離教者とか反乱者呼ばわりできようか。

パウロは五六年から募金を組織し始めた。まずコリントに、次にガラテヤ、また疑いなく他の教会にもその旨手紙を書き送った。新たな『コリント人への手紙』に彼はこの件を再度取り上げている。小アジアとギリシャの教会はゆとりがあったものの、大きな財産があったわけではない。彼は自分がかつて住んだ国の日常のつつましさを知っていた。諸教会に重い負担をかけまいと思いながら、自分の食物と生活費の難儀さを縷々述べているが、これは、余儀なくささいなことにこだわる貧者の心配を彼自身も共有していたことを証明している。もし彼が募金の徴収にゆく迄ギリシャの教会が待っていたら、間にあわない。そこで、彼は日曜日にめいめいがこの尊い用途のため懐具合に応じた貯えを別にとっておくように頼んでいる。このささやかな愛の貯蓄は増え続けながら彼が来るのを待っているにちがいない。その後、諸教会は票決で代表者を選び出し、パウロは彼らに推薦状を手渡し献金をイエルサレムに持参させることになろう。ひょっとして苦労のかいあって首尾よくいったら、パウロがじきじきに出向き、代表者には彼の伴をしてもらうことになろう。イエルサレムに行って使徒に会える、パウロに付きそって旅をする——こう思うと、信徒たちは全員、名誉と幸せで心を一杯にした。人心の誘導術にかけて卓抜したこの師が巧みに点火した成果達成へ燃える競争心によって、みんな張り切った。この募金《カンパ》は数カ月の間、全員の生きがいとなり、皆の胸を踊らせた。

パウロの望み通り、間もなくティモテがエフェソに戻ってきた。彼はステファナが出発して後の知らせを持ち帰った。ただ彼はステファナが戻る前に、町を立ったようだ。というのはパウロは彼の新しい手紙が巻き起こしていた事の次第を後にティトスを通じて知ったからである。コリントの状況はまったく思わしくないままであった。パウロは旅の計画を変更し、まずコリントを訪れ、短期間滞在する。次いでマケドニアへの旅を終えてから、今一度コリントに長く逗留し、次に、最初の計画通りコリントの代表者を伴ってイエルサレムに向けて出発すると決めた。ただちにコリント教会に予定の変更を連絡しなければならないと思い、ティトスに反発している教会に伝言をもっていき、微妙な意思の疎通をはかるようティトスに頼んでいる。これと同時にパウロが先に命じていた寄附金の徴集も、この弟子は催促したにちがいない。どうやらティトスは最初は拒んだようである。ティモテと同じく、彼もコリントの人々の軽率、無分別な気性を恐れていた。パウロは彼を安心させようと、コリントの人々の性格について自分の思うところを言い聞かせ、彼らの短所はそれほどでもない、きっと大歓迎を受けるだろうとまで言った。パウロは一人の「兄弟」を伴わせているが、その名前は分からない。パウロのエフェソ滞在は最後の日を迎えていた。しかし彼はティトスがこの町に帰ってくるのを待つことにきめた。

門前町のみやげ物屋たちが怒る

だが、その時新たな試練が生じて、彼の計画はまた手直ししなければならなくなった。パウロの生涯でこの時ほど悩んだ日々は少ない、万策つきたのは今回初めてのことだ。彼は生きる望みを失ったと告白している。ユダヤ人、異教徒、彼の指導に冷淡なクリスチャンたちが、反パウロの陰謀を企てているように思われた。コリント教会のこうした状況に、彼は熱病にかかったようになった。次から次に手紙をしたため、一旦決めた考えを毎日のように変えた。病気も重なったのだろう、死の宣告を受けたような思いがした。エフェソで起こった騒動はさらに彼の立場を複雑にしようとしており、ティトスの帰りを待たずに彼は出発せざるをえなかった。

アルテミスの神殿は新しい布教にとって大きな障害となっていた。世界の驚異の一つとされたこの巨大な建造物は、巨万の富に惹かれてやってくる大勢の異国人、町にもたらされる特権と名声、それに因む壮大な祭り、それが生み出した商売によって、町全体の生命であり存在理由《レゾンデートル》となっていた。迷信がここでは最も確実なお守りであり、神々をダシにして年がら年じゅう来福だとか、たわいもないご利益《りやく》を保証していた。

エフェソの町の産業の一つは銀細工で、アルテミス神殿の小さな模型を造っていた。外国人はそれを持ちかえり、わが家のテーブルの上とか屋内に安置して、名高い聖所を再現していた。この職業に雇われていた職人は大変な数にのぼった。巡礼者のお情けにすがって生計を立てている職人はどこでも同じだが、ここでも非常に狂信的《ファナティック》だった。儲けさせもらっている信仰を覆すような宗教を説くなど、もっての外の罰当たりである。現代で言うなら、フルヴィエールやサレットへ聖マリア信仰を罵りに行くようなものである。新たな教義の核心は早いはなしが、「人間の手でつくられた神々は神ではない」であった。この教えが知れ渡って、銀細工師たちは不安を抱くようになる。デメトリオという名の親方が彼らを煽動して、激しい示威運動《デモ》を繰り広げ、なによりも先ずアジアと世界中が尊敬している神殿の名誉が関わっているとぶち上げた。職人たちは街に走り出て叫んだ、「エフェソのアルテミスに栄えあれ」。すぐに街じゅうが混乱に陥った。

群衆の足は野外劇場に向かった。なにかあれば人が集まる所である。エフェソの劇場、その巨大な内部の構造物はほとんど無くなっているが、たぶん世界で最大級のもので、今でもプリオンの山腹に見ることができる。少なく見積っても五万六千人の収容力があったと推定されている。上の方の座席は丘陵と肩をならべているから、群衆が上部までどっと入ってきて人で埋めつくされることもあったろう。劇場の下部の周囲は、列柱と柱廊玄関《ポルティコ》になっていて、暇人が群がっている。広場《フォーラム》、市場、各種の体育場に隣接し、いつも門を開けている。騒ぎは一気に頂点に達した。テサロニケの二人のクリスチャン、ガイオとアリスタルコは、エフェソでパウロと合流して、連れとしてパウロと一緒にいたが、暴徒の手に捕まった。クリスチャンたちの動揺は大きかった。パウロは劇場に入って、群衆に向かって演説しようとする。が、弟子たちは彼に何もしないように強く頼んだ。パウロを識っていたアジア州の祭儀を司る高官たちも、そんな無謀をしないよう彼を止めた。劇場内はわめき声が飛び交っていた。たいていの者は、何の為に呼び集められたのか分らなかった。ユダヤ人も大勢いて、彼らはアレクサンドロ某を前に押し出した。彼は静かにするように手で制した。が、彼がユダヤ人と分かると、騒ぎは一段とひどくなる。二時間も続いて「エフェソの大アルテミスに栄えあれ」の叫びだけが聞き取れた。ようやく町の書記官が説得にやってきたが手を焼いた。彼は大アルテミスの栄誉はいかなる侵害を受けようと揺るぎないと言明し、デメトリスとその職人たちに、非難するべきだと思う者たちを裁判所に訴え出るように勧め、誰であろうと法的手段をとるように頼み、またこうした煽動をすればこの町がどんなことになるか、ローマ政府からすれば正当化の余地はないと訴えた。群衆は解散した。この日から数日後に出発を予定していたパウロは、こんなに物騒な状況ではぐずぐずしておれない、一刻も早く立とうと決意する。

コリントのキリスト教徒にティモテが持参した手紙の文面には、パウロはまず最初にこの町に立ち寄る手筈になっていた。だが彼はひどく困惑していた。アカイア方面の心配事は彼の決心を鈍らせた。とうとう彼はまた旅程を変更する。この時期にコリントに行くのは時宜を得ないと思われた。彼には不満がつのり、厳罰をもって臨む気になっていた。多分、彼が現われていたら反発と分裂を招いていたろう。彼は送った手紙がどんな効果を及ぼしたものか分からず、気がかりでたまらない。だが面と向かうよりも離れての方が強くなれると思った。彼の押し出しはあまりきかない。書面でなら効果は抜群だ。一般に気弱いところのある男は喋るよりも書くほうを好むものだ。そこで彼はティトスに再会した後でなければコリントに行かないことにして、御しがたい教会に宛てて一筆をあらたに送った。厳しく難詰するには遠方からのほうが効きめがあると思いながら、今度の書簡が反対者の感情をより良い方向に導いてくれるように願った。パウロはこうして旅行計画を当初のものに戻した。信徒たちを呼んで別れを告げ、ティトスがやって来たら、トロアスへ送り出してくれるよう申しつけた後、ティモテを伴ってマケドニアに向かって出発した。多分この時からエフェソを代表するティキコとトロフィモの二人が、アジアからの寄進をイエルサレムへ持っていく役目を担ってパウロに同行したものと思われる。時節は五七年の六月だったろう。パウロのエフェソ滞在は三年に及んでいた。

布教活動がこのように長期に及んだので、この教会にどのような試練にも耐える団結を持たせるに十分であった。エフェソは以後キリスト教の中心地の一つとなるが、また非常に激しい変容を見せる。この教会はマケドニア教会やコリント教会と同じく、パウロの教会ではなくなっていく。エフェソには別行動する者たちがあり、敵がいたことは明らかである、また十年後にエフェソ教会は「自ら使徒と称して、実はそうでない者たち」を懲らしめ、彼らの正体を暴き、「ニコライ派」すなわちパウロの弟子に対する激しい憎悪の故に鑑《かがみ》として引用されているが、このことについては追って述べる（ヨハネ黙示録二・一）。ユダヤ・キリスト派が当初からエフェソに存在していたことは疑いない。

エフェソ教会のその後

パウロの協力者であるアキラとプリスキラは、彼が旅立った後も、教会の中心人物であり続けた。使徒パウロが住まっていた彼らの家は、とりわけ敬虔で、熱心な者たちが集う場所であった。パウロはどこへいっても、命を助けてもらった立派なこの二人の美点を讃えるのをよろこびとしている。こうした事情があったのでパウロの教会も彼ら二人に大いに敬意を払っている。最初に改宗したエフェソ人のエパイネトが、彼らの後を継いだ。そして女執事《ディアコネス》だったらしいマリアは活発で献身的な女性である。パウロがわが協力者と呼んだウルバノ、「真のキリスト信者」という呼称をパウロが与えたアペレ、また「主に結ばれて、選ばれた」ルフォスには年配の母親があり、パウロも尊敬をこめて「私の母」と呼んでいる。マリアの他にも真の愛の姉妹たちが、信者の奉仕に献身している。例えば、「主のために苦労して働いている」トリフェイナとトリフォサ、次にパウロがいとおしく思い、またけなげに彼と働いたペルシス。更にアンプリアト（アンプリアス）、パウロが愛したユダヤ人のヘロディオンとスタキス。アシンクリト、フレゴン、ヘルメス、パトロバ、ヘルマスその他によって構成された教会ないし小集会。フィロロゴとユリア、ネルウスと「その姉妹（すなわちおそらくその妻）」、オリンパとその他の者、こうした人々からなる他の教会ないし小社会。エフェソの二大家族であるアリストブロスとナルキソの家には、奴隷の中に多くの信者がいた。最後にティキコとトロフィモの両エフェソ人もパウロを慕い、以後弟子となる。アンドロニコとユニアスもこの時期エフェソにいた。彼らはイエルサレムの初期教会のメンバーだった。「わたしより前にキリストを信じる者だった」と、聖パウロは彼らに最大級の敬意を払っている。「使徒たちのなかで目立っている」とも評している。彼らは、どういう事情だったものか不明だが、たぶんパウロが「野獣に対するたたかい」と呼んだ試練に際して一緒に囚われの身となった。

パウロの同伴者だったといわれているアルテマスが姿を見せるが、はっきりしない。鍋作りのアレクサンドロ、ヒメナイ、フィレテス、フィゲロ、ヘルモゲネス、＊こうした人物は嫌な思い出を残したようで、分裂ないし破門騒ぎを起こし、パウロ派では裏切り者と見られていたらしい。これと反対に、オネシフォロとその家族はパウロにあふれる友愛と献身を捧げたことが一度ならずあったようだ。

ここに挙げた名前の多くは奴隷の名前であるため、妙な意味をもっていたり、植民地の黒人につけては嬉しがったグロテスクな名前を思わせ、からかい半分の仰々しさがある。

クリスチャンの中には奴隷身分の者が大勢いたことは疑いのないところだ。一般に奴隷の身分は、近代の召使のように主人の家に完全に束縛されたものではなかった。奴隷も種類によっては、互いに会ったり、ある程度仲間をつくったり、自分達の葬式を出すための講、すなわち一種のトンティン年金の会や分担金を定める自由もあった。教会奉仕につくす敬虔な男女の数名が奴隷であったことも、また彼らが助祭職のために働く時間をその主人が承認していたことも、ないわけではなかった。いま筆を進めているこの時期に、自分は奴隷でも礼儀正しく、忍従し、有徳の、教養ある、育ちのよい者もいた。最も高いモラルの教訓は奴隷の口から出たものである。エピクテートスは人生の大半が隷属の身分であった。パウロと同じように、禁欲主義者《ストイッシアン》と賢者たちが奴隷にこう言っている、「今の状態でおれ、解放されようと思うな」。ギリシャの町々における庶民階層を、西欧中世の鈍重、粗野、そして下品な有象無象《うぞうむぞう》の下層民から推してはならない。初期キリスト教徒たちの交流に見られる、なにか明敏、繊細、洗練はギリシャ的典雅《エレガンス》の伝統である。あれほど好意をもってパウロが挨拶を送ったエフェソの謙虚な働き者たちは、優しく、すばらしく実直な人々だったにちがいない、それに気さくな振る舞いと、庶民の礼儀作法からにじみ出る独特の魅力も添えていただろう。彼らの心の清澄さ、彼らの充足感は不断の教えとなっていた。「どんなに彼らが愛し合っていることか」、これは純真で落ちついた態度、なんと深くも心引かれる華やぎだろうかと異教徒たちが驚き発した言葉だ。これこそ、イエスが宣教した後に現れたキリスト教の神業《わざ》である、これこそ第二番目の奇跡――人類のあふれる気力から、そして最も善良、最も聖なるものから発した奇跡でなくてなんであろう。

* フィレテス。碑文 Corp. inscr. gr. No. 3664, line 17

第十六章　第三次の旅（続）——マケドニア再訪

エフェソを発ったパウロは多分、少なくとも道の一部は陸路をとった。彼はティトスがエフェソからトロアスまで海路をとって、先着するだろうと予測していた。この予測は当たらなかった。トロアスに着いてみると、ティトスの姿は見えず、彼をひどく苛立たせた。かってパウロはトロアスを経由したことがあるが、そこで宣教をした様子はない。今回はとてもいい状況と思われた。トロアスはピシディヤのアンティオキアやフィリピと同種のローマの町であった。カルポという人物がパウロをもてなし、家に泊めた。パウロはティトスを待つ間の数日を教会の基礎作りにあてた。見事これは成功し、数日後に彼がマケドニアへ発つにあたって、一団の信徒が岸辺にまで付きそってくれたほどである。かつて彼が夢の中で見た一人のマケドニア人を信頼して、同港で乗船したのは約五年前のことだ。夢の中でこのような大事なお告げを受けたり、それほどにすばらしい成果をあげたことは一度もなかった。

コリントを憂慮する

パウロの二度目のマケドニア滞在は、五七年六月から十一月まで約六カ月に及んだと見られる。この間、パウロは愛するこの教会を確固たるものにしようと心を砕いた。住まったのは主としてテサロニケだが、フィリピやベレアにもしばらく滞在したにちがいない。エフェソに彼が滞在していた最後の数カ月間に吹き荒れた試練の嵐が跡を引いていたようである。少なくとも彼が到着した始めの数日は安らいだ気分になれなかった。彼の一生は戦いの連続だが、とりわけ深刻な懸念につきまとわれていた。この憂い、この懸念もマケドニアの教会についてではないことは確かだ。これほど申し分なく、度量の大きい、献身的になってくれた教会はなかったし、これほど優しさと気高さのある純真な人々に会ったことも他になかった。ただ享楽的な、肉体的快楽を求める悪いクリスチャンもかなりいたので、パウロはこの件に関しては激烈な調子で、「主の十字架の敵、恥ずべきことを名誉とし、自分の腹だけを神とする者」と呼び、彼らに永遠の破滅を通告したが、彼らがパウロの直接の弟子に属していたのかどうか疑問だ。彼の大きな心配の種はコリント教会の方から来ていた。彼の手紙が無関心な者たちを苛立たせ、彼の敵を頑《かたくな》にさせたのではないかと、危惧をつのらせていた。

やっとティトスが彼に合流し、落胆をすっかり晴らしてくれた。ティトスは朗報を持ってきてくれたが暗雲がすべて去ったわけではなかった。パウロの手紙は衝撃を与えていた。手紙を読んで弟子たちは俄《にわか》にすすり泣き始めたというのだ。みなが涙を流しながら、使徒パウロを慕い、彼を悲しみにうちひしがせたから会って許しを乞いたいとティトスに打ち明けていた。移り気で、無定見《むていけん》な、いかにもギリシャ的性格は良い方向からそれるのも早いが、元に戻るのも早かった。彼らの感情には恐れもまじっている。大方の者はパウロが恐ろしい力を備えていると思っていた。彼によって信仰に入った者たちは、彼の脅しに震えあがって弁解につとめた。彼らは罪を犯した事を十分自覚したので、口々に懸命に否定し釈明して、パウロの雷《かみなり》をそらせようと大わらわだった。ティトスは大変デリケイトな気づかいをしてもらって、パウロの信徒たちにもてなされた。彼が受けた歓待、熱意、従順、善意はかつて師パウロの精神的家族の中で味わったもので、大喜びで戻ってきた。募金の方ははかばかしくなかったが、いずれ稔り多いものになることが期待された。近親相姦に対する裁定は減刑されたというべきか、むしろそれを委ねられたサタンが判決を執行しなかった。罪人は生き長らえた。これは単なる自然の成り行きにすぎなかったのだが、人々は素朴にパウロが寛大な措置に同意したのだろうと思った。罪人を教会からきっぱり追放することは決してしなかったが、人々はこの者との付き合いを避けた。熟達の慎重さと、パウロ本人さながらの手際で、ティトスは案件をすべて処理した。この知らせを受けたパウロはかつてない大きな喜びを味わった。数日の間、手の舞い足の踏むところを知らなかった。あのように深く善良な人たちを悲しませたことを幾度も申し訳なく思い、また自分がきつく言ったのが見事に功を奏した喜びに浸った。

舌鋒鋭く反論する

もっとも、この喜びに気掛かりな点がなかったわけではない。敵は譲歩するどころではなかったからである。手紙は敵対者を激昂させ、彼らはあら捜しに懸命になった。あの手紙はイエルサレム教会にきびしく、無礼なことを言い立てていると彼らは指摘し、またパウロの傲慢と自画自賛を非難して言った、「彼の手紙は厳しく、精力的だが、その人柄は軽蔑すべきであり、言っていることに権威はない」。彼らは近親相姦に対するパウロの厳しい態度を、個人的な怨みのせいにした。パウロは馬鹿げて、常軌を逸し、自惚れ屋の堅物《かたぶつ》というのである。彼が旅行計画をたびたび変更したのは気まぐれのせいだとなった。この表裏の知らせに動揺して、パウロは新たに手紙をティモテに口述する。最初に出した手紙の調子を和らげ、傷ついたと思われる愛するわが教会に父親に似た思いを託すためと、いま一つはわが子たちを彼から一時離反させかねなかった敵対者に対して反撃に出るためである。

数カ月このかた、ひっきりなしに苛立ちながらも、コリントの信者たちは彼の慰めであり栄誉でもあった。ティトスに連絡させておいた旅のプランに変更があったにしても、コリントにいま一度訪れて彼らに再会の喜びを与えることができるだろうから軽はずみではなかった。彼らに配慮し、不機嫌な顔をいつも彼らに見せたくなかったからだ。「もしあなたがたを悲しませるとすれば、わたしが悲しませる人以外のいったいだれが、わたしを喜ばせてくれるでしょうか」と彼は書きそえている。彼らに送った今までの手紙は涙と悲しみにかき暮れながらしたためたものだが、もう今はすべて水に流した。自分が不満としたことも、もう頭から去った。ときどき彼らを苦しませたと思っては後悔し、悔いた結果がこの深い悲しみになったと思うと、もう後悔などしておれなかった。悲しみは、神のみ心に適っていれば、救いに通じるが、俗世の情に従えば死につながる。自分はかなり厳しく臨んだのかもしれない。例えばあの近親相姦者についてだが、当人が受けた恥はそれで十分なこらしめなのだ。むしろ、悲しみで死んでしまわないように、慰めなければならない。何人であれ、なお慈愛を受けてしかるべきである。こう考えてくるとパウロは罪を軽くしやってよかったとつくづく思った。彼が厳しい態度を見せたとしても、それは弟子たちが従順であるかどうかを試しただけだ。今にして思えば彼らを信頼していなかったことに気がつく。ティトスに彼らのことを好意的に語ったが、これはすべて正しかったことが確かめられた。弟子たちは自分たちだけを栄誉としてくれている使徒パウロが困却することを望まなかった。パウロの敵方については、彼らを無力化しえたとは彼は思っていない。絶えず〝神の言葉をまげる〟者たち、とりわけ彼に対抗して彼らが乱用する「推薦状」という語に、辛辣な暗示がなんども書簡中に見える。パウロの敵は偽の使徒であり、キリストの使徒の仮面をかぶった油断ならない工作人である。サタンはときおり輝く天使に変装する。サタンの手代たちが義に仕える者に姿を変えても驚くにあたらないではないか。業《わざ》に応じた彼らの最期がいずれ来よう。パウロはキリストと面識がなかったと主張する者がいるが、さにあらず、彼がダマスコへの道すがら見たお姿はイエスとの現実にあった直《じか》の関係だったのだから。だが、それもどうでもいいことだ。キリストが亡くなって後は、みんな肉においてはキリストと共に死んだのである。パウロにとって、もはや誰をも肉においては知らないのだ。もし彼がかつてキリストをそのように知ったなら、もうキリストを知らないのである。自分の性格まで変えろと強制するものではない。パウロは彼らと一緒にいると、謙虚で、引っ込み思案で、分かりにくい。だが彼が授かった攻撃手段を用いざるを得ないように仕向けてはならない。この手段は反キリストの砦を破壊するため、また神の知恵に反してひけらかす傲慢の鼻をひしぐため、またすべての思想をイエスのくびきに繫《つな》ぐために彼が授かった武器をやむなく取らせるな。彼が不服従者に罰を加えることができるのを思い知るだろう。キリストに与《くみ》すると自称する者は、それならパウロもまたキリスト派であると考えるべきだ。主が建設のためにパウロに与えられた力を、破壊に用いろと強いるのか。連中はパウロは手紙でコリントの人々を怯えさせるつもりだったと躍起になって言い立てている。こんなことを口にしている者たちに、パウロが手紙で書いたことを、実際に行って目にもの見せてやろう。自慢したり、右に左に推薦状を吹聴して回る手合いとパウロとではわけが違う。パウロの推薦状とはコリント教会だ。この書面を彼は心中にもっている。だから誰でもそれを読むことができる。インクで書いたのではなく、生ける神の霊により、石板の上にではなく、心の板の上に書かれたものである。パウロを評価するのは自分自身だけだ。比較するのは自分自身とだけである。彼は自ら創った教会に関してしか権威を誇らぬ。直接自分が行なったこともない国にまで権力を拡張しようとして、パウロ本人に包皮の福音を譲っておいて、当初は攻撃していた業《わざ》の成果を今頃になって摘もうとする手合いと彼とではわけが違う。めいめいに持ち場がある。他人の仕事をひけらかす必要もなければ、根拠もなく空威張りする必要もない。神が彼に割りふられた役目は十分有難いものだ。神は彼にコリントにまで福音をとどけることを許されたからである。それに神はもっと遠くへ彼が赴くよう望んでおられる。賛美すべきは主のみである。

この謙虚さは見せかけのものではない。だが行動の人が謙虚でいることは難しい。言葉じりをとらえられる恐れがあるからである。あらゆるエゴイスムからもっとも遠くにあるパウロではあるが、たえず自らについて語らざるをえない。自分を出来損ない、最低の聖者、その名に値しない最下位の使徒と呼ぶ。なぜなら自分は「神の教会」を迫害したからと。だからと言って彼がその特権を放棄したと考えてはならない。

神の恵みによって今日のわたしがあるのです。そして、わたしに与えられた神の恵みは無駄にならず、わたしは他のすべての使徒よりずっと多く働きました。働いたのは、実はわたしではなく、わたしと共にある神の恵みなのです。……（Iコリント15 十）

あの大使徒たちと比べて、わたしは少しも引けは取らないと思う。たとえ、話しぶりは素人でも、知識はそうではない。そして、わたしたちはあらゆる点あらゆる面で、このことをあなたがたに示してきました。それとも、あなたがたを高めるため、自分を低くして神の福音を無報酬で告げ知らせたからといって、わたしは罪を犯したことになるでしょうか。わたしは他の教会からかすめ取るようにしてまでも、あなたがたに奉仕するための生活費を手に入れました。あなたがたのもとで生活に不自由したとき、だれにも負担をかけませんでした。マケドニア州から来た兄弟たちが、わたしの必要を満たしてくれたからです。そして、わたしは何事においてもあなたがたに負担をかけないようにしてきたし、これからもそうするつもりです。わたしの内にあるキリストの真実にかけて言います。このようにわたしが誇るのを、アカイア地方で妨げられることは決してありません。なぜだろうか。わたしがあなたがたを愛していないからだろうか。神がご存じです。わたしは今していることを今後も続けるつもりです。それは、わたしたちと同様に誇れるようにと機会をねらっている者たちから、その機会を断ち切るためです。（Ⅱコリント 11 五—十二）

敵対者が仕向けてくる狂気の誹謗から身を守るため、彼は今しばらくの間、自分に与えられた役割を引受け、格調ある皮肉をひそませながら反対者に面と向かって大胆に真実の矢を浴びせかけて興じている。

賢いあなたがたのことだから、喜んで愚か者たちを我慢してくれるでしょう。実際、あなたがたはだれかに奴隷にされても、食い物にされても、取り上げられても、横柄な態度に出られても、顔を殴りつけられても、我慢しています。言うのも恥ずかしいことですが、わたしたちの態度は弱すぎたのです。だれかが何かのことであえて誇ろうとするなら、愚か者になったつもりで言いますが、わたしもあえて誇ろう。彼らはヘブライ人なのか。わたしもそうです。イスラエル人なのか。わたしもそうです。アブラハムの子孫なのか。わたしもそうです。キリストに仕える者なのか。気が変になったように言いますが、わたしは彼ら以上にそうなのです。苦労したことはずっと多く、投獄されたこともずっと多く、鞭打たれたことは比較できないほど多く、死ぬような目に遭ったことも度々でした。ユダヤ人から四十に一つ足りない鞭を受けたことが五度、鞭で打たれたことが三度、石を投げつけられたことが一度、難船したことが三度、一昼夜海上に漂ったこともありました。しばしば旅をし、川の難、盗賊の難、同胞からの難、異邦人からの難、町での難、荒れ野での難、海上の難、偽の兄弟たちからの難にあい、苦労し、骨折って、しばしば眠らずに過ごし、飢え渇き、しばしば食べずにおり、寒さに凍え、裸でいたこともありました。このほかにもまだあるが、その上に、日々わたしに迫るやっかい事、あらゆる教会についての心配事があります。だれかが弱っているなら、わたしは弱らないでいられるでしょうか。だれかがつまずくなら、わたしが心を燃やさないでいられるでしょうか。……わたしは主が見せてくださった事と啓示してくださった事について語りましょう……誇る必要があるなら、わたしの弱さにかかわる事柄を誇りましょう。……すると主は、「わたしの恵みはあなたに十分である。力は弱さの中でこそ十分に発揮されるのだ」と言われました。だからキリストの力がわたしの内に宿るように、むしろ大いに喜んで自分の弱さを誇りましょう。それゆえ、わたしは弱さ、侮辱、窮乏、迫害、そして行き詰まりの状態にあっても、キリストのために満足しています。なぜなら、わたしは弱いときにこそ強いからです。

わたしは愚か者になってしまいました。あなたがたが無理にそうさせたのです。わたしが、あなたがたから推薦してもらうべきだったのです。わたしは、たとえ取るに足りない者だとしても、あの大使徒たちに比べて少しも引けは取らなかったからです。わたしは使徒であることを、しるしや、不思議な業や、奇跡によって、忍耐強くあなたがたの間で実証しています。あなたがたが他の諸教会よりも劣っている点は何でしょう。わたしが負担をかけなかったことだけではないですか。この不当な点をどうか許してほしい。わたしはそちらに三度目の訪問をしようと準備しているのですが、あなたがたに負担はかけません。わたしが求めているのは、あなたがたの持ち物ではなく、あなたがた自身だからです。子は親のために財産を蓄える必要はなく、親が子のために蓄えなければならないのです。わたしはあなたがたの魂のために大いに喜んで自分の持ち物を使い、自分自身を使い果たしもしよう。あなたがたを愛すれば愛するほど、わたしの方はますます愛されなくなるのでしょうか。

わたしが負担をかけなかったとしても、悪賢くて、あなたがたからだまし取ったということになっています。そちらに派遣した人々の中のだれによって、あなたがたをだましたでしょうか。ティトスにそちらに行くように願い、あの兄弟を同伴させましたが、そのティトスがあなたがたをだましたでしょうか。わたしたちは同じ霊に導かれ、同じ模範に倣って歩んだのではなかったのですか。……わたしは心配しています。そちらに行ってみると、あなたがたがわたしの期待していたような人たちではなく、わたしの方もあなたがたの期待どおりの者ではない、ということにならないだろうか。争い、ねたみ、怒り、党派心、そしり、陰口、高慢、騒動などがあるのではないだろうか。再びそちらに行くとき、わたしの神があなたがたの前でわたしに面目を失わせるようなことはなさらないだろうか。以前に罪を犯した多くの人々が、自分たちの行った不潔な行い、みだらな行い、ふしだらな行いを悔い改めずにいるのを、わたしは嘆き悲しむことになるのではないだろうか。わたしがあなたがたのところに行くのは、これで三度目です。……以前罪を犯した人と、他のすべての人々に、そちらでの二度目の滞在中に前もって言っておいたように、離れている今もあらかじめ言っておきます。今度そちらに行ったら、容赦しません。なぜなら、あなたがたはキリストがわたしによって語っておられる証拠を求めているからです。……遠くにいてこのようなことを書き送るのは、わたしがそちらに行ったとき、壊すためではなく造り上げるために主がお与えくださった権威によって、厳しい態度をとらなくとも済むようにするためです。（Ⅱコリント 11、12、13）

イエルサレム教会のために募金する

上記のようにパウロは第一級の宗教創始者たちに見られる、偉大な高揚状態にあった。彼の思想は、己自身と乖離することはないと思っている。イエルサレムの貧しい人達のために募金が行なわれたが、こうした活動状況は当時の彼の慰めであった。マケドニア教会はこの件に模範的な熱意を見せている。これらの見上げた心掛けの人々が喜びいそしんでおり、パウロを喜ばせた。この宗派のほぼ全員が、新しい教義に従ってきたために、懐の乏しさに苦しんでいたが、貧しいながらもパウロが最高のものと断じた愛の業《わざ》によって、余分なものを見つけることができた。パウロの期待を越えるものがあった。信徒たちは切り詰めて貯めた、ささやかな金子《きんす》をパウロに受け取ってくれと頼みにくるほどだった。パウロが望めば、自分の身体さえ寄付したことだろう。パウロは大げさと見える程の細心の気配りをして、彼の表現によれば「主の前だけでなく、人の前でも公明正大」であるべく、相当の基金を取扱っている内に彼に対する反感がつのって疑惑が生じないよう、それぞれの代表者を選挙で選び、注意深く封印した各教会の寄附金を彼らに持参させるよう命じている。こうした代表者はすでに、どこにでも彼に付きそい、いわば副官の護衛隊《エスコート》を組んで、常時彼の布教に備えていた。パウロが言うところの「諸教会の使者、キリストの栄光」である。

パウロの敏腕、如才ない言葉、手紙の才筆がこの仕事にいかんなく発揮された。彼はコリント人に寄付をしてもらうために、心に触れるおだやかな表現の至芸のほどをみせている。彼は何も命令はしない、彼らの隣人愛はよく分かっているとしながら、あえて助言させてもらうのだ。彼らが取りかかってからこれで一年になる、もう終わらねばならない、善意だけでは足りない、他の者を楽にさせるために自分が困窮してはお話しにならない。このような事柄を扱うための規則は何か、それは平等、むしろ互助である。目下のところ、コリント人たちは豊かであり、イエルサレムの聖者たちは貧乏だ。後者を援助するのは前者である。次の番では後者が前者を援助するだろう。次の言葉がこうして実証されよう、「多く集めた者も余ることなく、少なく集めた者も足らざることなし」(出エジプト記16　十八)。

パウロは忠実なティトスにコリントに帰って、彼が上手に取りかかっていた慈善奉仕を続けて欲しいと頼んでいる。ティトスはこの任務を望んでいたから、大喜びで承知した。パウロは二人の者を伴わせているが名前は分からない。その一人は、マケドニアからイエルサレムへ献金を届けるために選ばれた代表者のメンバーである。「説く福音によって、いたるところの教会で評判の高い人」

とパウロは評している。いま一人について、パウロはこう言っている、「この人が熱心であることは、わたしたちがいろいろな機会にしばしば実際に認めたところです。今、彼はコリント教会のあなたがたに厚い信頼を寄せ、ますます熱心になっています」。このような記事を読んでも、誰を指しているのか決定するには不十分である。パウロは、高い評価をこの三人に与え支持してくれるようにコリント人に頼んでいる。また彼らの雅量を促すために、ちょっとした愛の戦術《タクティックス》をつかっているところが見えて微笑ましい。

わたしはあなたがたの熱意を知っているので、アカイア州では去年から準備ができていると言って、マケドニア州の人々にあなたがたのことを誇りました。あなたがたの熱意は多くの人々を奮い立たせたのです。わたしが兄弟たちを派遣するのは、あなたがたのことでわたしたちが抱いている誇りが、この点で無意味なものにならないためです。また、わたしが言ったとおり用意していてもらいたいためです。そうでないと、マケドニア州の人々がわたしと共に行って、まだ用意のできていないのを見たら、あなたがたはもちろん、わたしたちも、このように確信しているだけに、恥をかくことになりかねないからです。そこで、この兄弟たちに頼んで一足先にそちらに行って、以前あなたがたが約束した贈り物の用意をしてもらうことが必要だと思いました。渋りながらではなく、惜しまず差し出したものとして用意してもらうためです。
　つまり、こういうことです。惜しんでわずかしか種を蒔かない者は、刈り入れもわずかで、惜しまず豊かに蒔く人は、刈り入れも豊かなのです。各自は惜しむ心からでなく、また強いられてでもなく、自ら心で決めたとおりにすべきです。神はよろこんで施す人を愛してくださる……種まく人に種を備えてくださるかたは、あなたがたが必要としているパンを与えてくださるであろう。……この奉仕の働きは、聖なる者たちの不足しているものを補うばかりでなく、神に対する多くの感謝を通してますます盛んになるからです。この奉仕の業が実際に行われた結果として、彼らは、あなたがたがキリストの福音を従順に公言していること、また、自分たちや他のすべての人々に惜しまず施しを分けてくれることで、神をほめたたえます。更に、彼らはあなたがたに与えられた神のこの上なくすばらしい恵みを見て、あなたがたを慕い、あなたがたのために祈るのです。言葉では言い尽くせない贈り物について神に感謝します。（Ⅱコリント　9　一―十五）

この手紙はティトスと連れの二人の兄弟がコリントに持参した。パウロはなお数カ月をマケドニア州で過ごしている。時勢はかなり険しくなっていた。絶えず発生する苦難と戦わないですむ教会はほとんどなかった。使徒パウロがいちばんよく言ってきかせた忠告は忍耐である。「苦難、欠乏、行き詰まり、鞭打ち、監禁、暴動、労苦、不眠、飢餓――純真、知識、寛容、親切、偽りのない愛、これがわれわれの人生なのです。栄誉を受けるときも、辱めを受けるときも、悪評を受けるときも、好評を博するときもです。わたしたちは人を欺いているようでいて誠実であり、人に知られていないようでいてよく（神に）知られ、死にかかっているようでいてこのように生きており、罰せられているようでいて殺されてはおらず、悲しんでいるようで常に喜び、物乞いのようで多くの人を富ませ、無一物のようですべてのものを所有しています」（Ⅱコリント　6　四―十）。歓び、和合、無限の希望が苦しみを軽くし、イエスが宣した「愛と平和の神」の喜ばしい統治が緒《ちょ》についたのである。ありとあらゆる卑小さをよそに、イエスの精神《エスプリ》はこの聖者のグループを無量の光と優しさで包んでいた。

第十七章　第三次の旅（続）——コリント再訪『ローマ人への手紙』

パウロが、マケドニアをたってギリシャに向かったのは、われわれの計算によると五七年の十一月の終りか十二月の始めのことだ。マケドニア教会が選んだ代表の数人が随行し、イエルサレムにまで付きそって信者の寄附金を持っていくのである。この中には特にベレアから来たピロの息子のソパトロ（ソシパトロ）、ルキオ某、テルティオ某、アリスタルクとテサロニケのセクンド、第一次の旅の際に彼をもてなしたテサロニケのヤソン、この人たちが一緒だったようである。なおアジアの代表エフェソのティキコとトロフィモ、デルベのガイオたちはおそらく既に彼と一緒だった。ティモテはこの時期、彼から離れていない。一隊は堂々たる伝道の隊商《キャラバン》のおもむきがあった。テトスと、かつて同行したことのある他の二人の兄弟とが、パウロと合流したとき、コリントは確かに新しい運動の全精鋭《エリート》を擁していた。パウロは予定変更を重ねたものの、肝心な方針は大筋で満たすことができた、当初のプランに従って、五七、五八年の冬の三カ月（五七年十二月、五八年一、二月）をこの町で過ごした。アテナイの教会はあまりにも小さいので、パウロは素通りしたか、少なくとも逗留はしなかったようだ。

パウロはアキラとプリスキラの有難い歓待を随意に受けることはもうできなかったので、この度はガイオの宅に泊まった。この家は教会全体の集会に使われ、パウロはガイオに（洗礼を授け）非常に神聖とされた関係にあった。ステファナは死亡していたか不在だったらしい。パウロはコリントの地盤がしっかり固まったとは思っていなかったので、たいへん慎重な態度をとっていた。これほどまで腐敗した町に大勢の人と交わっているために発生する危険をみて取って、パウロはときおり大原則を持ち出しては、異教徒との付き合いを完全に断つよう忠告した。ある特定の時期における個々人の安泰が、唯一の彼の気がかりであり、彼が心に描く唯一の目的だった。

神学理論を要約《レジュメ》する

パウロがコリントに姿を見せたことで、ここ数カ月、彼が心痛していた意見の対立は、ばったり収まったようである。この頃、彼が「キリストがその者たちを通しては働きかけなかった仕事を誇る者」と「他人が築いた土台の上に建てる」者について、苦い思いをさりげなく洩らしているが、敵対者の汚いやり口が強烈に心に焼きついていたことを示している。寄附金の仕事は、望みどおりに進んでいた。マケドニアとアカイア州で大金が集まっていた。パウロはしばしの休息を見つけ、この機会に自分の神学理論を要約《レジュメ》して、いつものように書簡形式でしたためた。

この大論述は、すべてのキリスト教徒にとって等しく大切なものであるから、彼が創った教会および当時連絡がとれたほぼ全部の教会に送っている。送ってもらった教会は少なくとも四つある。その一つはエフェソ教会だ。写しの一通はマケドニアにも送られた。パウロはローマの教会にも同様にこの一筆を送る考えだった。どの写しも手紙の本文はほぼ同じであるが、敬具とか挨拶の語はまちまちである。特にローマの信者に宛てた書面には、この教会が特にユダヤ教に執着しているのを承知していたので、その傾向に合わせていろいろ手を加えた。聖パウロの書簡が集められて、文脈の整理の底本に用いたのが、このローマの信徒へ宛てた写しである。件《くだん》の手紙が今日、そのように呼ばれているのはこうした次第である。編集者たち（こう呼ぶことが許されるなら）は、共通した本文は一度だけ写しとった。だが、パウロの筆になるものを僅かでも削るのはためらわれて、写しによって異なる部分があるか、余分に加えられている箇所は、主文が終わったところに付け加えた。

この貴重な書き物はキリスト教神学の根幹をなし、パウロの思想が一貫性をもって顕著に表われている。ここで、パウロの偉大な思想の全貌を明らかにした。いわく、律法は意味がない。行いも無意味である。救いは死者の中から復活した神の子、イエスだけからくる。ユダヤ・キリスト派から見ると、イエスは偉大な預言者であり、律法を完成するために来たとされるのだが、パウロから見ると、イエスは律法も含めてイエス以前のすべてのものを無用とした神の出現なのである。パウロにとって、イエスと律法は相反する二者である。律法に卓越と効力を何にしても認めることはイエスから盗みを働くものだ。律法を低く評価することは、すなわちイエスを高く評価することになる。ギリシャ人、ユダヤ人、蛮族《バルバロイ》、すべて優劣はない。かつてユダヤ人は一番で、ギリシャ人がそれに次ぐとされていた。イエスを信仰することによってしか、誰も救われはしない。

自力で人はなにができよう、ただ一つ、罪を犯すことだ。ところで、まず異教徒に関していうと、目に見える世界の光景と彼らの心にすり込まれた自然法は、真の神と彼らの義務とを啓示するに十分であったにちがいない。彼らは、許しがたくも故意に目を塞いで、彼らがよく承知している神を崇めなかった。虚しい空想に没入して自己を見失った。彼らの哲学《フィロソフィー》とは迷い道に過ぎない。彼らに罰を加えようと、神はもっとも恥ずべき不品行、反自然の不品行に彼らを引き渡した。ユダヤ人の方が罪が少ないわけではない。彼らは律法を受け取ったが、それを遵守しなかったからである。割礼によって彼らが真のユダヤ人となるのではない。自然法をよく守っている異教徒は、神の法を守っていないユダヤ人よりもましだ。ところでユダヤ人はある特権を持っているのではないか。確かに彼らは特権を持っており、彼らに対して約束はなされた。彼らのなかに不誠実な者がいても神の約束履行を妨げるものではない。だが、律法はそれ自体では義の支配を実現させられなかったし、ただ違法行為をつくりだし、それを暴露するに役立っただけである。言い換えると、ユダヤ人は異教徒と同じく罪の支配下に生きたのである。

では、義《ただ》しさは何から生じるのか。イエスへの信仰からであり、民族による差別はない。すべての人間は罪人であった、イエスは贖罪のいけにえとなられ、その死は神が世の罪に対して受け入れた贖《あがな》いであった。神はユダヤ人の神であるだけではない。異邦人の神でもある。アブラハムが義《ただ》しいとされたのは信仰による、なぜなら、聖書に「アブラハムは主を信じた、主はそれを彼の義と認められた」とあるからだ。義認（人間を救う神のはたらき）は無償《フリー》である。その権利は人の功によって得られるのでは決してない、神の恩寵と広大な慈悲の計らいによるのだ。

神によって義《ただ》しいと認められて得られる果実は、神と共にある平安、希望、それ故に忍耐なのである。忍耐はわれわれがキリストのように大きな苦しみのうちに栄光と幸福を受ける結果を生むのであって、そのキリストは邪悪な者たちのために亡くなられ、われわれはその血によって義《ただ》しい者となった。もし神が人間のためにその一人子を死にゆだねるほど深く人を愛していたとすれば、たとえ罪人であったとしても、人との和解がなった今、神が何もされないはずがあろうか。

罪と死はアダムという、ただ一人の男によって人間世界にもたらされ、すべての者は彼にあって罪を犯した。恵みと救済は、キリストただ一人によりこの世界にもたらされ、彼にあってすべての者は義《ただ》しい者とされる。二種類のタイプの人間がいた。一つは「最初のアダム」ないしあらゆる不服従の原型たる地上のアダムであり、いま一つは「第二のアダム」ないし天上のアダムで、すべての義《ただ》しさの原型である。人類は、この二指導者に受け持たれる。ある者は地上のアダムに、ある者は霊のアダムにである。律法は違反を増加させ、そのことを自覚させるだけであった。違反が満ちていたところに、より大きな恩寵によりすべての違反が解消した。その結果、イエスのお陰で罪は祝福となり、神の慈悲を明らかに示すに役立ったと言っても過言ではない。

罪のくびきから、義《ただ》しさのくびきに

だが、恩寵が溢れているというなら、罪を犯してやろうと、善が悪から生じるなら悪事をしてやろうと言う者もあろう。パウロは言った、これは人々がわたしの教義をねじ曲げて、わたしを責めているものだ。これほどわたしの考えから遠いものはない。キリストにあって洗礼を授かった者は、罪に対して死んだのであり、イエスと共に復活し生きるために、すなわちまったく新しい生活を送るためにイエスと共に埋葬されたのである。われわれの「古い人間」つまり洗礼前の人間はキリストと一緒に十字架に架けられた。従って、クリスチャンは律法から自由になったから罪を犯してもかまわない、ということにつながらない。〝罪〟なる軛《くびき》から、〝義《ただ》しさ〟なる軛《くびき》に移ったのである、死への道から生への道に、である。それにクリスチャンは律法に対して死んだのであり、律法戒律が罪を作りだしていた。律法それ自体は正しく且つ聖なるものであったが、罪を知らしめ、罪をいっそう深めたのであってその結果、生を活かすもとになるべき戒律が死を創り出した。婦人が夫の存命中に結婚の法を守らない場合は不貞である。しかし夫が亡くなった後では、不貞にならない。キリストは律法の命を奪って、われわれを律法から解き放ち、われわれを受け取った。罪に向かう肉において死に、罪を生む律法において死んだキリスト者は、もはや「老朽化した文字に従うのではなく、新しい霊に従って」神に仕えればよい。律法は神霊的なものだったが、人間は肉体的なものである。人は二つの性質からなっている、すなわちそれと自覚せぬまま一方に善を愛し望み、他方で悪を行なっている。善を望んでいながら行なわず、悪を望んでいないのにしていることがよくあるではないか。それは罪が人の内に棲み、人を無意識裡に動かしているからだ。「内なる人間」すなわち理性は、神の法には同意するが、煩悩は理性と神の法とに対して永遠に葛藤している。「わたしはなんと惨めな人間なのでしょう。死に定められたこの身体から、誰がわたしを救ってくれるのでしょうか。わたしたちの主イエス・キリストを通して神に感謝いたします。」

慈悲を垂れる神

律法と煩悩から解き放たれた真のクリスチャンは、従って刧罰から免れるが、これは罪を滅ぼすために、われわれと同じく罪の肉をまとった、ただ一人の子をお送りになった神の慈悲によるものだ。ただしこの解放は、人が肉から離れ、反対に霊に従って歩むとき、初めて得られる。肉の賢明さは神の大敵であり、死でさえある。反対に、霊は命である。霊によりわれわれは神の養子に選ばれ、霊によりわれわれは「父よ Abba」と叫ぶ。しかし、もしわれわれが神の子となるなら、われわれもその相続人であり、キリストと共同相続人である。彼の苦しみを分かちもってから後のわれらは、彼の栄光に与《あずか》る。間もなくわれわれの上に光り輝く神の顕現を前にすれば、現在のすべての苦しみは何ほどのことがあろう。全宇宙は神の子たちの大いなる顕現を待ち設けている。宇宙は呻吟し、いわば産みの苦しみにあるが、希望を抱いている。万物は弱さと腐敗にがんじがらめになっているが、隷属状態から解放され、神の子たちの栄えある自由な状態に移ることを期待している。霊の初物《はつもの》を授かったわれわれもまた、神の子の座に挙げられる日を、わが身のはかなさから解放される日を待ちつつ、現実には身の不遇をかこっている。われわれを救うもの、それは希望である。ところが人はいま見えているものに希望が持てない。見えていないものを、霊の力を借りて辛抱強く期待しようではないか。われわれは祈るすべを知らない。だが、霊はわれわれの弱さを補い、聞き取れない嘆きの声も聞きつけてわれわれのため神にとりなしてくれる。人の心の内を細かく観ておられる神は、霊の欲するところを見抜き、不明瞭な、言葉に表わせないうめきを見透される。

しかもなんという心強い激励《インセンティヴ》だろう。神の直接の指図によって、われわれは神の子に似た者に変わり、生きとし生ける者が大変質してイエスを最年長とする兄弟の群れに入るよう定められるとは。神の予知により、神は選ばれる者たちをあらかじめ知っており、この者たちの救霊を神は予定する。予定した者を神は召しだして義《ただ》しい者とする。義《ただ》しいとされた者に神は栄光を与える。動じるな。われわれの為に、ご自身の子を惜しまず死に委ねた神ならば、われわれに何を拒まれようか。最後の審判のとき、だれが選ばれた者たちを訴えるか。彼らを義とした神か？　だれが彼らに有罪を宣告するのか。死んだ後よみがえり、神の右に座す、われわれのために取りなすキリストか？　とんでもない。「何がキリストの愛からわたしたちを引き離すことができましょうか。艱難か、苦しみか、迫害か、飢えか、裸か、危険か、剣か、」パウロは続けて言う、「わたしは確信しています。死も、命も、天使も、支配するものも、現在のものも、未来のものも、力あるもので、高いところにいるものも、低い所にいるものも、他のどんな被造物も、わたしたちの主キリスト・イエスによって示された神の愛から、わたしたちを引き離すことはできない」。

ユダヤ教ときっぱり断絶する

パウロの手によって、キリスト教は、なんともきっぱりユダヤ教と断絶してしまった。イエスはユダヤ教からそれほど遠く離れてはいなかった。確かにイエスは律法の支配は終わり、もはや父なる神の霊と真理の信仰しか確実に残らないことを公言していた。だが、イエスの詩情《ポエジー》、感情、イメージ、ことばづかいは本質的にユダヤ教のものだ。彼はイザヤ、詩篇、捕囚時の預言者、雅歌の著者、また時には伝道の書の著者にじかに依存している。パウロはイエスにしか従属していないが、但しそれはゲネザレ湖畔にいたイエスではなく、彼が頭に描いた、心の内奥に見たイエスである。昔からの同宗者に対してパウロは気の毒としか思っていなかった。彼から見ると「完全な」クリスチャン、すなわち「啓発された」クリスチャンとは、律法の空しさ、無益さ、恭《うやうや》しいお勤めの無意味さを自覚している者であった。パウロはイスラエルの兄弟たちの非難の対象となることを望んでいるかのようだ。が、選び、神との契約、律法、真の信仰、約束という特権をもち、またキリストと血縁でつながる族長の末裔たち、栄光に輝くこの高貴な一族に思いをいたすと、彼は大きな悲しみと絶え間ない心の痛みを覚えた。しかし神はその約束をないがしろにしていない。イスラエルの血を引くからといって、真のイスラエル人になるわけではない。神の選びと召命《ヴォカシオン》によって、約束を受け継ぐ者となるのであって、出生という事実によるものではない。この点、なにも不当なものはない。救いは人間の努力の結果ではなく、神の慈悲《ミゼリコルド》の結果である。神は自由に欲するまま、ある者に憐れみを垂れ、欲するままある者を鍛える。誰があえて神の選択に釈明を要求しようか。壺粘土でできた壺が壺職人に向かって、「どうして、こんな具合に作ったのか」と問うだろうか。壺作りは、おなじ粘土を用いて二種類の壺、ひとつはめでたい用途に、いま一つは汚い用途につくる権利を持っていないのか。ファラオに対してなした如く、神がその力を示すため、或る者を打ち砕こうとされても、それは主人なら当然である。まして栄光を与えるため用意し、召し出した者たちに神の慈悲を示すためであればなおさらである。この選びにおいて、神は民族や血統に考慮してためらうことはない。

しかも、たとえユダヤ民族が地位を奪われたとしても、それは彼らの落ち度というものだ。彼らは律法の作用にあまりにも信頼を置き、彼らはこの作用を通して義にいたるものと信じた。異邦人はこの〝躓きの石〟から解放され、信仰による救いという真の教理によりいっそう素直に従った。イスラエルは、律法に対する過度な献身と、行為により得られる個々人の義をあまりにも重視するという過ちを犯した。これがイエルサレムをして義が神だけからくることを、また義は恩寵の成果であって行いの成果ではないことを忘れさせた。イスラエルは義の奉仕者たるイエスを正当に評価しなかった。

では神はその民を放棄されたのか。いや、たしかに神は大半のユダヤ人を盲目にし、鈍感にすることをよしとした。だが、選ばれた者の最初の中核はイスラエルの中から採った。その上、ヘブライ民族の滅びは決定的ではない。その衰亡は異邦人を救うため、また選ばれた者の二派に有益な競争心を喚起するという目的のために過ぎない。ユダヤ人がその召命にしばし背いたのは、異邦人にとっては僥倖である。なぜなら異邦人が彼らの代わりになり得たのは彼らの短所のせい、彼らの無能のせいだ。しかし、もしユダヤ民族の無能が、彼らが一時、出遅れたことが、世界の救済になったとすれば、彼らは将来、キリスト教会に一団になって入会するということか。そう、それこそがほんとうの復活となろう。麦の初穂が聖なるものであるとすれば、ぜんぶが聖である。根が聖ならば枝また聖なり、だ。枝をいくらか切り、そこに野性のオリーヴの枝を接いだので、その枝は根とオリーヴの果汁の両方に関わることになったわけだ。「野性のオリーヴの木よ、切られた枝を馬鹿にして高慢にならないよう気をつけよ。根を支えているのはお前ではないぞ、根がお前を支えているのだ。」「そうです」とお前はいうだろう、「ですが枝はわたしを接ぎ木するために切られたのです」。「違いない、枝は信仰がないので、切られた。聞くがよい、お前のすべては信仰のお陰なのだ。高慢にならぬよう気をつけるがよい。神を畏れよ。信仰を持ち続けないなら、お前もまた切られようぞ。」もし彼ら（元の枝）が信仰に戻ってくるなら、元の幹に彼らを再び接ぎ木するくらい、神にはわけはない。イスラエルは異邦人が大勢、教会に入ってくるまで、目が見えなかった。だが、これからイエルサレムが救われる番だ。神の恵みに悔いはない。イスラエルと神との睦まじい関係に翳げりがみえたのは、翳っている間に異邦人が福音を受けられるようにするためである。しかしイスラエルの召命《ヴォカシオン》、族長と交わした契約は、依然として有効だ。神はある者の不信心を他の者を救うために役立てる、次に神は不信仰の徒にした者たちを救い、彼らを順番に救ってゆくのである。こうしたすべてのことは、救いが神の側からなされる慈悲《ミゼリコルド》なる清き計らいにほかならず、人が出生による権利とか、行いとか、理性による自由な選択とかによって得られる結果ではないことを論証するためのものだ。神はだれからも助言を受けない。だれにも縛られない。だれにもしかるべきお返しもない。

ああ、神の富と智恵と知識のなんと深いことか。だれが、神の定めを究め尽くし、神の道を理解し尽せよう。すべてのものは、神から出て、神によって保たれ、神に向かっているのです。栄光が神に永遠にありますように、アーメン。（ロマ書　11　三十三）

使徒パウロはいつものように、心からなる献身の言葉で手紙の区切りをつける。クリスチャンの信仰は理性の信仰であって、自分自身を捧げる他になにも捧げ物を要しない。嘉《よみ》して受け取っていただける純粋な犠牲を各自が神に捧げるべきなのだ。教会の真髄《エスプリ》は、謙譲、和、相互の援助でなければならぬ。すべての神の恵み、すべての役割は緊密につながっている。一つの身体は、いくつもの器官からできている。それぞれは同じ機能は持たないが、相互に必要とする。預言者、助祭、学者、説教師、後援者、高位聖職者、慈善事業の役員はそれぞれの機能に要求される純真、熱意、快活を持っている限り、ひとしく必要なのだ。偽善でない慈しみ、友愛、礼儀正しさ、思いやり、活気、熱意、喜び、希望、忍耐、親切、和合、謙遜、悪口を許すこと、隣人愛、聖者の費用を負担する熱意、あなたを迫害する者のために祈ること、喜ぶ者と共に喜び、涙する者と共に泣く、悪に対して悪ではなく善をもって報いる、以上のモラルは部分的にはヘブライの古い経典から取り入れて、イエスに則《のっと》ってパウロが説いたものである。このロマ書が書かれた時代は、いくつかの教会とりわけローマの教会は、ローマの権威に対する反乱を唱導し課税の合法性を否定していたガマラのユダの弟子たち、あるいはサタンの支配もメシアの支配も、拒否し、現時代を悪魔《デーモン》の帝国であると断じていたエビオン派を擁していたように見える。イエスの真の弟子としてパウロは彼らに答えて言う。

人は皆、上に立つ権威に従うべきです。神に由来しない権威はなく、今ある権威はすべて神によって立てられたものだからです。従って、権威に逆らう者は、神の定めに背くことになり、背くものは自分の身に裁きを招くでしょう。実際、支配者は、善を行なう者にはそうではないが、悪を行なう者には恐ろしい存在です。あなたは権威者を恐れないことを願っているのか。それなら、善を行ないなさい。そうすれば、権威者からほめられるでしょう。権威者は、あなたに善を行なわせるために、神に仕える者なのです。しかし、もし悪を行なえば、恐れなければなりません。権威者はいたずらに剣を帯びているのではなく、神に仕える者として、悪を行なう者に怒りをもって報いるのです。だから、怒りを逃れるためだけでなく、良心のためにも、これに従うべきです。あなたがたが貢を納めているのもそのためです。権威者は神に仕える者であり、そのことに励んでいるのです。すべての人々に対して自分の義務を果たしなさい。貢を納めるべき人には貢を納め、税を納めるべき人には税を納め、恐るべき人は恐れ、敬うべき人は敬いなさい。（ロマ書 13 一―七）

ネロを神に仕える者とみる

これはネロ統治の四年目に書かれている。この君主はまだ人に呪われるような材料は少しも見せていなかった。これまでのところ、アウグストゥス帝以後、一番の善政が敷かれていた。パウロが良識を大いにもってユダヤの神権政治に反対し、課税擁護にまわっていたこの時期、ネロは苛酷な税を和らげて、ラディカルな改革を実施しようと努力さえしていた。当時のクリスチャンたちが彼に不平をもらすはずもなく、ローマの権威は障害になるよりはむしろ、かれらの活動に役立った時期にあたっていた。パウロは、ローマのユダヤ人がのめり込んでいたなにもかも烏有《うゆう》に帰す恐れのある激しい運動を阻止しようと努めていたように見える。このような反乱とそれが誘発した逮捕と体刑は、新興の宗派に対する非常に強い悪感情を引き起こし、信徒たちは泥棒や公秩序を乱す者と一緒くたに見られている。パウロは敏感だったから、暴徒視されることはなかった。彼はクリスチャンの名が好感を持たれ、キリスト教徒が秩序を遵守する人間で、警察に従い、異教徒からよい評判をとることを望んだ。このことが、ユダヤ教徒から見ても、クリスチャンから見ても同じように奇妙な文面を彼に書かせたのである。これを読むと、発生期のキリスト教の中核にさえ、体制にとって危険分子があったことが稀に見るほど率直な形で看取できる。すべての既成権力の神権説が明確に認められる。パウロの主張によれば、ネロは神に仕える僕、高官であり、神の権威の体現者というわけである！　キリスト教徒が自由に宗教行為ができるようになっても、これでは権威に盲従する者となり、断じて市民権をもつ者にはなれない。わたしはここで非難するつもりは毛頭ない。二兎をみごとに追うことは決してできない。政治がすべてではなく、キリスト教の誉れは、さながら一世界を政治の外に創りだしたことにある。だが、無条件の理論を振りかざせば、どんな目に合うかは歴史の教えるところだ！　パウロがまっすぐな者にはすべて称賛を送るべきとし、その剣は悪人にとってのみ恐ろしいと主張した〝神に仕える者〟が、この数年先には『黙示録』にいう〝けもの〟となり、反《アンティ》・クリスト、聖者の迫害者となろう。
思うに奇妙な精神状況、すなわち世界の終末が近づいているという当時の人々の確信、これがあのような誇り高い無関心を説明してくれる。

　あなたがたが眠りから覚めるべき時が既に来ています。今や、わたしたちが信仰に入ったころよりも、救いが近づいているからです。夜は更け、日は近づいた。だから、闇の行いを脱ぎ捨てて光の武具を身に着けましょう。日中を歩むように、品位をもって歩もうではありませんか。酒宴と酩酊、淫乱と好色、争いとねたみを捨て、主イエス・キリストを身にまといなさい。欲望を満足させようとして、肉に心を用いてはなりません。（ロマ書　18　十一―十四）

食事の戒律は神の国とは無縁

対抗者の幾人かはエビオン派であったが、これに対するパウロの戦いは、肉を控えるべきことと、新月の日、安息日、特定の日を守るべきことに関する彼の手紙の部分に示されている。エビオン派はこの時期からローマに本部を設けており、実のところエッセネ派を継承しているに過ぎない外面的な勤行に執着していた。ここには肉に関する戒律を実行するだけでなく、さらに野菜しか食べない、ワインも飲まないといったことを自らに課した用心深く禁欲的な人たちがいた。キリスト教は非常に敬虔な人々から興ったものであり、当然、戒律の実践には非常に熱心だったことを思いおこす必要がある。クリスチャンになってからも、このような人々は昔の習慣を忠実に守っていた、というよりむしろ彼らにとってキリスト教はよりいっそうの信心業（religio）の実践を意味していた。パウロは今回の新しい手紙においては先にコリントの信者に書き送った、行いに関するすぐれた諸規則を踏襲している。この信心の業そのものは、まったく空しいものなのだ。何より大切なことは、戒律を持ち出して、信仰の弱い人を傷つけたり、困らせたり、論難したりしないことである。しっかりした者は心の弱い者を軽蔑してはならない。信仰に極度に細心な者が、ルーズな者を批判することがあってはならない。各自は固有の判断にしたがうべきであり、善とは神の前で善と信じたもののことだ。どうしてあえて兄弟を裁くことができるのか。われわれすべてを裁くのは、キリストであって、各人は自分の責任を果たせばよい。肉の素性の区別には何の根拠もない、すべてのものは浄いのだ。だが、兄弟を罪に誘わないようにすることは大切である。もしあなたが適法な肉を食べて、あなたの兄弟をひどく悲しませたとしたら、注意しなさい。肉の問題が原因で、ある者を滅ぼしてはならない、その者のためにキリストは死んでくださったのだから。神の国は、食べることや飲むこととまったく無縁であって、それは正義、平和、喜び、啓発に要約される。

パウロの弟子たちはそれぞれの教会宛てにこの声明文《マニフェスト》を書き写すため数日かかった。マケドニア教会宛の手紙はテルティオが筆記した。パウロについてやってきたマケドニアの人たちとギリシャ北部の教会とつながりのあったコリントの人々は、この機会をとらえて兄弟たちに挨拶をした。エフェソ人への手紙には、この大教会の殆んどすべてのキリスト教徒にあててパウロが名指しして挨拶を送った。コリントとマケドニア、コリントとエフェソとの関係はあまりなかったので、パウロはエフェソの信徒たちには自分の取り巻きたちについて語らなかったが、彼らにその手紙を持参したと思われるケンクレアイの奉仕者フェベを熱心に推挙している。この貧しい女性は、パウロの紹介状の他には何の頼りもなく、半島を横切る辛い冬の旅に出発した。パウロはエフェソ教会に、彼女を聖者にふさわしい扱いをして、必要とするものはどんなことでもしてやってほしいと頼んでいる。エフェソのユダヤ・キリスト教派の陰謀が心配だったようで、手紙の結びに、自筆で次のように書き加えている。

さて、兄弟たち、あなたがたに勧めます、あなたがたの学んだ教えに反して、不和やつまずきをもたらす人々を警戒しなさい。彼らから遠ざかりなさい。こういう人々は、わたしたちの主であるキリストに仕えないで、自分の腹に仕えている。そして、うまい言葉やへつらいの言葉によって純朴な人々の心を欺いているのです。あなたがたの従順は皆に知られています。だから、わたしはあなたがたのことを喜んでいます。なおその上、善にさとく、悪には疎くあることを望みます。平和の源である神は間もなく、サタンをあなたがたの足の下で打ち砕かれるでしょう。

（ロマ書　16　十七―二十）

先にも見たように、聖パウロはこの元になる手紙をしたためながら、それをローマの教会に送るつもりだった。その教会ではクラウディウスの勅令以後に改革が行なわれ、どこでも良い評判になっていた。人数は少なく、大方はエビオン派とユダヤ・キリスト派であったが、それに新規加入者と改宗異邦人をかかえていた。自分が創ったわけでもない教会に教義の書状を送るという考えは大胆でもあり、いつものパウロのやり方と異なっている。パウロは人々がそのやり口に、慎みがないと感じはしないかと気をつかった。彼は偉そうに話す先生のような口調にならないよう、自らを戒めている。パウロの（ローマの信徒への）個人宛の挨拶はない。こうした注意を払うことで、異邦人たちの使徒という肩書が以後認知され、一度も訪れていない教会に宛てて手紙を出す根拠ができようと彼は思った。帝国の首都としてのローマの重要性が彼の頭にずっとあった。何年も前から、彼はそこを訪ねる計画を温めていた。まだそのもくろみを実行できないまま、パウロ自ら、ひそかに信徒層の牧者となることを思い描き、この栄光ある教会に厚誼の念をあらわそう、またいずれそちらに赴くという吉報を知らせようとしたものだ。

ロマ書、パウロ教義の圧巻

いわゆる〝ローマの信徒たちへ〟の手紙の作成と発送のために、パウロはこのたびコリントで過ごした冬の三カ月の大半を費やしている。これはある意味で、その生涯でもっとも充実した数週間であった。このお文《ふみ》は後代にキリスト教教理の要約となり、また哲学に向かって発せられた神学の宣戦布告となった。不条理の卓越性、信頼性の主張は、すべての知識層をして、キリスト教を理性軽視の体系として理解するに至らしめる重要文書となった。人々を義《ただ》しくするのは、キリストの功徳の計らいである。神こそが、われわれの内に働いて、み心のままに望ましめ、行なわせておられる。これは理性を失脚させるものであって、基本的な教理として自由と善き行いの個人的性格を説き本質的にペラギウス的なものだ。その通り！　パウロの教義は人間的感覚のまったく逆をいくようでいて、現実に人を解放し、役に立ってきたのである。この教理がキリスト教をユダヤ教から切り離し、プロテスタンティスムをカトリシスムから切り離した。忠実な戒律遵守は、それによって義化されると信心家を安心させるが、二重に難点がある。第一に、神意に反しても、天国に入る確実便利な方法があると信心家に思わせてモラルを台無しにする。最も心が冷たいユダヤ人、エゴイストでよこしまな欲深男は、律法《トーラ》を守ることによって、権柄ずくで神を自分の救済にあたらせうるものと思い込んだ。ルイ十一世時代のカトリックはミサを行なうことによって、まるで神に対して執行吏が命令するように振る舞うものとし、その結果、神が愛さない見下げ果てた男が、細心にしておれば、大手を振って天国を要求でき、神は否応なく男を迎え入れねばならないものと心得ていた。ユダヤ教がタルムード主義のため陥っていたこの瀆神《アンビエテ》、キリスト教が中世のカトリシスムにより陥ったこの瀆神、これに対してパウロは強力な処方箋を書いたのである。彼によれば、人は行いによってではなく、信仰によって（神の前で）義《ただ》しいとされる。ただその信仰とは、救っていただくイエスへの信仰である（使徒行伝　16　三十一）。この故にこそ、一見不自由なこの教義《ドグマ》が、すべての改革者のドグマとなったのであり、ウィクリフ、ジャン・フス、ルター、カルヴァン、サン・シラン（フランスの神学者一五八一―一六四〇）が因習、聖職者に対する妄信、心の入替えを伴わない、いわば外面的な義《ただ》しさに対する色あせた信頼、こうした積年の旧弊の重しを持ち上げる梃子《てこ》となった。戒をまもることの今一つの不都合は、細心微細に立ち入ってしまうことである。持戒それ自体に価値があると思われ、魂の状態とは無関係に、決疑論（良心の問題を判断する倫理学）の綿密な考察へ門を大きく開いた。律法に適った行いはマニュアル化され、首尾のほどは几帳面な履行によるものとされた。この点においてもタルムード主義とカトリシスムは同じである。イエスと聖パウロの時代においてユダヤ教の信心家の絶望とは、すべての律法をきちんと守っていないのではないか、戒めに合致していないのではないかという危惧、不安だった。高僧も罪を犯すものであり、勤めを怠らないということは、ありえないと考えられた。人々は神が律法を授けられたことに不満を抱くほどになった、なぜなら戒律違反に陥れるのに役立っているだけだから。神は罪を犯させるため、すべての人を罪人に仕立てるためだけに、これらの命令を定めたというひがった考えをある者は打ち明けている。イエスは、その弟子たちの考えによると、パリサイ人《びと》が非常に入り難くしてしまった神の国を入りやすくし、ユダヤ教が非常に狭くしてしまったユダヤ教の門を広げたものである。少なくともパウロは律法を排する以外に罪を取り除く方法はないと考える。彼の論理はいわば蓋然説者の論理に似ている。義務を増やすことは、違反を増やすことになる。心を自由にし、できる限り闊達にすれば、違反の防止になる。義務づけられていると信じていない戒律は誰も破ることもないからというわけである。

繊細な心の人にとっての大きな苦しみは良心のとがめだが、これを和らげてくれる者は、彼にとって全能者である。イギリスの敬虔主義派《ピエティスト》の信仰において通常とっているしきたりは、心の重荷を解き、罪人の魂を安堵させ、罪深い魂を和らげ、悪い考えを追い払うイエスという観念に立っている。罪業の深さの思いに打ちのめされたパウロも同様に、イエスにおいて始めて心の安らぎを得た。末々まで人はすべて罪人であり、アダムの子孫であるが故に罪人とされた。ユダヤ教は罪について犠牲を供することによって、いうなれば人と神との間に、免罪と負債の勘定科目の開設という、まったく根拠のない思想を確立していた、というのは罪は免除されるのではなく、あがなわれるものだから。犯された罪は時の終りまで続いて残る。ただし、罪を犯した心は立ち直って、まったく逆の行いを始めることはできる。罪の免除は、弟子たちがイエスから授けられた権限の一つと考えられた。教会にとってこれほど有り難いことはなかった。罪を犯した、心がさいなまれる、これがクリスチャンになる動機の一つであった。「この方による罪の赦しが告げ知らされ、また、あなたがたがモーセの律法では義とされなかったのに、信じる者は皆、この方によって義とされるのです」(行伝 13 三十八―三十九)、ユダヤ人にとってこれほど魅力的なことがあろうか。コンスタンティヌス帝をキリスト教に引きつけた理由のひとつは、キリスト者だけが、息子を殺した父親の心を鎮めるための罪滅ぼしができるという確信であったという。すべての者を赦し、むしろ罪を犯した者をいわば優先させることすら認める慈悲深いイエスは、人々の魂に大いなる平安をもたらす者として、この混濁の世に現われた。こうなると人々は、罪を犯したことはいいことだ、すべての免罪は無償《ただ》である、信仰だけにより義《ただ》しいとされると言い合いはじめた。

セム語のもつ特殊性が、この誤解を説明づけ、このおかしな道徳心理を許している。ヒフィル hiphil の語形は実質形を意味すると共に宣言形を含んでいる。その結果、ハスディク hasdik という語は、「義《ただ》しい」であると同時に「義と宣言する」なのであり、またある者が犯した罪を彼から免除する、であると同時に彼が罪を犯さなかったと宣言することを意味する。この特殊な語法によれば、「義とされた者」とは、単にキリストによって罪を許された者だけではなく、独自に安堵を得た者及び自分が犯したかもしれない罪や、知らぬまに破ったかもしれない戒律をもはや気にしない者も含むことになる。

出発を決意、新たなプロジェクト

パウロがこの衝撃的な手紙を発送したとき、彼は出発の日取りをほとんど決めていたのだが、大きな危惧に襲われていた。深刻な事故の予感がしたのである。たびたび彼は詩編中の次の句にわが身を託している、「わたしたちは、あなたのために一日中死にさらされ、屠られる羊のように見られている」。きわめて確かな、十分過ぎるほど根拠のある情報は、ユダヤのユダヤ教徒側が仕掛けた危険に彼は嵌められようとしていることを示していた。イエルサレム教会の動向も安心できるものではなかった。かの教会が狭量な偏見に縛られていることを、多く見てきたので、彼はひどい応対を受けることを恐れた。今なお迷っている同行者の人数次第で、応対は悲惨なものになるだろう。

彼はたえず信者たちに、彼の贈り物が聖者たちに気持ち良く受け取ってもらえるよう神に祈ってくれと促している。このように、地方の小心な新しい信者を首都の貴族的集団と直接に接触させることは、恐ろしく無鉄砲な考えであった。脱帽に値する一本気を押し通し、パウロはなお自分が立てた計画にこだわる。聖霊の指示にうながされていると信じこんでいる。聖者に仕えるためイエルサレムにゆくのだと彼は強調し、イエルサレムの貧しい者を援助する奉仕者を自認している。主な弟子と各教会の募金を持っていく代表者たちは、彼のまわりで出発の準備をととのえた。一行の名前は先にも触れたようにベレアのソパトロ、テサロニケのアリスタルコとセクンド、デルベのガイオ、エフェソのティキコとトロフィモ、そしてティモテである。

パウロがシリアに向けて船出しようとしたとき、危険が杞憂ではなかったことがはっきりする。航海中に彼を誘拐するか、殺そうとするユダヤ教徒の陰謀が見つかった。この計画の裏をかくため、パウロは急遽日程を変更する。マケドニアをまた経由することになり、五八年の四月頃出発した。

こうして今回の第三次伝道《ミッション》は終わったが、これはパウロの考えでは、伝道計画の第一幕の終了であった。エジプトは別として、東端のイリリコン州*までローマ帝国のオリエントの全地方に福音が宣べ伝えられた。パウロは、キリストの名を聞いたこともない国、すなわち他の使徒がまったく足を踏み入れていない国でしか宣教しないという自分の方針を一度も破ったことはなかった。彼の全事業は独創的なもので、彼だけのものであった。第三次伝道は第二次の時と同じ国を舞台にしている。少し同じ地域を歩き回った、狭い範囲に留まっていたように思った。今は一刻も早く第二段階の計画を実現したかった。つまり開闢以来秘められた神秘が、すべての国々に啓示されたといえるように、西洋世界にもイエスの名を知らせたかった。

ローマでは彼は先を越されたし、それに割礼を受けた者たちがその教会で多数を占めていた。彼が帝国の首都・ローマに姿を見せたいと願ったのは、異邦人の諸教会を統べる牧者として改宗した異教徒をより堅固なものにするためであって、創設者としてではない。彼の望みは、立ち寄って信徒仲間の歓談のうちにいっときを過ごし、彼らとくつろいで意見を交わし、いつもの如く次の旅に同行する新しい連れを見つけることだけである。彼の視線は更にかなたのスペインに注がれていた。当時スペインはイスラエルの移民をまだ受け入れていなかった。そこで今度はシナゴーグと既存のユダヤ人集落を追うという従来の方式を破ってみようと思った。だが、スペインは西の地の果てと考えられており、彼はアカイア州とマケドニア州にいったし、イリリコン州に達した、そこでまたまだ腹案ではあるが、これからスペインに行けばイエスの名は地の果てにまで伝わり、福音の布教は完結を見たと結論しても万人に認められると思った。

パウロの意向をよそに諸般の事情が、目標にかかげた壮大な計画の第二幕実現を妨げた次第については追って述べたい。彼は歳《よわい》四十五か四十八になっていたが、ギリシャ世界で快刀乱麻に推進してきた伝道《ミッション》を、更にラテン世界で一、二回行なうだけの時間も体力もあると確かに思っていた。だがイエルサレムへの運命の旅が、彼の目論見《もくろみ》をすべてくつがえす。その旅が危険であることをパウロは分かっていた。まわりの者も同じように感じていた。といって重視していた計画は断念できない。イエルサレムはパウロを亡き者にするに違いない。だがあれほど高揚した狂信の中心地に本部をもつのは芽を出しかけたキリスト教にとってはもっとも望ましい状況なのだ。十年先に、ある事件がイエルサレムの教会を根こそぎ破壊するが、これによりキリスト教はその長い歴史の流れの中でも最大の貢献に浴するだろう。存続するか絶え果てるか、これは生まれたばかりの宗派がユダヤ教から袂を分つか、分たないかの判断にかかっていた。ところでかりに神殿の周辺に群がっていたイエルサレムの聖者たちが、依然として特権階級、すなわちキリスト教におけるいわば「ローマの宮廷」であり続けていたならば、これほどの大きな断絶はなく、イエス派は、ヨハネ派とおなじく、人知れず消えていっただろう。キリスト教徒は一、二世紀のユダヤ教諸派の中に姿を消してしまっていたにちがいない。

第十八章　イエルサレムに帰る

パウロと諸教会の代表者は、イエルサレムの貧しい人たちのために信者からの献金をたずさえてケンクレアイを発ち、マケドニアに向かった。これは敬虔な改宗者一行による、いってみれば初の聖地巡礼であり、信仰の揺藍の地を訪れる最初の旅であった。旅路のあるところでは彼らは船を傭って指示したものと思われる。これは平底の小舟だったにちがいない。一同は日に約六〇から八〇キロ進んだ。夕方になると夜を過ごすために島陰か岸辺のある港に泊り、海浜近くの旅籠へ行って眠った。ときにはそこに大勢の人が住んでおり、中には神の国から遠くはない善男善女もいた。小舟は、船尾や船首を持ち上げて砂浜に引き揚げるか、どこか船溜まりにもっていって錨《アンカー》を入れた。

今回パウロがテサロニケに立ち寄ったかどうかは分からないが、これはありそうにない。大回りになるからだ。ネアポリスで、パウロはほんの少ししか離れていないフィリピ教会を訪れたいと思った。彼は連れの全員を先行させ、トロアスに行って待っているようにと言った。一方彼はフィリピに赴いて、そこで復活祭を祝い、もっとも愛する人と共に七日間を種なしパンを食べ、くつろいで過ごした。かって第二次伝道の際パウロの足を初めてマケドニアに向かわせた弟子にフィリピで再会しているが、その人は他ならぬルカだと言っても誤りあるまい。パウロはふたたび彼を旅に伴った。こうして加わったルカは将来こよなく美しくも真実の旅の印象をわれわれに語り伝えてくれるだろう。

トロアス、サモス島、ミレトス

除酵祭《じょこうさい》の数日も終わり、パウロとルカはネアポリスで再び船上の人となる。ネアポリスからトロアスまで五日もかかっているから、向かい風だったに違いない。トロアスの町で使徒の一行は全員が揃った。前述したように、ここには教会があって、パウロは信者たちと七日間を過ごし、大いに彼らを慰めた。ある事件が起こって、ひとしお感激が増したことだった。出発の前日は日曜だった。いつものように弟子達は夕方に集まって、みなでパンをさいた。一同が集まった部屋は階上にあったが、オリエントでは特に港の海に面していると、そこはじつに快適である。集会は人数も多くおごそかだった。どこへいってもパウロには、来るべき試練の前兆がずっと見え、講話の間しょっちゅう真近にせまった自分の最期の話に戻り、出席した人々に永遠の別れを告げておくと言い残すのだった。季節は五月だった。窓は開かれ、ランプをたくさん灯して部屋は明るい。パウロは夕方ずっと疲れ知らずに熱弁を振るった。真夜中になっても彼は話をしていた。そして人々がパンをさこうとすると、突然恐怖の叫び声があがった。エウティコという名の若者が窓のへりに腰をかけていたが、いつの間にか深い眠りに誘われて三階から地面に落ちたのだ。助け起こしたが、死んでいると思われた。パウロはためらうことなく、自分の奇跡の力を確信して、エリシャが施したとされる術を行なった（Ⅱ列王記 4 三十四）。気を失った若者の上に伏し、彼の胸に自分の胸、彼の腕の上に自分の腕を重ねたが、まもなく確信をもってこう言った、皆が死んだと嘆いているが、まだ生きている。事実、若者は落ちて打撲傷を負っただけのことで、すぐに正気を取り戻した。一同は大喜びでこれは奇跡だと信じた。皆はまた階上に上がるとパンをさき、会合は明け方まで続いた。

数時間後に船は帆を上げた。代表たちと弟子たちだけが乗船した。パウロはトロアスからアソスまで（約三二キロ）を徒歩でいくか、少なくとも陸路をとることにしていた。一行は落ち合うことにしていたアソスで、予定通り合流した。これから以降パウロと同伴者たちが別々になることはない。第一日目はアソスを出航して、ミティレネに寄港する。二日目はキオス島とクラゾメネス半島の海峡を通過。三日目はサモス島に寄っているが、どういうわけか、パウロと仲間はミカレ山の麓にあって岬の突端下のトロギリウムの投錨地に夜間停泊に向かうことを選んでいる。こうしてエフェソを目前にしながら、上陸することなく通過した。これはパウロの希望によるもので、彼はエフェソの信者たちの熱い友情が彼を引き止めるのではないか、また自身も親しんだ町に名残りが尽きないのではないか、と危惧したのではなかろうか。ところでパウロはイエルサレムで五旬祭を祝うのを心待ちにしており、復活祭からもう二十三、四日が過ぎていたから、ぐずぐずしてはおれなかった。信者の一行は翌日短い航行をしてトロギリウムからミレトスの港の一つに着いた。そこでパウロは、エフェソの懐かしい共同体に元気な姿を見せずに通過してきたことを、ひどく申し訳なく思った。彼は連れの一人を遣って、いま自分がそこから数キロのところに来ていると知らせ、長老か監督に会いに来るよう招いた。大急ぎで彼らはやってきた。再会したパウロは彼らに向かい次の感動的なスピーチを行った。伝道人生の最後をしめ括る言葉である。

アジア州に来た最初の日以来、わたしがあなたがたと共にどのように過ごしてきたかは、よくご存じです。すなわち、自分を全く取るに足りない者と思い、涙を流しながら、また、ユダヤ人の数々の陰謀によってこの身にふりかかってきた試練に遭いながらも、主にお仕えしてきました。役に立つことは一つ残らず、公衆の面前でも方々の家でも、あなたがたに伝え、また教えてきました。神に対する悔い改めと、わたしたちの主イエスに対する信仰とを、ユダヤ人にもギリシァ人にも力強く証《あかし》してきたのです。そして今、わたしは、〝霊〟に促されてエルサレムに行きます。そこでどんなことがこの身に起こるか、何も分かりません。ただ、投獄と苦難とがわたしを待ち受けているということだけは、聖霊がどこの町でもはっきり告げてくださっています。しかし、自分の決められた道を走りとおし、また、主イエスからいただいた、神の恵みの福音を力強く証しするという任務を果たすことができさえすれば、この命すら決して惜しいとは思いません。

そして今、あなたがたが皆もう二度とわたしの顔を見ることがないとわたしには分かっています。わたしは、あなたがたの間を巡回して御国を宣べ伝えたのです。だから、特に今日はっきり言います。だれの血についても、わたしには責任がありません。わたしは、神の御計画をすべて、ひるむことなくあなたがたに伝えたからです。どうか、あなたがた自身と群れ全体とに気を配ってください。聖霊は、神が御子の血によって御自分のものとなさった神の教会の世話をさせるために、あなたがたをこの群れの監督者に任命なさったのです。わたしが去った後に、残忍な狼どもがあなたがたのところへ入り込んで来て群れを荒らすことが、わたしには分かっています。また、あなたがた自身の中からも、邪説を唱えて弟子たちを従わせようとする者が現われます。だから、わたしが三年間、あなたがた一人一人に夜も昼も涙を流して教えてきたことを思い起こして、目を覚ましていなさい。そして今、神とその恵みの言葉とにあなたがたをゆだねます。この言葉は、あなたがたを造り上げ、聖なる者とされたすべての人々と共に恵みを受け継がせることができるのです。わたしは、他人の金銀や衣服をむさぼったことはありません。ご存じのとおり、わたしはこの手で、わたし自身の生活のためにも、共にいた人々のためにも働いたのです。あなたがたもこのように働いて弱い者を助けるように、また、主イエス御自身が『受けるよりは与える方が幸いである』と言われた言葉を思い出すようにと、わたしはいつも身をもって示してきました。(使徒行伝　20　十―三十五)

皆ひざまずいて祈った。忍び泣く声が聞こえた。「あなたがたはもう二度とわたしの顔を見ることがない」、このパウロの言葉がかれらの心に突き刺さっていた。エフェソの長老たちは次々にパウロに近寄って首を抱いて口づけした。彼らはパウロを港まで見送りにきた。ここエーゲ海沿岸は、彼の〝対決の場〟だったところ、驚嘆すべき活躍の舞台であった。船は帆を上げて使徒パウロを遠く運び去っていく、その帆影が消えるまで彼らは岸辺に立ちつくしていた。

追い風が使徒の一行をミレトスの港からコス島に運んだ。翌日はロードス島、三日目にリキア沿岸のパタラに着いた。ここでティルス向けの荷物を積んだ船を見つけた。ここまではアジア州の沿岸沿いに進めてきた小舟の航海を、もし同じようにパンフィリア、キリキア、シリア、フェニキアと沿岸づたいに続ければ、ずいぶん遅くなってしまう。そこで早道を選び、船を乗り変えて、フェニキアに向けて出帆する船に乗り込んだ。キプロス島の西岸がちょうど彼らの進路に当たっていた。パウロの視界に遠くネオパポスの町が入ってきた。そこは十三年前、伝道の道の第一歩を踏み出した地である。左舷にこの町を見ながら通過して、推定するに六、七日の航海の後ようやくティルスに到着した。

ティルスにはステファノ死後を引き継いだ初期伝道にさかのぼる教会が一つあった。パウロはその設立に何も手を貸していなかったけれど、ここで名を知られ、愛されていた。誕生間もない宗派を分裂させる争いの渦中にありながら、言い換えればユダヤ教とそのユダヤ教が生み落とした変わり種との間に、あの大きな亀裂が走った最中にも、ティルスの教会は明らかに未来の陣営に属していた。パウロはここで大いに歓待され、七日間を過ごしている。霊に動かされた地元の者はみな、彼のイエルサレム行きを強く思い止まらせ、その計画を大凶とする聖霊のお告げがあったと言った。だがパウロはかたくなでプトレマイス向けの舟を傭った。出発の日、信者たちはみな夫人、子供ともども町はずれの浜辺まで見送りに出た。敬虔な一同は砂上にひざまずき、祈りを捧げた。別れを告げたパウロと連れたちは船に乗り、岸辺のティルスの人々は悲しく家路についた。

カイサリアにて〝死ぬ覚悟は出来ている〟

その日のうちにプトレマイスに着く。ここにも兄弟たちが何人かいて、一行は挨拶にいき彼らと一日を過ごした。ここからパウロは海路をとっていない。カルメル山の裾を通って、一日でパレスチナのカイサリアに入った。当初からの宣教者七人の内の一人で、長年カイサリアに定住していたフィリポの家に皆は泊った。フィリポは実際には使徒の役割を果していたが、パウロのような使徒の肩書を持っていなかった。彼は第二位の使徒を指す「福音宣教者《エヴァンジェリスト》」の名と、もうひとつ高い「七人衆」の肩書で満足していた。ここでもパウロは大へんな好意に包まれ、数日をフィリポの家に滞在している。ここにいたとき、丁度ユダヤから予言者のアガボがやってきた。パウロは十四年前にアンティオキアで彼と面識があった。アガボは古代預言者のやり方を真似て、好んで象徴的《シンボリック》な方法を用いていた。神秘的な風体《ふうてい》で入ってくるなり、パウロに近づき、その帯をつかんだ。一同は好奇と恐怖を抱きながら動きを見守っている。つかんだパウロの帯で、アガボは自分の手足を縛った。次いで不意に沈黙を破り、お告げを受けた口調でこう言った、「霊感がこう告げている、〝イエルサレムでユダヤ人は、この帯の持ち主をこのように縛って異邦人の手に引き渡す〟」。大きな衝撃が走った。パウロの連れとカイサリアの信者たちは、口を揃えてパウロに旅を取りやめるように懇願した。パウロは屈せず、縛られたとて、なにが恐ろしいのか、自分はイエルサレムでイエスの名のために死ぬ覚悟ができている、と言いきった。弟子たちはパウロが譲歩しないと悟り、「主の御心

アガボ，パウロが拘束されると予言する

が行なわれますように」、こう言って口をつぐんだ。そこで出発の準備に入った。カイサリアの信者の多くがこのキャラヴァンに加わっている。古くからの弟子だったキプロス島のムナソンはイエルサレムに自宅を持ち、この時はカイサリアにいたが、彼も一行に加わった。使徒パウロと一行は彼の家に泊まることになった。イエルサレムの教会がどんな応待を見せるか気がかりだった。一行のすべての胸に、動揺と不安が広がっていた。

第十九章　イエルサレムに最後の逗留、逮捕される

五旬祭《ペンテコステ》（五七年七月）のおそらく数日後に、パウロはこの不吉な町イエルサレムに入った、これが最後の訪問となる。ギリシャ、マケドニア、アジアの代表、弟子たち、同行を望んだカイサリアの信徒からなる随行者は、ユダヤ人に警戒心を起こさせるに十分だったにちがいない。パウロの名は大きく広まろうとしていた。コリント、エフェソから彼が帰ってくるという連絡をおそらく受け取っていたであろう狂信者《ファナイック》たちが彼の到着を待ち構えていた。ユダヤ教徒とユダヤ・キリスト教徒は彼に難癖をつけようと共謀しているように見えた。どこへいっても、背教者、ユダヤ教のうるさい敵、モーセの律法と聖書の伝統を破壊しようと世界中を駆け巡っている男、という風評が立っていた。偶像に捧げた肉について彼が説く教理は、とりわけ激しい怒りを買っていた。人々はパウロが肉と結婚についての戒律に関するイエルサレム会議の合意を破っていると力説した。彼を、イスラエルの子孫に破廉恥な行為を植えつけ、偶像崇拝と、異教の女との姦淫を教える新手のバラムになぞらえた。行いによらず信仰による（神の前で義《ただ》しいとされる）義認という彼の教理は猛烈な反発

を受けた。改宗した異邦人が律法を強制されないことは認めるとしても、ユダヤ人にその民族固有の義務を免除することは、いかなることがあってもありえない。ところがパウロはこれにお構いなしだ。彼はその改宗者と同等の自由を自らも行使しており、どう見ても、もはやユダヤ人ではないとされた。

新しく到着した人たちがその日に会った最初の兄弟たちは歓待してくれた。だが預言者たちの大胆な託宣を実現して、諸々の国と遠い島々を、あたかもイエルサレムの進貢者に仕立てたこの人物を迎えに、使徒たちも長老もやって来ないことからしてすでに驚くべきことだ。彼らはキリスト教徒としてというより政治的な冷静を装って、訪問してくる彼を待っていた。イエルサレム最終訪問の最初の夕べをパウロは数人の謙虚な兄弟たちとだけ共に過ごしたことだろう。

ヤコブとの会見

ヤコブ・オブリアムは前述したように、イエルサレム教会で唯一、絶対の最高責任者であった。あきらかにペテロは不在で、アンティオキアに住みついていた確率が高い。ヨハネはいつものように彼と一緒にいたと考えられる。このようにユダヤ・キリスト教派はバランスをとる人物が不在のままイエルサレムに君臨していた。ヤコブは、取り巻きの人々に尊崇されて盲目となっていた。それにイエスとの縁続きを誇り、伝統保持と重苦しい荘厳という原理を体現していた。言ってみれば狭量な精神にしがみついている教皇庁のようなものだ。周辺にはキリスト教的というよりはパリサイ派的な多勢の宗門を形成し、熱心党《ゼロテ》も顔負けするくらい律法の遵守に意欲的であり、新しい運動によって実質的に信者が倍増したと思っていた。これらの熱狂者は、みずから〝貧しい者〟（エビオニム）を名乗り、それを誇りとしていた。この共同体内には何人か金持ちもいたが、冷たくあしらわれ、サドカイ人と同じくらい高慢で横暴と見なされていた。オリエントにおいては、財産のもとを尋ねると、真っ当なものは殆どないとされ、金持ちは間違いなく当人ないし先祖が、征服者か泥棒か汚職者か卑しい者だったと考えられた。英国では、公正と富とを近い概念であると見なしているが、こうした観念連合はオリエントでは行なわれたためしはない。少なくともユダヤでは事を逆に考えていた。イエルサレムの聖者たちからすると「金持ち」は、「敵」「よこしま」と同義語なのだ。彼らにとって不信心の最たるものとは、自分たちを迫害し、裁判所に突き出す裕福なサドカイ人をさした。神殿の周りで生活している彼らは、民衆のための祈りにいそしんでいる良きフラティチェリ（十四世紀、清貧生活の厳守を主張した派）に似ていた。いずれにしても、これはまぎれもないユダヤ教徒たちであって、もしイエスが生きていて、霊と血縁によって衣鉢を継いだと自負する者たちの手にその教義が移ったのを見たなら、仰天しただろうことは請け合いだ。

パウロは到着の翌日、諸地方の教会代表とともにヤコブに会いにいった。長老たちはみなヤコブの家に集まっていた。シャローム（平和）の挨拶をかわし合った。パウロは代表者たちをヤコブに紹介し、代表者は持参した大金《たいまい》を彼に手渡した。パウロが神は彼の奉仕を通じて異邦人の世界に大きな成果をもたらしたことを物語ると、長老たちは神を賛美した。ところで、歓迎会は期待通りのものだったろうか、これは疑わしい。『使徒行伝』の著者は、五一年のイエルサレムの集会の話を、彼一流の折衷方式を適用して、すっかり脚色しているから、この時の重要な事実もやはり、つとめて穏やかに扱おうと手を加えて物語の筆を進めていると考えなければならない。第一に、その不正確さは『ガラテヤの信徒への手紙』と比較することで明らかである。第二には、彼もまた政治的必要から真実を犠牲に供したと推測させる重大な事由がある。まず、イエルサレムの聖者たちが献上金を気持ち良く受け取ってくれるかどうか、事前に見せていたパウロの憂慮だが、これが何の根拠もなかったということはあり得ない。次に、『使徒行伝』の筆者の語るところには、あいまいな表現が複数含まれている。文中、ユダヤ・キリスト教徒は純粋のユダヤ教徒とほとんど同等に、パウロの敵として表現されている。これらのユダヤ・キリスト教徒はパウロについて最も悪い評価をしているし、また彼が到着するという噂は彼らを不機嫌にさせ、彼らがデモを起こすかもしれないと、長老たちはパウロに隠さず語っている。長老たちはこの敵意に与《くみ》しはしないけれど、彼らを弁解している。いずれにしても、彼らの言ったことから、はっきりわかる事はイエルサレムのクリスチャンの大多数はパウロを快くもてなすどころではなく、なだめすかしてパウロと和解させる必要があったことだ。また募金《カンパ》について、『使徒行伝』の著者は事後でしか、また非常に間接的な形でしか語っていないことにも注目すべきである。もし義捐金が、しかるべく受入れられていたものならば、パウロは三通の手紙でこの計画についてかなりページを割いているのに、なぜ記述がないのか。魔術師シモンは、キリスト教伝承に登場する場合、ほとんど使徒パウロの仮名であることを否定できないだろう。このイカサマ師が使徒の権限を金で買おうとしたという話は、イエルサレムの使徒たちがパウロの募金に邪険な応対をしたことの形を変えた表現ではないだろうか。断定するのは早計に過ぎよう。が、悪意ある教父たちの団体が、彼らと意見を異にするグループの気前のいい行為を買収の試みだと云ったものとすれば、よく納得できる。もしイエルサレムの長老たちがひどく狭い了見で頭が一杯になっていなかったとしたら、『使徒行伝』の作者によると、彼らが述べたという、困った様子がありあり見える奇妙な言葉をどのように説明するのか。感謝の祈りが終わるや否や、ある者がパウロに言った、「兄弟よ、ご存じのように、幾万人ものユダヤ人が信者になって、皆熱心に律法を守っています。この人たちがあなたについて聞かされているところによると、あなたは異邦人の間にいる全ユダヤ人に対して、『子供に割礼をほどこすな。慣習に従うな』と言って、モーセから離れるように教えているとのことです。いったい、どうしたらよいでしょうか。彼らはあなたの来られたことをきっと耳にします。だから、わたしたちの言う通りにしてください。わたしたちの中に誓願を立てた者が四人います。この人たちを連れて行って一緒に身を清めてもらい、彼らのために頭をそる費用を出してください。そうすれば、あなたについて聞かされていることが根も葉もなく、あなたは律法を守って正しく生活している、ということがみんなに分かります」。

（使徒行伝　21　二十―二十四）

守旧派の提案

このように、外国から敬意のしるしを運んできた者に対して、偏狭な連中は不信をあらわにしてしか応えることができなかった。パウロはその目ざましい征服を、かたちだけの儀式を行って償わなければならないはめになる。了見の狭い連中に証しを示して見せねばならないのだ。皆に仲間と認めてもらうには、自費で頭を剃ってもらうこともできないほど貧乏な四人の乞食と一緒に世間の迷信に基く習慣をやりとおさねばならなかった。これが人間性の奇妙な実態というもので、こんな光景を見てもべつに驚くにあたらない。凡庸な者に妥協をしない限り、大事のいしずえは築けないほど、俗世には愚物の数は多い。気の弱い者たちの疑念を無視するには、完全に公平無私の行動をとるか、非常な辣腕をふるわねばならない。立場上大衆に配慮しなければならない者は、独立不羈の大物に妙な矛盾を要請することになるものだ。強硬に自己を主張する思想はすべて民衆の統治上は邪魔なのだ。護教も、熱心な伝道そのものさえも少しでもすぐれた天稟を含んでおれば、保守派にとってはうさんくさい存在となる。今日、カトリシスムの拡大を試みて、宗教的感情に心を閉ざしていた社会の一部がカトリシスムに好意を寄せるように働きかけた雄弁な非聖職者たちを見よ。彼らは、新しい多くの信者をもたらしたにもかかわらず、教会は彼らに何をしたか、非難したのである。ヤコブの後継者たちは、成果はしっかり頂戴していながら、彼らを非難することが思慮深いと考えた。彼らの献金にひと言の感謝も言わず受け取って、パウロの時と同じようにこう言った、「兄弟よ、あなたがたが黙って避けている事柄に執着している古くからの信者が何千人もいるのですよ。世間の人に話をする時は注意してください、ひんしゅくを買うような革新はやめて、わたしたちと一緒に罪を清めましょう」。

持戒《おこない》は無用という大原則を通すか、イエルサレム教会と断絶しないことで得られる量り知れない利益をとるか、いずれをとるか迫られたパウロはどうするか。彼の立場は辛いものだったにちがいない。戒律の遵守は無用であり、イエスを侮辱するものとまで彼は考えている。なぜなら救いがキリストの計らい以外のものによって得られるという考えが導かれうるからであり、持戒は彼が各所で説いてきた教義、特に回読されたかの偉大な書簡中に比類ない力を傾注して発展させた教義と明らかに矛盾する。それに人々は彼に尋ねるだろう、どうして時代後れの、なんの効験もない儀式をまたぞろ行なうのか、それでは新しい教義の否定につながるのではないかと。なんとなれば、彼がユダヤ教徒であることをはっきり示すことになり、また大方のうわさに彼がユダヤ教徒であることをやめ、もはや律法も伝承も認めていない、と言っているのを打ち消すことになるからである。もちろんパウロは律法も伝承ももはや認めていない。彼らの誤解に目をつむることは、キリストに背くことになるのではないか、この思いにパウロは、ひどく動揺したにちがいない。だがその人生を貫いた最高の原理が、逡巡を克服する。もろもろの主張と個人的な感情の上に、慈愛《シャリテ》をパウロは置く。キリストはすべての律法からわれわれを解放した。だが、もしせっかくキリストがわれわれに与えたこの解放、自由によって、兄弟をつまずかせることになるなら、そんな自由の権利は放棄して、もとの奴隷に戻ったほうがましだ。パウロ自身が言うように、彼がユダヤ人にはユダヤ的に、異邦人には異教徒的に、万人に尽くすのは、この原則によってなのだ。ヤコブと長老たちの提案を受け入れて、彼はこの心に刻んだ原則を適用して譲歩した。思うに、伝道人生を通して、彼がその事業でこれほどの大きな犠牲を払ったことは、おそらく一度もなかったろう。このような実践生活の英雄たちは、思索生活の英雄とは別の義務がある。後者にとって、第一の義務はその思想のため、活動する役割の方は犠牲にすることであり、考え得る限り正確に、自分が考えたことのすべてを、考えたことだけを発表することだ。前者の義務は、ときには自らの思想を、たとえはっきり定まった自らの原理であっても、勝利しようと努力している目的のために犠牲に供することである。

気高いパウロの妥協

それに、パウロに要求されたことは、ナジル人（ユダヤ教の誓願者）になることよりも、支払うべきものを持っていなかった四人のナジル人の正規の費用、すなわちこのような場合に捧げられる供物の費用を支払うことだった。これはユダヤ人の内では非常に評価の高い善行とされる。寺院の周りには、誓願を立てた貧乏者の群れがいて、だれか金を払ってくれそうな金持ちを待ちうけていた。〝ナジル人の頭を剃らせる〟のは隣人愛の行いであり、天の授けた恵みに感謝するしるしとして有力者がこうした百人ばかりを剃髪させたという引用事例がある。これにいささか似て中世には巡礼にでかける者や修道院生活に入る者の費用を負担するのは、称賛に値することとされた。イエルサレム教会を覆っていた貧困の中にあって、パウロは裕福な者として通っていた。人々は彼に金持ちの信心家としての勤めを果し、今でも自国の慣行に忠実であることを、周知のやり方で皆に証明するよう要求した。ヤコブは外面的な勤行に励む向きがあったから、このような奇妙な提案を示唆したのではなかろうか。なお、改宗した異邦人はこのような義務に関わりがないことを人々は大急ぎで付け加えた。モーセの律法を行なわないユダヤ人が一人でもいるというおぞましくも言語道断なことがこの世にあり得るなど信じさせておけぬと、そのことだけが問題なのだ。律法によって吹き込まれた狂信《ファナティスム》は凄《すさ》まじいもので、律法の無視という異常な事態は、世界の壊滅とか森羅万象の消滅以上にとんでもないことに映じたことだろう。

そこでパウロは四人の貧者と一組になった。誓願をする者は、まずわが身を清める。次に神殿に入り、一定期間籠もり、それぞれの誓願に従って（特に七日間と十三日間）ワインを絶ち、頭髪を剃ってもらう。満願の日が来ると、かなり高額の銭を払って供え物をする。パウロはそのとおりにした。ヤコブ訪問の翌日、彼は神殿に行き、七日間の申込みをすると、ぜんぶやり終えた。自ら進んで弱気な男になって、ボロ着をまとった者たちと一緒に古臭い勤行をやり遂げたこの屈辱の日々は、コリントやテサロニケで、力と不羈の才を発揮していた日々よりも貴い。

贋の兄弟たちが黒幕か？

パウロが誓願五日目に入った時、誰の目にも明らかに予測されていた事件が、その残りの人生を決定し、多分死によってしか出てこれない一連の艱苦の渦中に彼を巻き込んだ。彼がイエルサレムにやってきてから七日の間に、ユダヤ人のパウロ憎しの感情は恐ろしいまでに高まっていた。到着して最初の日か二日目に、彼がエフェソ出身で割礼を受けていないトロフィモを町で連れ歩いているのを人々が見かけた。アジア出身のユダヤ人はトロフィモを見知っていたので、パウロが神殿内に彼を案内したといううわさを流した。もちろんこれはでっち上げだ。こんなことをすれば死の危険に身を曝すことになることは明らかであったし、当然パウロは自分のキリスト教徒たちを神殿の信仰行事に参加させることなど思いもよらなかった。彼にしてみれば、このような勤行は無益のひと言につきる。連中がこんなことを続けているのは、キリストの徳を冒瀆するに近い。だが信仰に発した憎悪にとって、暴力に打って出る口実を見つけるには、安直な言いがかりで事は足りる。間もなくイエルサレムの大衆は、パウロが血でしか洗い落とせない罪を犯したと思い込まされてしまう。偉大な革命家がみなそうなるように、パウロも絶体絶命の窮地に立たされた。彼がかき立てた敵意がスクラムを組み、彼は孤立し始めた。彼の仲間たちはイエルサレムにおいては異邦人であり、この町のキリスト教徒は彼を敵と見なし、狂信的《ファナティック》なユダヤ教徒とほとんど手を握っていた。『行伝』中の描写を注意深く分析し、旅の帰途イエルサレムでパウロにわなが準備されているとの再三の警告があったことを考え合わせた上で、更に長老はこのユダヤ・キリスト教徒たちが敵意をもっていることを口にしており、彼らの反対デモを恐れている、そこでユダヤ・キリスト教徒たちがパウロに襲いかかろうとしている嵐を煽っていたのではないかという疑いが生ずる。ローマの聖クレメンスはパウロの破滅の原因を「妬み」としている。考えるのも恐ろしいことだが、これは神が最後に勝利する日までは人の世を貫くだろう鉄則にぴったりだ。多分わたしの考え違いだろうが、『使徒行伝』二十一章を読むと、あらがい難い疑いが頭をもたげてくる。どこからか私にささやく声が聞こえる、「パウロの事業を妨げるため彼を世界中追い回し、また彼を新手のバラムときめつけた〝贋の兄弟たち〟によってパウロは身を滅ぼした」。

それはさておき、暴動の合図はパウロがトロフィモと一緒にいるのを目撃したアジアのユダヤ人から出た。彼らにはパウロがナジル人と祈願を行なっている間は、彼が神殿内にいることが分かっていた。彼らは叫んだ、「イスラエルの人たち、手伝ってくれ、こいつはユダヤの民と律法とこの聖所をどこへいってもののしっておるぞ。異邦人まで境内に連れ込んで、聖所を汚してしまったやつだ」。まもなく都中が大騒ぎになる。大勢の民衆が集まってきた。怒り狂った連中がパウロを捕らえた。彼らの狙いは彼を殺すことだ。ただ神殿内部で血を流すと、聖なる場所を汚すことになる。そこでパウロを境内から引きずり出すと、すぐ祭司職のレビ人たちは門を閉めた。そこでパウロを一撃のもとに殺そうと襲いかかった。もしこの混乱の中で辛うじて秩序の維持に当たっていたローマ権力が介入せず、暴徒の手から彼を引き離さなかったら、連中の思いどおりになっていただろう。

ローマ軍の介入

ユダヤの総督《プロクラトル》は、特にアグリッパ一世の死以後、平生はカイサリアに駐在していた。ここはユダヤ人が目の敵とするいくつもの彫像で飾られた俗な町で、イエルサレムと対照的である。イエルサレムにおけるローマ権力は総督がいない時は、歩兵隊の軍団副官が代表し、神殿の北西の角にあるアントニア塔の中に全隊員と一緒に駐屯していた。この時期、副官はギリシャかシリア出身のリシア某で、買収されたパトロンによって、クラウディウス帝からローマ市民権を授かって後は自分の名前にクラウディウスの名を付け加えていた。騒動の一報を受けた彼は、数人の百人隊長と一個分遣隊を率い、塔と中庭をつなぐ階段を通って駆けつけた。狂信者たちはそこでパウロを殴っている手を止めた。副官はパウロを捕えるよう命じ、二本の鎖で縛った上、お前は何者か、何をしたのかと尋ねた。だが騒々しくて一言も聞こえない。わめき声が飛び交っていた。ユダヤ人の騒乱というものは、なんともぞっとするものだった。引きつった強面《こわもて》、飛び出した大きな目、歯ぎしり、怒号、空中に砂を放り上げる者、自分の衣服を破ったり、痙攣しながら引っ張ったり、まるで悪鬼である。群衆は武器を持っていなかったが、ローマ軍もいきり立った連中には空恐ろしさを覚えた。クラウディウス・リシアはパウロを塔に連行するよう命じた。口々に〝死んでしまえ〟と叫びながら群衆がついてきた。階段にさしかかったとき、あまりに押し合うので、兵士たちはパウロを腕に抱き抱えて連れていかなければならなかった。クラウディウス・リシアはさわぎをしずめようとしたが無駄だった。あまりよく考えもしないで、ふと彼の頭に浮かんだのか、それとも事情に詳しくない者が彼の耳に入れたのだろうか、いま逮捕した男はエジプトのユダヤ人で、少し以前に数千人の熱心党員《ゼロテ》を神の国はすぐに実現すると称して砂漠に引き連れていった、その男だと思ったのである。このペテン師のその後は誰も知らず、暴動が発生するたびにアジテーターの中に彼がいたという噂が立っていた。

一行が塔の門までやって来たとき、パウロは副官にギリシャ語で釈明し、群衆と話をさせてくれと頼んだ。ギリシャ語を知っているのに驚いた彼は、少なくともパウロがエジプトの贋預言者ではないと認めて、その申し出に応じた。そこでパウロは石段の上に立って民衆を手で制した。みんな静かになり、彼がヘブライ語（シリア・カルデア語）で語りかけたので群衆はいっそう耳をそばだてた。パウロはいつものように自分の回心と召命のいきさつを話した。間もなく彼をさえぎって群衆の「くたばれ、くたばれ」の大合唱、怒りは頂点に達した。

〝私はローマ市民だ〟

副官は捕らえたパウロを城砦に入れるように命じた。彼にはこの事件がまったく飲み込めないのだ。野蛮で偏狭な軍人である彼は事情を明らかにするために、すべての悶着の元になっている男を痛めつけてやろうと考えた。パウロを引っ立て、鞭で叩こうと柱に両手を広げさせたその時、拷問に立ち会っていた百人隊長に向かってパウロは言った、自分はローマ市民であると。どんな時でもこの一言は効果があった。執行人たちはパウロから離れ、百人隊長は副官に報告にいく。副官は愕然とする。パウロが貧相なユダヤ人の顔をしているのでクラウディウスは彼に尋ねた、「あんたはローマ市民だといっているが、本当か」「その通りです」「だがわしは金を積んでこの肩書を手に入れたのだ」。パウロが答えた、「わたしは生まれながらのローマ帝国の市民です」。唖然としたクラウディウスは怖くなってきた。この事件の意味を探ろうと彼は弱い頭をかかえこむ。ローマの市民権を侵害したとなると、厳しく訴追される。鞭打ちのために柱にパウロを縛りつけたという事実だけで罪となった。素性の怪しいやからなら、不問に付される暴行なのだが、由々しい騒ぎになりかねなかった。ついにクラウディウスは、パウロに対するどんな起訴理由を皆が申し立てているのか知るために、翌日、祭司長と最高法院《サンヘドリン》を召集することを思いついた。何の苦情を訴えているのか彼には分からなかったからである。

鞭打ちにされかけたパウロ，「私はローマ市民だ」と明言する

巧みな論争

当時の大祭司はネベデの息子、アナニアで、稀な事例だが十年来この公職に就いていた。大食漢であったが、非常に尊敬され、ユダヤ人たちに知れ渡った人物である。その職務とは別に、彼はユダヤ国民の頭目の一人であった。彼はキリスト教徒や人気のある聖者やあらゆる種類の改革者が訴追される度に、必ず裁判官の椅子に坐るハナンの家系に属していた。アナニアが議会を主宰した。クラウディウス・リシアはパウロを鎖を外して連れてくるよう命じ、彼自身も審理に立ち会った。法廷はがやがや騒音のきわみだった。アナニアは逆上し、なにか聞こえた一言が冒瀆であるとし、補佐役にパウロの口をひっぱたけと命じた。パウロは言った、「白く塗った壁よ、神がこんどはあなたをお打ちになる。あなたは律法に従ってわたしを裁くためにそこに坐っていながら、律法に背いて、わたしを打て、と命令するのですか」。「なんだと、神の大祭司をののしる気か」と手下の者が言った。「兄弟たち」とパウロは矛先を転じて、「その方が大祭司だとは知りませんでした。知っていたら、そんな風には絶対喋らなかったでしょう。なぜなら『あなたの民の指導者を悪く言うな』と書かれているからです」。このように論戦を抑制しているのは、たくみに計算した上でのことだ。実は集会が二派に分かれて、彼の一件について、てんでばらばらの感情でもって沸き立っているのをパウロは看て取っていた。サドカイ派の高位聖職者は彼に向かって敵意を丸出しにしていたが、パリサイ派の裕福な階級となら、ある所まで彼は理解し合うことができた。「兄弟たち」彼は叫んだ、「わたしは生まれながらのパリサイ派です。なぜわたしが裁判にかけられているかご存じですか。わたしが死者が復活するという望みを抱いているためなのです」。これは、たいへん痛いところを突いていた。サドカイ派は復活、天使、聖霊の存在を否定していた。が一方、パリサイ派はこのすべてを認めていたからである。パウロの策略はみごと図に当たり、論戦はまもなく議会に移ってしまった。パリサイ派とサドカイ派は、共通の敵を倒すよりも、お互いの戦いに熱中する。パリサイ派がパウロを弁護する側に廻りさえしたし、彼が幻影を見たということもあり得ることだとした。彼らは言った、「要するに、この人には何の悪い点も見出せない。霊か天使かが彼に話しかけたのだろうか」。

クラウディウス・リシアは、自分にはチンプンカンプンのこの論争を口をぽかんと開けて見ていた。彼はパウロが昨日と同様に八つ裂きにされかねないと恐れた。そこで分隊に命じて、議場に下りていって会合者の手からパウロを助け出し、塔にまた連れ戻させた。リシアはひどく困惑していた。もっともパウロはたった今キリストに名誉ある証《あか》しを行なったことに愉悦を覚えていた。その夜、幻が彼に現われる。「勇気を出すのだ」イエスが言った、「イエルサレムでわたしのことを力強く証したように、ローマでも証さなければならない」。

カイサリアに護送される

　このあいだも狂信者の憎悪はつづいたまま鎮静に向わなかった。数人の熱心党《ゼロテ》と律法を守るためにいつも短刀を懐に忍ばせている過激派《シカリオイ》がパウロを殺そうと、内々で結託する。極端な呪いの文句を吐き、俺たちはパウロが生きている限り食べることも、飲むこともしないと誓いを立てる始末。陰謀の加担者は四〇人以上にもなり、彼らは最高法院《サンヘドリン》の集会があった日の翌朝この誓いを宣言した。目的を果たすため、彼らは祭司に会いにいって、自分たちが作った計画を示し、翌日パウロをもう一度出頭させるよう最高法院《サンヘドリン》と計って副官に願い出るよう迫ったという。陰謀の加担者は機を見てパウロを途中で殺す手筈だ。だがこの謀議が漏れ、イエルサレムに住んでいたパウロの甥の耳に入った。この男は兵舎に駆けつけて、パウロに一部始終を知らせた。パウロは彼を百人隊長を通じてリシアの許に行かせる。副官はこの使いの若者の手をとって、陰に連れていき詳しく陰謀を聞いた上、誰にも言うなと命じて彼を帰した。

　かくなる上はクラウディウス・リシアは躊躇しなかった。パウロをカイサリアに送ることに決めたのである。一つには、イエルサレムで悶着を起こす材料を一掃するためであり、いま一つは総督《プロクラトル》に厄介なこの事件を任せて、自分は手を引くためだ。奪取作戦を一蹴できる護衛の一隊を編成すべしとの命令が二名の百人隊長に飛んだ。歩兵二百名、騎兵七〇人それに補助兵二百名で護衛団が編成されたが、この補助兵は捕囚の右手から護衛の左手につないだ鎖で束縛して、囚人を護衛

ユダヤ人たち，パウロ殺害に懸命となる

ユダヤ人に虐待されたパウロ，副官のリシアに引き渡される

する役割を担っていた。パウロを乗せる馬の調達命令も出て、夜の三刻時限（午後の九時）出発に合わせて一切の準備をととのえるべしとなった。これと同時にクラウディウス・リシアは総督《プロクラトル》のフェリクスに宛てて、エロギウム elogium をしたためた。本官としてはこの事件は宗教上の無益な問題に過ぎず、死刑や投獄に相当するとは考えられない、なお告発者に対しても総督《プロクラトル》に出頭するよう申し渡した旨の報告である。

この命令は着実に実行された。夜間の強行軍で、翌朝にはイエルサレムからカイサリアの中間点より遠くのアンティパトリスに着いた。ここまで来れば奇襲にあうおそれはなくなったので、護衛隊は分割された。歩兵四百名は休息を取った後、イエルサレムへ引き返す。騎兵の分隊だけがカイサリアまでパウロを護送した。こうして使徒パウロは十二日前、いつもの豪胆で不吉な兆しを意に介さず出発した町に、囚人の身となって戻ってきたわけである（五八年八月の初め）。弟子たちは少し遅れて彼に追いついた。

第二十章　パレスチナのカイサリアで囚われる

当時ユダヤはフェリクスが王の権力と奴隷の根性をもって統治していた。彼はクラウディウス帝により奴隷から解放され、アグリッパとネロに富をもたらしたかのパラスの兄弟である。極めつきの不道徳という点ではその兄弟に似ていたが、彼らのような行政手腕はなかった。パラスの庇護を受けて紀元後五二年にユダヤの総督《プロクラトル》に任命された彼は、この地で残酷、放埒、貪欲だった。野心の前にはいっさい他は眼中にない。次々と三人の女王を娶り、結婚により皇帝クラウディウスと縁続きになる。当時、彼の妻はヘロデ・アグリッパ二世の妹、ドルシラで、その前夫であるエメサの王アズィズから、卑劣なまねをして奪ったものだ。彼がやったらしいとされない犯罪はない。私腹を肥やすために不正を働いたこと、私恨を晴らすために刺客のナイフを利用したと非難されるまでになった。クラウディウスが解放奴隷たちにすべてを任せてしまって以来、最高の役職は、かくの如き人物に占められた。彼らはもはやローマの騎士、つまりピラトやコポニウスのようにまじめな役人ではない。強欲、傲慢、放蕩、むさぼる近習であり、あわれな古代オリエント社会の政治的堕落につけこみ、安楽の限りをつくし、汚辱にまみれて生きることをよしとした。これほど恐ろしくも恥ずべきことは前代未聞であった。

パウロを連行してきた分隊長は、着くと直ぐ報告《エロギウム》とともに囚人をフェリクスに渡した。パウロは総督《プロクラトル》の前にちらっと出頭したところ、どの州に所属しているかを尋ねられた。このエロギウムは被告に特権的状態を認めるものであった。* 告発者がやってきた時に事件を調べようと、フェリクスは言って、それまでは、パウロを牢獄内ではなく、総督《プロクラトル》の住居に用いられていたヘロデ大王の旧宮殿内に留置しておくようにと命じた。この際パウロは、警備しつつ出頭要請があればすぐ彼の身柄を差し出す監視役の兵士に預けられたにちがいない。

* ユスティアヌス法典、学説彙纂（ディゲスタ）KLVIII, iii, 6

パウロの抗弁

三日たってユダヤ人の告発者たちが到着した。大祭司アナニアもじきじき長老を数人ひきいて下ってきた。連れてきた弁護士のテルティロ某はラテン語もギリシャ語もほとんど解さなかったが、当時のお役所のレトリックには満々の自信をもっていた。審問がただちに行なわれる。テルティロは、職務上の規則に従って謝辞から始めた。臆面もなくフェリクスの為政を褒め上げ、閣下のお陰をもって幸せであり、施策に感謝している、そして常々のご厚情を賜って訴えを聞いて欲しいと述べた。次に本題に入り、パウロを指してペスト、ユダヤ教の攪乱者、ナザレ人の異端の首魁、同宗者間の騒動を世界中で教唆している悶着を起こす者《トラブルメーカー》であると断じた。彼は大罪にあたる故意の神殿冒瀆があったと主張し、パウロを奪取しようとしたのは、律法にのっとって彼を審判したかっただけであると力説した。

フェリクスの合図で、つづいてパウロが話を始めた。彼の主張はこうである、神殿内で自分はまったくおとなしいユダヤ教徒の行動をとったし、そこで論争したり騒々しいお喋りをしたこともない、イエルサレムで説教したことはただの一度もない、もし律法と預言の書に書かれているすべてを信じ、死者の復活を願うことが分派というならば、なるほど自分は分派である、自分を告発している唯一の理由は詰まるところ、復活を信じていることなのだ。「ところが」と彼は付け加えて言った、「ユダヤ教徒自身がそれを信じているのです……」。ユダヤ教徒に対してこれは、率直なというよりはむしろ〝巧妙な〟弁明である。というのも、本当に難しい争点は棚に上げて、意見の一致はないのに一致ができているように思わせて、問題を逸らせているからであって、後のキリスト教護教論者がよく真似た論法なのだ。いずれにせよフェリクスは復活の教義にはあまり興味がわかず、ぴんとこない。突然彼は閉廷を宣し、本件についてより詳しい調べを行なったうえクラウディウス・リシアに会ってから判決を下すと宣言した。その間はパウロをゆるやかな監禁、つまり鎖に繋がない監視扱いとするように、また弟子や友人が面会したり彼の世話をしたりすることを認めるよう百人隊長に命じた。

拘禁中の活動

数日後にフェリクスとパウロは、ふたたび面談している。ユダヤ教徒だったドルシラはパウロがキリスト信仰を開陳するのを拝聴したいと言ったという。パウロは正義、節制、来るべき裁きについて話した。どの話も新しいタイプのこの初心者のお気に召さなかった。フェリクスさえ、どうやら恐ろしくなったらしくパウロに言った、「今回はこれで結構だ。また適当な機会に呼び出すことにする」。パウロがかなりの金を所持していると知った彼には、パウロからか、その友人から保釈金をたんまり引き出そうという下心があった。何度もパウロに会ってこの提案をほのめかしてみたようだ。が、パウロはこれに応じないので、フェリクスは大そうぐらついている自分の人気をこの事件によって、いくらかでも回復しようと考えた。ユダヤ人を最大限に喜ばせるには、彼らが敵と見なしている連中を迫害することだ。そこでパウロをまた監禁して、今度は鎖で縛ることさえ命じた。二年間パウロはこのような状態ですごした。

当時の監獄は、鉄の鎖と特務隊の兵士という余分なものがあるとしても、完全な自由の剥奪である今日の牢獄とは雲泥の差がある。特に蓄えを少しでも持っていれば、看守と話をつけて、自分の仕事にはげむことができた。ともかくパウロは友人と面会しているし、隔離されておらず、どんな活動をしようと抜け道はあった。したがってパウロは囚人であったけれども、カイサリアで宣教を続けていたことは疑いない。これほど大勢の弟子に囲まれていることはかってなかった。ティモテ、

パウロの話を聞いて恐ろしくなった総督フェリクス，金をねだる

ルカ、テサロニケのアリスタルコ、ティキコ、トロフィモはパウロの指示に従ってどこにでも彼の伝言を運んだし、パウロと彼の諸教会との間で交わしていた通信の役をつとめた。とりわけエフェソへの任務をティキコとトロフィモに担当させている。トロフィモはミレトスで病気になったようである。

このように彼らがパレスチナに長い間留まっていたので、マケドニアとアジアの教会のもっとも知的なメンバーは、はからずも遠くユダヤの教会とまでつながりを延ばした。とりわけそれまで自国マケドニアを離れたことがなかったルカは、イエルサレムの伝統を教えられた。疑いもなく彼はイエルサレムの尊厳さに強烈な印象を受け、パウロ側とイエルサレムの長老側が主張している根本教義の橋渡しができないか模索している。そのためには、互いの落ち度は水に流し、良識をもって幕を引き、以後は口にしないことを最良の策と考えた。後にルカが一大著述を編纂するが、そこに貫いている基本思想はこうして明確に脳裏に成ったものと思われる。こうした様々な接触によって統一した伝承が確定していく。キリスト教会を構成する全派の親密なコミュニケーションによって、福音書が練り上げられていく。イエスは教会を創り、教会はイエスを創った。この後数世紀にわたって人類に君臨するその偉大な理想は、まさに人類の心の奥底から発し、イエスが自分の精神《エスプリ》を託した者たちすべての手によって、ひそかに合奏されて生まれつつあった。

“皇帝に上訴します”

とうとうフェリクスは、自分の悪徳から発した憤りの声に屈したのではなく、実はどの総督《プロクラトル》もあらがうことのできなかった困難な状況の前に屈する。カイサリア駐在のローマの知事をやっているのが耐えがたくなった。ユダヤ人とシリア人ないしギリシャ人とが間断なく争っているし、最も公平な者でさえ、これほどまでに険悪な両者の憎悪の渦中にあってはバランスを保ちようがない。ユダヤ人は毎度のことながら、ローマの国で抗議していた。彼らはヘロデ・アグリッパ二世があやつっている陰謀と、とくにポッパイアを介してかなり強力な影響力をローマで行使していた。パラスはとくに五五年以降は信用を大いに失っていた。彼は兄弟の失寵を阻止できず、ただ彼を死から救うことができただけだ。フェリクスの後継者には、毅然として正しい人物、ポルキウス・フェストゥスが起用され、彼は、六〇年の八月にカイサリアに赴任した。

上陸して三日目に、彼はイエルサレムに赴く。大祭司イシュマエル、ファビの息子及び全サドカイ派、すなわち高位の神職者が、彼を取り囲んで持ちこんだ初の要求事項はパウロに関するものだ。彼をイエルサレムに送り返してくれという要求である。待ち伏せて彼を殺そうという陰謀を企んでいたのであろう。フェストゥスはそれに答えて、間もなくカイサリアに発つから、パウロはそこに留まっているほうがよい、だがローマ人は被告が原告と対決しない限り決して有罪を宣告することはないので、パウロの責任を問いたいという有力者は自分と一緒についてくるようにと答えた。

フェストゥスは八日か十日ほど後に、カイサリアに帰り、その翌日、パウロと原告に裁判所に出頭するよう命じた。争論は紛糾した末、律法《トーラ》にも神殿にも皇帝にも、なにひとつ反していないと主張するパウロに向かってフェストゥスは提案して、イエルサレムに送致してもらったらどうか、そこなら自分の指揮下と上位裁判権の下にユダヤ人の法廷で抗弁することができると言った。疑いもなくフェストゥスは陰謀加担者の計画を知らなかった。彼はこのように移送しておいたら、厄介な一件から解放されるし、しきりにこの囚人を移してくれと要求してくるユダヤ人を喜ばせることになると考えた。

だが、パウロは警戒して同意しなかった。ローマを訪れたい、その思いに彼はとりつかれていた。この世界の首都に強烈な、神秘な魅力とでもいうべきものを感じていた。彼はローマの裁判所で裁判を受ける権利を主張し、なんぴとも自分をユダヤ人に引き渡す権利はないと抗議し、厳かにこう表明した、「わたしは皇帝に上訴します！」ローマ市民権をもっている者が発したこの言葉は、すべての地方管轄権を飛び越す効果をもっていた。ローマ市民は世界のどこにいようと、裁判を受けるため本人をローマに送ってもらう権利があった。また地方総督はしばしば皇帝およびその審議会に宗教的権利に関する案件を移送していた。この上訴にフェストスはちょっと驚いたが、参審員としばらく協議してから、形通り「皇帝に上訴したのだから、皇帝の許に出頭するように」と答えた。

これによりパウロのローマ移送が決定し、あとは彼を送りだす機会を待つだけとなった。妙な事件がこの間に起こっている。フェストゥスがカイサリアに帰ってきてから数日の後、ヘロデ・アグリッパ二世とその妹のベルニケが新総督に挨拶にやってきた。ベルニケは王と一緒に住んでいて、恥ずべき行為の疑いを否定できなかった。彼らは数日カイサリアに滞在する。彼らがこのローマの役人、フェストスと会話した際、フェリクスにより託された囚人について彼は言った、「告発者たちは彼について、わたしが予想していたような罪状は何一つ指摘できませんでした。パウロと言い争っている問題は、彼らの迷信に関することと、死んでしまったが、パウロはいや生きていると言っているイエスとかいう男のことにすぎないのです」。アグリッパは言った、「ちょうどわたしもその男の話を聞いてみたいとずっと思っていました」。「明日、お聞きになれます」とフェストゥスは答えた。

さて翌日アグリッパとベルニケがめかしこんで裁判所に到着した。軍の士官全員と町の主だった者たちがきていた。皇帝への上訴があってから、公式の訴訟手続きは何も行なうことはできなかったが、フェストゥスは自分の見解としてローマへの囚人護送に報告書を添えるべきだと言った。彼はこのような事情で作成すべき報告書のために色々聞きたいと口実をつけて、自分はユダヤ人の事について疎い、ついてはこの件についてアグリッパ王のご高見に従いたいと述べた。アグリッパはパウロに話をするよう促した。するとパウロは演説なら得たりとばかり、いままで百遍も繰り返してきたスピーチをぶった。アグリッパのようにユダヤ問題に精通している審判者を前に持論を展開できるとはもっけの幸いだ。平素以上にパウロ式抗弁の陣立てを敷いて、律法と預言者編に書かれていないことには一切触れないふりをして、自分が訴追されいるのは、一《いつ》にかかって復活信仰、すなわち敬神の原動力であり、希望のもとになっているすべてのイスラエル人の信仰のためであると力説した。聖書を引用して、キリストは苦難を受ける者として定められていたこと、死者から蘇え

アグリッパ王の前で，パウロ弁明する

最初の人だったという十八番(おはこ)の理論を説いた。フェストスはこのような思弁は皆目見当(かいもく)もつかず、パウロは夢想家でその道では博学だが、迷宮入りの妄想にふけっていると見た。彼は言った、「パウロ、お前は頭がおかしい。学問のしすぎて、おかしくなったのだ」。アグリッパはユダヤ神学により詳しく、預言者を知りイエスに関する事実も知っていると推察したパウロは、彼の判断に応援を求めた。アグリッパは逃げ腰で「わたしを説き伏せて、キリスト信者にしてしまうつもりか……」と言ったというが、この応答には冗談が幾分混じっているようだ。パウロは少しも騒がず、同席者に調子を合わせて、「皆さんが自分と同じようになってくださることを望みます」と締めくくり、軽い皮肉をこめて付け加えた、「このように鎖につながれるのは別ですが」。

ユダヤ人が告発者として姿を見せている法廷と違って、この慇懃な審問の結果は、結局のところパウロに有利なものとなった。ローマ人の良識をもってフェストスは、この男はなにも悪いことをしていない、と言った。アグリッパの意見は、この男が皇帝に上訴していなければ、釈放することもできたというものだった。ローマ人自身に案内してもらってローマに行くことを望んでいたパウロは、上訴を取下げなかった。そこで他の数人の囚人と一緒に、皇帝直属の百人隊隊長でイタリア出身とおぼしきユリウスの管理下に置かれた。ティモテ、ルカ、テサロニケのアリスタルコだけが、同行した弟子であった。

第二十一章　囚われのパウロの旅

乗りこんだのは、ミシアのアドラミティオ港を出たのち復路についていた船である。ユリウスは、行く先で出航まぎわのイタリア向けの船を見つけて乗り継ぐつもりだ。時は秋で、彼岸の頃だった。航海が荒れることが予想された。

航行二日目にシドン着。ユリウスはパウロをたいへん親切に扱い、彼が町に友人たちを訪れ、世話を受けることを許している。小アジアの南西の岬に着くメインルートを予定していたが、逆風のためフェニキアに沿って北に迂回し、左舷にキプロス島沿岸をすれすれに見て進んだ。キプロス島とキリキアとの海峡を通り、パンフィリア湾をよぎってリキア州のミラに入港する。ここで一行はアドラミティオ発の船を下りた。ユリウスは、イタリアに向けて出帆するアレクサンドリアの船を見つけ、船長と契約を取り決めて、囚人たちを船に乗り移らせた。この船は満載状態で、船上に二七六名がいた。

航海は、この頃から一番の難所にさしかかる。数日たっても、まだクニドスあたりを進んでいた。

船長はこの港に入ろうとしたが、北東風のためかなわず、クレタ島に押し流されるだけだった。間もなく島の東端のサルモネの岬が見えてきた。クレタ島は、巨大な障壁のようなもので、アナトリア半島から吹いてくる嵐を遮って島の南方の地中海水域の大きな避難場所になっている。船長がこの利点を生かそうとしたのは、当然の考えである。島の東海岸沿いに船を進めるが、大きな危険がないわけではなかった。さらに風を島に遮ってもらって、南側の静かな海域に入った。かなり奥行きのある小さな港があって、向かいを小島でさえぎられたこの港は砂浜で取り囲まれているが、その間に岩礁が突出しているため、港が二つに分断されているように見える。これが人呼んで、〝良い港《カリ・リメネス》〟である。近くにラセヤやアラサという名の町がある。この港に一行は避難したが、船乗りたちは疲労困憊《こんぱい》し、船体も傷んでいたので、この小さな港でかなり長い休息をとることになった。

〝良い港〟を出たが

再出航について皆が話題にする頃、秋はかなり深まっていた。チスリの月（十月）に行なわれる贖罪の大祭《ヨム・キプル》の断食はもう過ぎており、ユダヤ人はこの断食日以降の航海安全はまったく保証できないとしていた。船については、いっぱしの見識もあり、航海に長い体験のあるパウロは忠告した。もし船を出せば大きな人的物的被害を生ずるだろうと予測したのである。だが百人隊長《サンチュリオン》はパウロが言ったことよりも、船長や積荷の上乗人《うわのりにん》の言うことに信用を置いた（われわれは『使徒行伝』の語り手ほどにはこれを意外には思わないが)。〝良い港《カリ・リメネス》〟は、冬季の停泊には「良く」なかった。大方の意見も悪い季節をやり過ごすには、島の南岸にあるフェニクス港に入るべきだとし、この海域に詳しい者たちもその港に停泊すればいいと断言した。ある日、南から微風が吹いたので、人々は時機到来と考えた。錨を上げ、島沿いに、リティノス岬までタッキングを繰返して帆走し、次にフェニクスへ順風を受けて進んだ。

　地中海の船乗りが「エウラキロン」と呼んでいる暴風が突如、東から島を襲ってきたとき、乗組員も船客もこれで一巻の終わりかと思った。やがて暴風に逆っておられなくなり、風に押し流されるままとなった。船はカウダという名の小島近くにさしかかったので、しばらくこの島陰に舟を寄せた。この小休止を利用して、今にもばらばらになりそうだったボートを苦労して本船上に引き上げた。みんなは遭難は必至と見て対応に取りかかる。ロープを船体に巻きつけて補強し、帆桁は折りたたんで流されるにまかせた。二日目も終日、嵐はあいかわらず強い。そこで船を軽くしようと積荷をぜんぶ舷側から海に投げ捨てた。三日目、操船に必要でない調度や船具を棄てた。恐ろしい日がさらに続く。太陽はまったく姿を見せず、夜は星屑ひとつ見えない、どこに流されているのか見当もつかぬ。地中海に島が散在しているところもあるが、西にシシリー島とマルタ島、東にペロポネス半島とクレタ島、北に南部イタリアとエペイロス、南にアフリカ海岸からなる大四角形の外洋には、風は遮るものもなく荒れ狂い、巨大な波浪を巻き上げる。古代人はこの海をアドリア海と呼びならわした。船上の者たちは、船がアフリカのシルティスへ流されている、これでは万事休すだと口を揃えて言った。八方塞《ふさ》がりに思われた。食欲はわかず、それに食事の用意をしようにもできなかっただろう。パウロだけは平静だった。この目でローマを見るのだ、そして皇帝の裁判所に出頭するのだ、そう彼は確信している。乗組員と船客を励まして、こんなことまで言ったという、「お告げを聞いた。だれも死ぬものは出ない。私の意見にさからって『よい港』を出てしまったという間違いはあったけれど、神はあなたたちの命を守るよう私にお任せになった」

十四日の間、漂流する

港を出てからじつに十四日目の夜をむかえ、真夜中頃に船員たちは陸地の気配を感じた。水深を測ってみると二〇尋《ひろ》あった。しばらく進んでまた測ると十五尋《ひろ》となった。暗礁に乗り上げる恐れがある。ただちに船尾から四個の錨が投げ込まれ、舵も縛りつけた。これは船尾楼の両舷に突き出している二つの大きな櫂《かい》のことだ。これで船は停止し、みな不安のうちに夜明けを待った。ところが操船術に詳しい船員たちは乗客を犠牲にして脱出しようとした。船首の錨を投げ込むふりをして、彼らはボートを海に降ろし、乗り移ろうとした。しかし百人隊長と兵士は阻止にかかった。それはパウロからこの裏切り行動を警告されたからだという。兵士たちはボートを結《ゆ》わえているロープを切り、流れていくにまかせた。それでも、パウロは皆に向かって声をかけ、きっと良い方に向かうと説き、だれも体に傷を負ったりしないと励ました。海上で危険に遭遇し、命は風前の灯火であった。が、危険が去ると、我ながら汚い姿をしていることと、空腹だったことに気づくものだ。十四日間、不安と船酔いで、ほとんど誰も食べ物をとっていない。夜明けを待つ間パウロは、まだこれから一仕事しなければならないから、力をつけるため食事をしておくよう皆に勧めた。彼は率先して、敬虔なユダヤ人らしく一同の前で大きな身振りで神に感謝の祈りを捧げてから、しきたり通りにパンを裂いた。乗客も彼にみならい、少しは元気も湧いてくる。船員は残っていた小麦の荷物もぜんぶ海に投げ込んで、さらに船を軽くした。

ようやく空が明るんで陸地が見えた。が、人影はなかった。それがどこの国なのか誰も分からない。目前には湾があり、奥のほうに砂浜が見えた。この浜に乗り上げることに決めた。追い風が吹いていた。そこでロープを切って錨を海に捨て、舵をゆわえていたロープを解く。前檣帆《メーンスル》を上げて風を受け、海岸に向けて船を操る。本船は波が両岸を叩いている出島に乗り上げ、座礁した。船首は砂浜にめりこみ、動かなくなったが、船尾は波に叩かれ、攻めたてられ、荒波に打たれるたびにばらばらに分解した。このような状況だが、地中海の海辺への上陸は潮流が強くないので楽だ。座礁した船体が避難場所を確保してくれるから、船から人を送るのは容易になる。だが大勢の乗客と一緒に囚人がいるということが不安をつのらせた。囚人たちが泳いで脱出し、警護員から逃げ出すかもしれなかった。兵士たちは彼らを殺して始末したらどうかと提案した。誠実なユリウスはこの野蛮な提案を退ける。彼は泳げる者はまっさきに海に飛び込んで、陸地に上がり、後に来る者の救出にあたれと命令した。泳げない者たちは板切れや、なんでも浮かぶものにつかまって脱出し、誰一人死んだ者はなかった。

マルタ島に漂着

まもなく、上陸したところはマルタ島であると分かった。この島はずっと昔からローマに従属し、ラテン化が浸透しており、裕福で、繁栄していた。住民たちは親切で、難にあった気の毒な人々に焚き火をどんどんたいてくれた。じっさいみんな寒さで感覚が麻痺してしまっていた上、激しい雨が降り続いていた。この時、ささいなことだが、パウロの弟子たちの想像を逞しくさせた一事件があった。パウロが枝を一束集めて、火にくべたとき毒蛇も掴んでしまった。蛇はてっきり彼の手にかみついたものと人々は思った。さてはこの男は正義の女神《ネメシス》に追われている人殺しにちがいない、女神は嵐を用いては、つかまえられなかったので、陸地にまで彼を追ってきたのだ。土地の者たちはパウロが腫れ上がって死ぬのを固唾をのんで見守っていたようである。ところが何事もなかったので、この男は神様だと思ったという。

船が遭難した湾の近くに、ガウロスとマルタ両島の自治区の長官であるプブリウス某の所有地があった。彼はこの遭難を実地見聞して、一行の少なくとも一部の者を彼の屋敷で歓待したが、その中にパウロとその連れもいた。三日間彼らは手厚くもてなされた。師パウロの行くところ必ず起こると弟子たちの信じていた奇跡が、ここでも起きた。パウロは、熱病と下痢に苦しんでいたプブリウスの父親を、その体に手を置いて癒したという。彼は奇跡を行なう人だという評判が島中に広がり、あちこちから彼の許に病人が連れられてやってきた。だが彼がこの地に教会をつくったという

マルタ島に漂着したパウロ，毒ヘビにかまれる

話はない。この島の下層のアフリカ系住民は迷信と、卑俗な官能主義から抜け出すことはできなかった。

地中海における古代の沿岸航行は冬季になると遭難にあうのが常であった。恐ろしい航行をしてきたばかりだったのでみな、航海の続行をしり込みした。六〇年十一月十五日から六一年二月十五日前後までの三カ月間、一行はマルタ島に滞在した。そこでユリウスは当時この島の港で冬をやり過ごしていた別のアレクサンドリア籍の船、カストール・エ・ポルュックス号に囚人と乗客を乗せることで話をつけた。この船はシラクサに寄り、ここに三日間停泊してから海峡を渡ってレギオンに着いた。その翌日は南から順風が吹いたので、船は二日でプテオリに着いた。

ローマへ上る

プテオリは前述したようにイタリアの港でも最もユダヤ人の往来がはげしいところだった。アレクサンドリアの船は通常ここで荷降ろしをする。この地にはローマと同時期にキリスト教徒の小さな一共同体が形成されていた。パウロはここで大歓迎を受け、七日間滞在するように請われた。彼に好意を寄せていた、善良な百人隊長のユリウスのはからいで、それも可能となった。一行は続いてローマへ上る道についた。〝パウロ来たる〟の噂はローマ市の信者の間に広まっており、何人かにとって、手紙の送付を受けて以降パウロは尊敬すべき著名な師となっていた。ローマから四三マイルのアピイフォルムの宿駅で、最初の代表が彼に会っている。さらに一〇マイル先のポンティネ沼を過ぎると宿屋を開業しているところがあって、「三軒宿屋」と呼ばれていた場所のあたりで、続く一団がやってきて彼に合流した。感きわまったパウロは神に深い感謝を捧げた。三軒宿屋からカンパーニャ門までの四、五〇キロを共に歩む聖なる一団にも胸に熱いものがあった。そして囚われの身のパウロがアッピア街道を、アリキア、アルバノを通ってローマに到着するのは六一年三月、ネロ統治の七年目にあたり、執政官はケセニウス・ペトスとペトロニウス・トルピリアヌスであった。

第二十二章　パウロの事業を短評する

これから先三年あまりしかパウロの余命はないが、渾身の力をふりしぼった生き方にいささかの衰えもなかった。十中八九伝道活動をさらに進めたとさえ考えられる。しかし以後の新しい旅先はそれまで訪れた国々ではなく、西方であった。ただ、このような旅に出たとしても、キリスト教の布教としては取り立てて実りはなかった。そこでこの際パウロの事業を評価してもよかろうと思う。

彼の手で小アジアの二分の一にキリスト教の種子がまかれた。ヨーロッパではマケドニアにかなり深く根を延ばし、ギリシャの沿岸地帯に鍬が入れられた。これにキリスト教徒たちがすでに畦を掘り耕していたプテリオ（ポッツォーリ）からローマまでのイタリアを加えたものが、本書に描かれた十六年にわたるキリスト教の制覇の絵巻《タブロー》である。前述したように、シリアはこれよりも前にイエスの言葉を受入れて、組織された教会ができていた。新しい信仰の発展は確かにめざましく、一般の人々は、なおそれほど関心を寄せていなかったにせよ、他宗派にとってイエスの宗門人たちはすでに重要な存在になっていた。六四年の半ばに彼らは世間の注目を浴び、非常に重要な歴史的役割を演じたが、これは追って述べる。

わずか十数人の信者の教会

さて、この歴史すべてについて言える大切なことは、パウロの手紙や『使徒行伝』を読んで、ほとんど必ず陥る錯覚に心すべきだということである。こうした書き物を読み終えたとき、集団的な改宗があった、教会が続々できた、あるいは国をあげて新興宗教になびいた、といったことを心に描きがちである。意のままにならぬユダヤ人についてはしばしば語ってくれるパウロであるが、大半の膨大な数の異邦人がこの信仰について一切知らなかったという事実については、まったく語っていないのである。トゥデラのベンヤミン（十二世紀のアラブ旅行家）の紀行文を読んでも同様で、当時の世界にはまるでユダヤ人しか住んでいないように思ってしまう。宗派はこのような誤った視点に陥りがちなのだ。彼らにとって、自分の外には何も存在しないし、彼らの中で起こる出来事は、天地、万物にかかわる重大事に見えるのである。サン・シモン派の古老たちと付き合ってみると、彼らが人類の中心にあると素朴に考えていることに、驚かされる。これと同じことで初期クリスチャンたちは俗世間についてほとんど何も知らないサークルの内に閉じこもって暮らしていた。イエスの名が人前で告げ知らされて十人ほどが改宗すると、あたかも一国がまるごとキリスト教に改宗したように見なされている。一教会に十四、五人しかいなかったことも多い。おそらく小アジア、マケドニア、ギリシャのパウロによる全改宗者の総数も、千人をあまり越えていないだろう。このような小人数、内輪仲間の、限定された霊的家族の精神、まさにこれが教会の怯《ひる》まぬ力を構成していたのであり、これらの教会をかくも豊かな将来のための胚芽としたのである。

二世紀におけるパウロの不人気

一人の人物が、すぐれて他を圧してキリスト教の急速な伸張に貢献した。いわば産まれたての赤子をぐるぐる巻きにしていた、恐ろしく有害な産着を破り捨てた人物である。彼は宣言した、キリスト教はユダヤ教の単なる改革ではない、自立した完全な宗教であると。歴史の上でこの人物をきわめて高く評価すべきは自明であろう。だが、彼を創始者と呼ぶべきではない。パウロがなんと言おうと、彼には他の使徒にない弱点がある。彼はイエスに会ったことがない、イエスが話しているのを聞いたことがない、神の語録《ロギア》や譬え話をほとんど知らない。彼に親しく啓示を与えたキリストとは、彼に固有の幻想《ファントム》だ。イエスから聞いたと彼は信じているが、彼が耳にしたのは自分自身の声なのだ。

外的役割に限って考えてみても、われわれが今日パウロに捧げている信望が彼の存命中から存在したとするのは、とんでもない。彼の諸教会はあまり堅固でないか、あるいは彼を否認していた。マケドニアとガラテヤの教会はまさに彼自身の作物であるが、二、三世紀にはたいして重要ではなかった。彼だけに属していたわけではなかったコリントとエフェソの教会は、敵の手に移ったり、あるいは仮にパウロだけによって創られたものとしても、教会の規則どおりに設立されたとは見られていない。伝道の抗争の舞台から姿を消した後は、彼はすぐ忘れ去られたことが分かる。敵方からすればその死は、おそらく面倒を起こす御仁《ごじん》の死と受け取られたことだろう。二世紀になると人々の口の端に彼は殆ど上っていないし、組織ぐるみで彼を記憶から消そうと努めたふしもある。当時、彼の手紙はほとんど読まれることがなく、かなり限られたグループにしか権威をもたなかった。パウロの支持者ですら、その激しい主張をずいぶん穏やかなものに作り替えている。優れた弟子を残さず、彼を取り巻いていたティトス、ティモテその他の大勢の者も、ぱっとしないまま姿を消した。正直言って、パウロは独自の一派をつくるには、あまりにもエネルギッシュな個性の持ち主であった。いつも弟子たちを威圧し、弟子たちは彼の前では秘書、召使、使者の役割しか演じていない。この師に対する尊崇はたいそうなもので、弟子は自由に説教するなど思いもよらなかった。パウロが教団の者と一緒にいる時は孤高を持していて、他の者はみな自己を失うか、あるいは彼を通じてしか考えなかった。

三、四、五世紀と中世におけるパウロ評価

三、四、五世紀になるとパウロの人気は奇妙に高まる。傑出した学者、キリスト教神学の創始者となる。イエスを形而上学のかなめ石に仕立て上げたギリシャ公会議の真の議長は使徒パウロなのだ。だが中世になると、特に西洋において彼の運命は不思議に陰りをみせた。パウロは異邦人《バルバロイ》の心には何も訴えるところがなくなる。ローマを除いて彼は伝説とならず、ラテンキリスト教徒も、

競争相手《ライヴァル》の付け足しでしか、彼の名をあげることは決してないだろう。中世にはパウロの姿は、ペテロの光でかなり消された。聖ペテロが世界を動かし、感動させ、意のままにしている一方、難解な聖プー*は大聖堂を満し、民衆の歌に霊感をあたえたキリスト教の偉大な詩的情緒の裡では、脇役に廻った。十六世紀以前にはパウロの名前をもらって、名乗っている者はほとんどおらず、パウロの文字は碑文にもほとんど見られない。彼を信奉する者はなく、彼に教会を建てる者はあまりおらず、彼のためにお灯明をあげる者はいなかった。側近のティトス、ティモテ、フェベ、リディアは、一般人、とくにローマ・カトリック教徒の信仰においては少ししか顧みられなかった。伝承は思いのままに、できるものではない。伝承を生むには、民衆の心に訴えかけ、想像力をかきたてておくことが必要だ。ところで、信仰による救い、キリストの血による義認《ジュスティフィカシヨン》の教えは、何を民衆に訴えたか。パウロは一般人の心にあまりにも無神経であり、他方おそらく歴史はあまりにもパウロの名を留めているため、彼の頭上に伝説の輪ができないのであろう。ペテロはどうか。彼は王たちを叩頭《こうとう》させ、帝国を潰し、まむしやとかげを踏みつけ、ライオンと竜を倒して天の鍵を手中にした!

* 聖プーは高慢な人の意味か、ルナンの造語

宗教改革後に栄光

宗教改革が聖パウロに栄光と権威の新時代を開いた。カトリック側も、中世における研究よりも

範囲を広げ、異邦人たちの使徒についてかなり正当な評価へ見直しをおこなった。十六世紀になると、パウロの名前をもつ者はいたるところいた。だが科学と理性に大きく寄与した宗教改革は伝説をつくることはできなかった。ローマ教会は、『ガラテヤの信徒への手紙』の辛辣なところは、ご親切にヴェールで覆って、パウロの胸像をペテロと同じ高さの台座の上に祭り上げた。こうしておけばパウロが、今以上に民衆の聖者になることはない。批評家はパウロにどのような評価をあたえるのだろうか。理想に身を捧げた者たちの位階《ヒエラルシー》の、どの段に彼を据えるのだろうか。

人は善を行ない、真理を発見し、美を実現して理想に奉仕する。人類の聖なる行進の先頭にあるのは善人、徳の人だ。第二の位には、真理を追求する、賢者、哲学者だ。次にくるのが美の人、芸術家《アーティスト》、詩人である。イエスは後光につつまれ、優しさと美の理想として人の前に現われた。ペテロはイエスを愛し、理解し、多少の気の弱さはあったものの、傑出した人間だったように見える。さてパウロはどうか?——彼の性格を支配している特徴は優しさではない。誇り高く、容赦なく、居丈高である。自分を弁護し、(今日言われているように)自負した。彼はきつい言葉を口にし、自分が絶対正しいと信じる、自説に固執する、いろいろな者と仲違いする。このような人は聖者《セイント》ではない。——パウロは理性を逆説的に軽蔑することによって、見せかけの愚かさを礼賛することによって、超越的不条理を神格化することによって、科学を大いに損なったとさえ言うことができる。このような人は賢者ではない。——彼の書き物は最高度に独創の作物ではあるが、魅力はない。表現は耳障りで、ほとんどいつも典雅さに欠ける。そのような人は詩人ではない。——では彼を何者と評すればいいのか?

ルターに似通う人物

彼は傑出した行動の人、強い、押しつけがましい人、夢中になる人、征服者、伝道者、伝播者であった。狂信を初めは逆方向に発揮したため、いやがうえにも猛烈になった。ところで、行動の人というものは、高貴な目的のために行動している時は確かに高貴ではあるけれども、真善美の純粋な愛に生きた者よりは神から遠いのである。使徒パウロは、生まれつきいくぶん偏狭だった。成功を望み、そのために無理をした。現実社会と接触すれば、常に手はすこし汚れるものだ。天国の特等席は、恩寵の光を受けた者、ひたすら理想のみをほめたたえる者のために予約されている。行動の人は常に出来の悪いアーティストである、その故は宇宙の見事さを映し出すことは彼の唯一の目的ではないからだ。彼は賢者となれなかった、なぜなら彼は政治的実利に照らして自分の意見を調節するからである。非常に高徳の人ですらない、なぜならけっして非の打ち所がないわけではなく、人のもつ愚かさと意地悪さがあり、彼はそれとの折り合いに押されたからである。なかんずく少しも彼は人あたりがよくない。謙譲は徳目の内でもっともうるわしいものだが、彼には不可能だ。俗世間は豪胆な者を好むが、その上助け合ってくれる者をひいきにする。かくも偉大な、かくもまじめなパウロは、使徒なる称号を自らに授けなければならない。人は行動するとき、その短所のゆえに強く、長所ゆえに弱い。つまるところ、聖パウロにもっとも類似している歴史上の人物を挙げるとなれば、ルターになろう。両人はひとしく言葉使いの荒っぽさ、情熱、エネルギー、高貴な独立不羈の魂をもち、絶対の真理として奉じている主張を阿修羅のごとく守り抜いた。

凄まじい神学を生み、暗礁となった

さて、キリスト教創出においてパウロはイエスよりずっと下位の役割を分担したものとわたしは断ぜざるをえない。思うに、パウロはアッシジのフランチェスコや『キリストにならいて』の著者よりも下に置いてしかるべき人物なのだ。かの二人はともに真近にイエスを見た。〝神の子〟は一人しかいない。束の間姿を現し、やさしく玄妙な閃光を発したかと見るや、あまりにも若く死ぬ、これが神の生涯なのだ。戦い、議論し、勝利する、これは人の生涯である。正統プロテスタンティスムのおかげでここ三百年、卓抜したキリスト教の学者とされたパウロは今日、君臨の終幕を迎えている。これと対照的にイエスは未だかってないほど生気あふれている。キリスト教の要約《レジュメ》は、もはや『ローマの信徒への手紙』ではなく、〝山上の垂訓〟である。時の終わるまで続くであろう真のキリストの教えは、福音書に由来するのであって、パウロの書簡からではない。パウロの書き物は危険物、暗礁だったし、キリスト教神学の最大欠陥の原因であった。パウロは、明敏な教父アウグスティヌスの、不毛のトマス・アクィナスの、暗いカルヴァニストの、気難しいジャンセニスト、各々の〝父〟、そして断罪し、地獄は一定《いちじょう》なりとする凄《すさ》まじい神学の〝父〟なのだ。イエスは理想の夢の中に魂の安らぎを求める者すべての父である。キリスト教を生かしていくもの、それは切れ切れにしか知られていないイエスの言葉と、人柄である。理想の人、神の詩人、偉大な芸術家だけが、時代と革命に挑み、父なる神の右に永遠の座を占める。

人類よ、お主《ぬし》もときおりは正しいことをやってのけるじゃないか。お主《ぬし》の人物評価は味なものだ！

（完）

附章・パウロの回心

※全巻とも年代順に書かれているため、回心の事件（三八年）は第二部『使徒』第十章に入れられている。パウロの全生涯を展望する上で欠くことはできないので以下に補った。

三八年、誕生まもない教会に特筆すべき大成果の朗報が届いた。ステパノを石打ち刑にしたときの共犯者であり、三七年の迫害の急先鋒であったサウロの回心は、この年のことだと見てもよさそうである。謎の〝恩寵の一撃〟を受けて、パウロはイエスのもっとも熱心な弟子となった。

サウロは十二、三年にキリキア（トルコ南東部）のタルソー（タルソス）に生まれた。時代の流行にあわせて、人々はローマ風にパウロという名前で呼んだ。もっとも異邦人の使徒の役割を担った間だけ、彼はこの名称を引続いて用いている。

生い立ち、使用語

家系はもともとガリラヤのギスカラの町から出たものらしく、ベンヤミン族に属していると称していた。父親はローマの市民権を持っていた。疑いもなく、彼の先祖のうちの誰かがこの資格を金で買ったか、功労により授かったものだ。彼の祖父がローマ軍の征服（前六四年）の際、ポペイウスに協力したのでこの資格を受けたものとも見られる。古代のどのユダヤの名家もそうだが、パウロの家もパリサイ派に属していた。パウロはこの派でも特に厳しい躾けを受けて育った。後年、この狭量な教義《ドグマ》を捨てることになったが、そこにそなわっている強烈な信念、厳しさ、熱狂は終生もっていた。アウグストゥス帝の時代、タルソーの町は繁栄をきわめていた。住民の大部分はギリシャ人かアラム人で、商業都市はどこへいってもそうだが、ユダヤ人が大勢住んでいた。教養や学問好きがゆき渡って、アテナイやアレクサンドリアと肩を並べて、ここほど学校と教育機関が豊かなところはなかった。タルソーが生みだした、あるいはこの地で研究をした学者はたいへんな数にのぼる。ただしパウロが行き届いたギリシャ式教育を受けたと見るべきではない。ユダヤ人が世俗の教育施設に通うことは稀であった。特にタルソーで名高いのは雄弁術《レトリック》の学校である。こうした学校でまず学ぶのは、古典ギリシャ語であった。もし文法とレトリックの初等教科でも受けていたら、パウロの文章のように奇妙で不正確な、言い回しがすこしもギリシャ風でない文章を書く筈がない。彼は日頃楽にギリシャ語で話した。ギリシャ語で書くこともしたが、どちらかといえば口述している。ただそのギリシャ語はヘレニストのユダヤ人が用いていたもので、ヘブライ語とシリア語表現が混じって当時の学識者にもほとんど理解できなかったに違いない。また、パウロが口述をしつつ、頭に描いているシリア的表現に当たるものが、何なのかを推測しながらでないと、理解できないものであった。彼本人も、用いている言葉が庶民の、無教育な性質のものであることをわきまえていた。なるたけ彼は〝ヘブライ語〟すなわち当時のシリア・カルデア語で語っている。パウロが考えるときはこの言葉だったし、ダマスコへの道すがら彼に語りかけた内奥の声も、この言語で発せられたものだ。

彼の教義にも、ギリシャ哲学から直接借用した形跡はまったく見当たらない。彼の書き物にメナンドロス（ギリシャの喜劇詩人）の『タイス』の詩が引用されているが（Ⅰコリント 15 三十三）、これは当時誰でも口にし、原典を読まずに盛んに引用された一行格言である。この他に二件の引用例があって、そのひとつはエピメニデス、いまひとつはアラトスである。これはパウロの名で書かれてはいるが、彼が実際に書いたものかどうかはっきりしないだけでなく、別人の筆であることで説明がつく。パウロの教養は根っからユダヤ的なものであった。これと類似のものを探すと、ギリシャ古典の中よりは、はるかに多くタルムード（ユダヤ教会の書物）の中に見いだされる。学問がどこにでも広めていた、また哲学の本の一冊も開いてみたことがなくとも衆知だった一般的な思想であれば、彼にもおのずから伝わってくる。彼の論証法は一風変わったものだ。アリストテレス流の三段論法を知らなかったことは明らかである。逆にその論法はタルムードの論法にきわめて似ている。通常パウロは思想の展開によるよりも、言葉によって引きずられがちである。頭にこびりついた一言が、彼の思いを本旨から離れた脇道へ導くのである。論理の組み立ては乱暴で、展開は中断され、段落が頻繁に棚上げされる。彼ほどむら気な著者もいない。『1 コリント人への手紙』の第十三章のように、実に崇高な一ページでありながら、できの悪い論証、耐えがたい繰り言、うんざりする煩瑣さを添えており、このような珍現象は他の文学作品に探しても無駄というものだろう。

父親は彼を早くから将来ラビ（律法の教師）にすると決めていた。だが、慣習に従って手に職を持たせた。パウロはテント工、詳しく言うと当時キリキウムと呼ばれたキリキア産の厚い布地の職人だった。何度も彼はこの手仕事についている。世襲財産はなかった。姉妹は少なくとも一人と、甥がイエルサレムに住んでいた。兄弟一人とキリスト教を信じた他の親族がいたという形跡はあるものの、漠としており、定かなものはではない。

手紙にみなぎる才気、風貌

近代のブルジョアジーの考えからすると、立ち居振るまいの優雅さは財産と関係があるが、生い立ちから見てパウロは育ちが悪く品のない民衆の一人、という風にわれわれも想像しがちである。が、この見方はまったく見当違いである。礼儀正しく振る舞おうと思った時の彼は完璧だし、立ち居振るまいも見事である。彼の手紙を読むと、文体が不正確であるにもかかわらず高揚してくる感情に合わせて稀にみる巧みな表現を用いており、大変な才気の持ち主であることを示している。これほど細心の注意、これほど微細なニュアンス、内気、愛すべき含羞を示した書簡は他に見つけがたい。彼の冗談の一、二はわれわれを不愉快にする。だがなんと煥発なる才気。なんと滋味掬《きく》すべき言葉。なんという素質。情熱が怒りに化して荒々しくなっていない時の彼は、まさしく丁重、親切、愛情にあふれ、ときに傷つきやすく、すこし嫉妬心もまじる男の気性が感じられる。このような人物は、大衆を前にしたときは見劣りがするが、小さな教会内では人々に寄せる愛情、実務上の適性、および艱難から脱出するための巧みな手腕において絶大な利点を発揮する。

パウロの容貌は虚弱な感じで、精神の偉大さにふさわしくはなかったらしい。みにくく、背は低く、ずんぐりして、腰が曲がっていた。頑丈な肩の上に奇妙なほど小さく、はげ上がった頭が乗っている。青白い顔は豊かな髭に浸食されたようで、鷲鼻、鋭い眼光、ひたいに両方の眉毛がせまっている。喋り方にも威圧的なところはまったくなかった。臆病そうな、困ったような、不正確なところが感じられて、その雄弁も最初は貧弱な印象を与えた。

機転のきく彼は自分の外見上の欠点を強調して、逆用している。ユダヤ人は最高の美質と極端な醜さの両面を示すという特徴がある。ユダヤ人の醜さはまったく一種独自なものだ。異様な容貌も、当初は笑いをさそうが、輝きだすとなにか深い閃光と威厳を帯びるのだ。

気質、学問、教養

風貌にまけず劣らず、パウロの本質も変わっていた。彼の体質は苦労と苦渋に満ちた人生を支えたくらいだから、頑健ではあったものの健常ではなかった。たえず体が弱いことに触れ、自分を表現して、衰弱しきっている、病んで、弱々しくなったと洩らし、それに慎重で風采が上がらず、威信なく感化力がなにもない人間だ、だからそんな哀れな外観で留まっていないようお恵みを受けているとも語った。また彼は隠れた試練の神秘を「からだに突き刺さった棘」と評して、わが身を痛めつけるサタンの手代になぞらえ、思い上がることのないように神が遣わしたと述べている。この使いが彼から離れ去るよう三度彼は主に頼んだが、そのつど主はこう答えた、「わたしの恵みはお前に十分である」。明らかに、これはなにか身体障害のことだ。なぜならこれから見ても肉欲に惹かれたふしはまったくないし、彼自身も自分はそれには無関心だといっている。結婚はしなかったらしい。その気質は冷静そのものだが、これは比類ない強靭な頭脳の現れで、生涯を通じてそうだった。多少は気取りも入っているだろうが、彼は自信をもってそのことを誇りとしている。この自信はどうも、われわれを辟易させるものではある。

パウロは若くしてイエルサレムに行き、老ガマリエルの門下に入ったという。ガマリエルはイエルサレムでもっとも高い見識を備えた人物である。パリサイ人《びと》という名称は、神職の家系に属さないひとかどの純ユダヤ教徒を指し、ガマリエルはこの派の一員と目されていた。だが彼は狭い、排他的な精神の持ち主ではなかった。自由で教養があり、異教徒を理解し、ギリシャ語を解した人物である。恐らく、クリスチャンになった聖パウロが主張した度量の大きいその思想は、最初に学んだこの師の教えの影響があると思われる。ただしガマリエルから先ず学んだのは、節度ではなかったと言っておかねばならない。イエルサレムの燃えるような雰囲気の裡に、ファナティスムは先鋭化していた。パウロは、当時国民の過去への愛着をむやみに煽り立て、こり固まり、興奮したパリサイ派の若者の首魁であった。彼はイエスを識らず、ゴルゴタの凄惨な場面に巻き込まれることはなかった。だがステファノ殺害に積極的な役割を担い、教会迫害の先頭に立っていたことは知られている。殺害と脅迫に情熱を燃やし、凶暴な鬼と化し、どんな手荒なことも公認するお墨付きを手にイエルサレムを駆け回っていたのである。シナゴーグからシナゴーグへ尋ね回り、臆病な者に無理やりイエスを否認させたり、ある者を鞭打たせたり、牢獄に放り込んだ。イエルサレムの教会が四散させられた頃、その猛威は近隣の町まで及んだ。新興の宗教が広まっていることに彼は激怒し、ダマスコに信者のグループができたと聞くと、ハナンの息子で大祭司のテオフィルスにダマスコのシナゴーグ宛ての書状を書かせ、誤った信仰をもった連中を捕え縛り上げてイエルサレムに連行する権限を自分に授けさせた。

迫害する者として猛威を振るう

ティベリウス帝の死以来、ユダヤにおけるローマ権力は混乱していた。このような勝手きわまる暴行もそれで合点《がてん》がいく。当時はカリギュラという非常識な男が統治していた。行政の歯車はいたるところで調子を狂わせていた。世俗権力が失ったものを狂信者が手にしていた。ピラトの罷免とウィテリオスが土着民に譲歩した後、地方は原則としてその地の法による統治に委ねられることになった。無数の地方専制政治が、もはや気にしなくともよくなった権力の弱さにつけ込んだ。ダマスコはナバテ王のアレタス(ないしハレテ)の手中に握られたばかりで、首府はペトラだった。強力にして勇敢なこの君主はヘロデ・アンティパスを破り、ローマの属州知事ウィテリオス率いるローマ軍に抵抗していたが、幸運に恵まれた。ティベリウスの死(三七年三月十六日)の知らせが突然ウィテリオスの軍を止めたのである。アレタス王はダマスコを独り占めし、そこに代官ないし知事を置いていた。この新しい占領期にユダヤ教徒たちは、かなりの一派を形成した。彼らの多くはダマスコに住み、特に女性に大々的な勧誘を行なっていた。彼らに迎合したい勢力があった支持を得る方法はいつも、その自治に譲歩することにあり、それは宗教的暴力の容認に他ならない。自分たちと同じ考えでない者どもは罰して殺せ、これが彼らが称する独立と自由であった。

パウロはイエルサレムを出ると、通常の道をとり、〝ヤコブの娘の橋〟を渡ってヨルダン川を越えたに違いない。彼の脳細胞は興奮の極に達していた。ときおり不安に襲われたり動揺を覚えた。彼の熱情は信仰の物差しにはならない。興奮した人間は信念からとんでもない方向に外れるものだ。彼はこのような血気にはやっていただけである。剛直な精神の常として、パウロの憎しみは愛することに近い。よくよく考えるに、神慮に逆らってないと自分は胸をはって言えるか。師ガマリエルの節度ある正しい考え方がパウロの胸中をよぎったにちがいない。はやる心は何度も急反転した。彼が迫害している者たちがもっている魅力にとりつかれていた。あの善良な教派は知れば知るほど、いとおしく思える。迫害を加えている当人が、いちばんよく彼らのことを知っていた。忍従せよと弟子に教えてくれた師の温顔から視線が自分に注がれて、憐れむように穏やかにたしなめている気がした。イエスの亡霊が空中に漂い、ときおり姿を見せるという噂が流れており、彼を非常に驚かせていた。不思議な話が信じられた時代と国においては奇跡譚は反対派にも同じように強烈な印象を与えたからである。イスラム教徒はエリヤの奇跡に恐れをなし、クリスチャンと同じように聖ジョルジュと聖アントニウスに超自然のお祓いを乞うた。

回心の場所をフィールド・スタディー

イツリアを渡ってパウロはダマスコの大平原に歩を進めた。町に近づき、おそらく周囲一帯の菜園の中にもう足を踏み入れていた。正午だった。大勢の供をつれ、徒歩の旅をしていたのであろう。イエルサレムからダマスコへいたる道は、昔と少しも変わらない。ダマスコの南西方向にアバナとファルパルの豊かな小川が潤す美しい平野があり、今日では途中にダレヤ、カウカブ、ササの村が等間隔にある。これから取り上げる地点は、カウカブ（ダマスコから四時間）を出たところで、やがて人類史上もっとも重要な事件が起こった現場になるのだが、そこを特定できない。問題の地点はダマスコの町にずっと近かったとも考えられるし、実はダレヤ（ダマスコから一時間半）の近くだったのか、ダレヤとメイダンの先端との間だったと考えることも可能なのだ。パウロの行く手にはその町があり、もう木々の合間に建物がくっきり見えていたにちがいない。振り向けば堂々たるヘルモン山の丸い頂きに数条の雪が見え、老人の白髪頭のように見えた。右手には、ハウラン山と、はざまにファルパル川の下流が走っている平行した小さな山脈、それと湖の点在する所には墳丘が見えている。左手は、アンティ・レバノンの最後の支脈があり、ヘルモン山に続く。見事に開墾され、小川が随所に走り、うまそうな果物をつけた果樹園のあるこの地方を見て受ける印象は一言でいえば静寂と至福である。一筋の木陰の道が、灌漑用水路で潤された厚い黒土層を切り通し、道脇は土手が続き、オリーヴ、くるみ、アプリコット、桃の木々を通り抜けていくと、処々にたわわに実るブドウ園に出会う、このような風景を想像してもらえば、あれほど世界の信仰に大きな影響を与えた不思議な事件が起った場所をイメージしてもらえよう。ダマスコの近郊、とりわけガマラとイツリアの荒々しく焼けるような地帯を抜け出ると、自分がオリエントにほんとにいるとは信じ難い。魂を豊かに満たしてくれるもの、それは人の労力と天の恩寵を実感した嬉しさだ。遠く古代から今日にいたるまで、爽やかさと満ち足りた気分にさせてくれるダマスコ周辺のこの地帯は、ただ一つの呼び名しかあるまい、ただ一つの空想しか浮かんでこない、それは〝神のパラダイス〟である。

パウロがここで大変な幻影を見たとすれば、それは自分の心中にあったものである。ダマスコへ向かう一歩一歩、灼けつくような苦しみが胸を刺した。これから取りかかろうとしている、おぞましい死刑執行人の役目が耐えがたい。あそこに見えてきたのは、血祭りにあげる家にちがいない。そのことばかりが頭を離れず、歩みが鈍る、前に進みたくない。嫌がるのを棒でせかされているような気分だ。旅の疲れに加えて心配事が一層彼を苦しめた。目が炎症を起こしていたかもしれない、結膜炎の始まりだろうか。歩みが鈍ってきて、あと一歩の時がいちばん危ない。連日の意気阻喪が重なっていた。神経はぴりぴりしたり弛緩したりの繰り返しだ。恐らく灼熱の太陽に喘ぐ平原から果樹園の爽やかな木陰に入ったとき、熱狂的《ファナティック》な旅人の病的な体質は憔悴しきって発作を起こしたのだろう。脳充血を伴った悪性の熱が突然襲った。雷に打たれたような数分だった。発作が終わると、深い夜の闇を裂いて雷光が閃いた印象が残っていた。暗闇を背景になにかの映像が映っていた。確かなことは、恐ろしい一撃で一瞬パウロは頭が真っ白になり、転倒し気を失ったことだ。

伝えられているこの奇怪な物語から、なにか外的な出来事が原因となって、キリスト教のもっとも熱烈な使徒を生みだす重大事になったと断ずることはできない。思うに、このような場合、外面的な出来事は些事にすぎない。聖パウロの精神状態、彼が悪行に腕をふるおうとして町に近づいた時の良心の呵責こそ、回心の真の原因なのだ。パウロの心の内部に関わる、彼だけが感受した一事件という仮説を私は強く採りたい。もっとも嵐が突如おそったと考えられなくもない。ヘルモンの山腹は雷の発生源であり、その烈しさは較べるものがない。いかに沈着な者も、たて続けに落ちてくるすさまじい雷を平静にやり過ごせるものではない。想起すべきは、古代を通じてこの種の出来事は、神の啓示とされたこと、古代人にとって神慮とあればときは決して偶発でないこと、一人一人、誰もが周辺に起こった自然現象をわが身に関連づけるのが常であったこと、である。とりわけユダヤ人にとって雷鳴はつねに天の声、稲妻は神の火であった。パウロは極度の興奮に襲われた。自分の心にもともとあったものを、彼が雷の声に言寄《ことよ》せたのも自然である。太陽の仕業か、結膜炎のためか、激しい錯乱が不意に彼を襲ったものか、稲妻の一閃に長いあいだ立ちくらんでいたのか、雷に打ち倒され脳震盪を起こし、一時は視神経が冒されたものか、それらはさして問題ではない。この一件に関する使徒パウロの回想は混乱していたようである。彼はこの事件が超自然であったと確信しており、物理的な事情によるという考えが入り込む余地はまったくなかった。このような脳震盪は過去に遡る影響とでもいうものをもたらすことがあり、発症に先立つ数刻の記憶を完全に狂わせる。その上、パウロが幻想に陥りやすいということは、自ら語っている。他の者から見れば取るに足らないと見える事情も、彼を呆然自失させるに十分だったに違いない。

パウロの回心

〃ネッソスの上着〃

すべての感覚が麻痺状態におちいっている間、彼は何を見、何を聞いたか？　数日来、心中につきまとっていた人物を見た。さまざまな噂が飛び交っていた亡霊を目にしたのである。イエスその人が「サウロよ、サウロよ、お前はなぜ私を迫害するのか」とヘブライ語で彼に言うのが聞えた。激しい気質の者は、一本気のため正反対の方向に動く。覚めた人にはないもの、すなわちその後の人生を決定する崇高な瞬間が彼らにはある。覚めた人間は見かけは変わらないが本質的に変わる。逆に熱狂的な人間は表面的に変わっても、本質は変わらない。この者たちにとって独断的《ドグマティスム》な考え方というものは、〃ネッソスの上着〃（血塗られた死の贈り物）と同じで、それを脱ぎ捨てることはできない。彼らは愛したり、憎んだりする機縁を必要とする。わが西欧民族だけは、どんな束の間の幻想にも動じず、どんな空しい主張にも誘われることなく、広く、繊細、強靱で柔軟な精神を育むことができた。オリエントにはこの種の人物は現われなかった。数秒間パウロは深い感慨に締めつけられる。わが行いのおぞましさのほどを強烈に覚えた。ステファノの返り血を浴びているわが姿が見えた。さてはかの殉教者ステファノは、わが父、わが先覚者だったのか。とことん思い知らされ、打ちひしがれた。が、つまるところは狂信《ファナティスム》が形を変えたに過ぎない。誠実さ、完全な信仰への渇仰において彼は妥協を許さない。迫害の時に示したのと同様の、火を吐く熱情を今度はイエスのために発揮するだろうことは明白だった。

目から鱗が落ちた

パウロは連れの者たちの手に支えられてダマスコの町に入った。一行は〝直線通り〟に住んでいたユダ某の家にパウロを横たえた。町の列柱の大通りは長さ千フィート、幅百フィートで東から西に貫いていた。多少の変更があるものの、今日でもこの道筋はダマスコの幹線道路となっている。激しいめまいと脳充血はまだおさまっていなかった。パウロは熱にうなされ、飲みも食べもしていない。発作の間、強い震盪のために狂わんばかりの、割れるような頭をよぎったものは何だったか、容易に見当がつく。傍で誰かが、ダマスコのキリスト教徒、とりわけ共同体の頭であるらしいアナニヤ某について喋っていた。パウロは、新興の信者たちが病人を癒す不思議な力をもっていると褒めそやされているのを何度も耳にしていた。按手が彼を現状から救い出すだろうという思いが彼の心をとらえた。彼の眼はずっとぎらぎらしていた。脳裏に次々浮かぶ光景に、アナニヤがやってきて、クリスチャンがよくやる仕種を彼に行なうのがたしかに見えた。この時彼はアナニヤによって癒してもらえるだろうと確信する。アナニヤは老練だった。彼は入ってきて、静かに病人に話しかけ、兄弟と呼びかけ彼に手を置いた。この時からパウロの心に安らぎが戻った。癒されたと信じた。特に神経からきた病いだから、そうなったわけだ。小さなかさぶたか、鱗《うろこ》が目から落ちたという。彼は食事をとり、元気を取り戻した。

ほとんどその場で彼は洗礼を受けた。キリスト教会の教義は、いとも簡単なもので新たに学ぶほどのものは何もなかった。彼は即座にクリスチャン、完璧なクリスチャンになる。ところで誰かから教えを受けねばならなかったのだろうか。イエスその人がパウロに現れていた。彼はヤコブともペテロとも同じく復活したイエスの幻影を見た。このじきじきの啓示によって、彼はなにごとも習得したとする。パウロの気位の高さと一徹な性格がここにも現れている。路上で打ちのめされた彼は確かに跪こうと思った、が、それはただイエスだけに、すなわち彼を回心させ教化するため、父なる神の右の席を立って下さったイエスだけに服従しようと思ったのである。彼の信仰の基礎はそこにあり、いずれ彼の主張はここを出発点に据えるだろう。そして次のように主張することになろう、すでに彼よりも前に使徒となっていた者たちと交わりを結ぶため、回心の後直ちにイエルサレムに赴かなかったのは故意にそうしたのである、自分は特別の啓示を受け、誰の感化も受けず、神の思し召しとイエスの直命により十二使徒のような使徒になったのである、たとえ天使が反対のことを言おうとパウロの教義は正しい、と。それまでキリスト教を形作っていた心貧しい者たちのささやかな社会の内部に、途方もない危険がこの高慢な人物とともに闖入してきた。彼の荒々しさと頑固な個性が、教会全体を鳴動させなかったとしたらそれこそ奇跡と言わねばならぬ。だがその果敢さ、主導力、決断はイエルサレムの聖者たちの狭量、弱気、優柔不断な心とは別の貴重な要素となっていった。

"プロテスタント" のパウロ！

確かに、もしキリスト教が共同生活を送る夢想家の小グループに閉じこもっている善良な者たちの掌中にとどまっていたなら、エッセネ派と同じように、ほとんど思い出されることもないまま消えていただろう。御《ぎょ》し難いパウロだからこそ自分の地位を築き、艱難をものともせず、果敢に教えをはるか外洋に運んだのである。従順な信徒たちが上位の者から黙って信仰を押しいただいている一方で、いかなる権威による束縛も受けず、己が確信のみに立って信仰するキリスト教徒が現われてくるだろう。イエスの死後五年にして、すでにプロテスタンティスムは存在したのである。聖パウロは、栄えあるその元祖なのだ。イエスはこんな弟子たちが出てこようとは予想しなかったに違いない。イエスの業《わざ》を生かし、その永遠性を確たるものにするため最も貢献したのは、おそらくこの者たちなのである。

他の者を改宗させようと燃える性格は、その情熱の対象を変えただけだ。旧い信仰に抱いたと同様の激しい情熱を新しい信仰に燃やして、オマル（二代目のカリフ、イスラムのパウロと呼ばれる）のように、パウロはたった一日で迫害者から使徒へと役柄を変えた。十二使徒が控えていて、微妙な立場に追いやられかねないイエルサレムに彼は戻らなかった。ダマスコとハウランにとどまって三年の間（三八年―四一年）、この地でイエスが神の子であると説いた。ヘロデ・アグリッパ一世はハウランと近隣諸国の統治権を持っていたが、その権力はいろいろな面でナバテ王ハレテにより無力化される。シリアにおけるローマ権力の衰退は、豊かな大都市のダマスコと当時文明に目覚めたヨルダン川とヘルモン山の彼方にある地方の一部とを野心的なアラブ人に委ねてしまった。多分ハレテの親族か補佐役だったいま一人の首長《エミール》、ソヘイムは、カリギュラ帝にイトラヤの封土を割譲させた。当時はアラブ民族が大覚醒の真っ只中にあり、精力的な一民族が目ざましい活動を展開していた不思議なこの土地に、パウロは使徒魂の火を最初につけて回ったのである。だが国を変容させる、華々しい現実の運動が起こっている地は、近く迫った世の終りという信仰に基づいた、完全な理想主義の教えを成功させるには、おそらく不向きだったと思われる。事実、パウロが基礎を据えたアラビアの教会があったという形跡はまったくない。もし七〇年頃に、ハウランの地域がキリスト教の最も重要な中心地になるとしても、それはパレスチナのキリスト教徒の亡命によるもので、彼らはこの地に本拠をかまえた聖パウロの敵手たるエビオン派であった。

ダマスコにはユダヤ人が多数住んでおり、ここでのパウロは傾聴された。彼はシナゴーグを訪れてイエスがキリストであることを強力に論証することに精を出した。キリスト教の信徒たちは驚いて腰を抜かしてしまった。イエルサレムにいた自分たちの兄弟を迫害し、鎖で繋ぎにやってきていた張本人が、なんと護教論者《アポロジスト》の先頭に立っているとは。確かにパウロの大胆さと特異性には皆を怯《おび》えさせるものがあった。彼は孤高の人で誰からも助言を求めない、一派をなすこともなかった。皆は共感するよりはむしろ好奇の眼差しを彼に向けた。兄弟にはちがいないが、とびっきり風変わりな兄弟であった。まさか彼が裏切るとは思われなかったが、根が善良で平凡な者は、豪腕で癖のある人物の傍にいると、疑わしさや恐ろしさが先にたって、いつか彼から逃げださねばと思うものだ。

訳者あとがき

福音のメッセージが海へ山へ、波も嵐も乗り越えていった足跡を辿ってみよう。わたしはこの双ぶものなき叙事詩を早く読者に語りたい。福音の種を蒔いていったアジアとヨーロッパへ無限に延びるルートを、パウロ、バルナバ、ヨハネ・マルコがさまざまな目にあいながら乗り越えていった荒い波路を早く描いてみたい。キリスト教の一大オディッセーが始まろうとしていた。すでに伝道の船の帆は張られた。さあ早くイエスの言葉を運ぼうと風が吹いている。

ルナンは『使徒』の執筆においてはそれほど意気込みに燃えていなかったが、この桁外れな『聖パウロ』の巻でふたたび燃え上がった。すでに前巻の棹尾において上記のようなPRを行ない、読者に語りたくてうずうずしている様子である。ここでは堅実な史的根拠に軸足を移し、第一級の史料としてパウロ直筆の手紙と『行伝』に主として拠っている。

福音のオディッセーが発散していた華やかさ、若さにはなにか斬新でオリジナルな人をひきつけるものがあった。キリスト教精神の初の飛躍《エラン》の表出である『行伝』は、喜びと秘めた熱意の書である。ホメロスの詩以降、これほどみずみずしい感覚に溢れた書物はなかった。この書のどこを読んでも、アレグロに、またフォルテに胸にひびくものが、朝の微風と磯の香りが吹きわたっているから、旅のこよなき伴侶となり、また南部の浜辺に古代の遺跡を辿る者にはすばらしい座右の書ともなっている。これはキリスト教詩集の第二部なのだ。ティベリア湖と海士《あま》の小舟が第一部だった。（第一章）

延べ二万キロ、十年におよぶパウロの波瀾の旅を追って年代順に、また地誌的に克明に執筆していくにあたって、ルナンは第二回目のフィールド・ワークのため四〇日間の旅に出た（彼には冒険家、登山家の面もあり、晩年は〝日々旅にして旅をすみかとす〟といった趣きがあった）。当時の陸上交通は産業革命以前だからパウロの時代とそれほど変わっておらず、歩くかラバを利用してのたいへんな難路であった。読者はいわば二千年前のパウロの足跡を辿ってオリエントとギリシャへ長途の行脚に出る、それも世界的大学者と道連れである。ルナン先生の記憶の中に聖典《カノン》はすべて整然とおさまっているし、ときおり語ってくれる独自の世界観や現時代に引き寄せた解説、どうしようもなくもっている偏見まで率直な声を聞きながらの同行二人、ときおり立ち止まって先生が筆を走らせる景色のスケッチは詩情ゆたかである。このガイドのおかげで、はじめて氷解したことは数知れない。現在のわが国のパウロの「入門書」が全体像を描きえないままパウロの書簡を恭しく〝古筆切れ〟

のように添えてくれるのはいいとして、この日本語の文言そのものがぴんとこない。そこのところをルナンはこう解きあかしてくれる、「パウロは頭の中ではヘブライ語で、ヘブライ的思考法を進めながら、まったく異種のギリシャ語で口述している、だからまず分かりにくい。また一気呵成に書き流す性格、ギリシャ語の構文《シンタックス》のみならず、人間の言語ロジックをも無視しているからすっきりしない筈だよ」。ギリシャ語、セム語等の碩学ならではの説明である。

コレージュ・ド・フランスでヴァレリーの教授席を引き継いだJ・ポミエの自叙伝に次のようなくだりを見つけた。『パウロ』が刊行されてから五〇年近く経った一九一六年の挿話である。

第一次世界大戦が勃発した当時、（当時二十一歳の）私はルナンについては『思い出』（岩波文庫に訳）だけしか読んでいなかった。私が入隊した部隊がマケドニアに駐屯したとき、外出許可をもらってサロニカによく出かけた。ある日リベルテ通りで本屋の前を通りかかると、黄色い表紙の八つ折の本が店先から見えた。それはカルマン・レヴィ社が編んだルナンの著作集だった。そこに立ち寄る毎に二、三冊を買っては、持ち帰った。……ギリシャの〝神々の見ているところ〟で『イエスの生涯』を読んだわけだ。（パレスチナの）タボル山を想像する私の目の前には、いまなおジュピターが住むという雪を頂くオリンポス山が聳えていた。この神はこんなに近くにお住いになっていたから、彼を征服したイエスに興味をもつ私に自尊心を傷つけられなかったろうか。お詫びのしるしに私はアレクサンドラン型の詩を三〇ほどつくった。もうほとんど記憶にないが、かなり散文的な一節だけはまだ覚えている、「間違いのもとはわれをここに連れきし軍神マルスにあり」……とりわけ『聖パウロ』に私はひきつけられた。オリンポス山を仰ぎ見つつ、今でも覚えているが、あの文章を繰り返し朗誦した、「テサロニケに追われたキケロはかの白い頂を眺めた……パウロには多民族を魅するこの名所は一顧だに価いしなかったことは疑いない」。ある日のかわたれどき、ついに彼がこのあたりにやって来た。山道に山羊の革をまとった一人の羊飼いを見たとき、私は使徒パウロと錯覚して叫んだ、「何処にいきたもうや《クオ・ヴァディス》、パウロ様《ポール》」……この時から第二のわが人生が始まった。生の飛躍《エラン・ヴィタル》だった」「……もし人工衛星の中で快適に読書することができるなら、何の本を持っていくだろうか。おそらくルナンだ。私の頭のなかはその語句が、鳴っていた。そこから逃げることができなかった」。（『心象風景』一九七〇）

「神の死」を宣したニーチェは、ルナンに対して下品な悪態を随所に限りなく吐いているのは当然ながら、やはり鋭い。たとえばこうである。

「フランスにおいてキリスト教の理想は、北方の蒼ざめた太陽がゆるすかぎり開花した。われわれの趣味にとっては、これら近代の懐疑家たちですらも、彼らの血統のなかにケルト族の血の何ほどかが流れているためでもあろうが、なんと敬虔に見えることであろう！……彼の美しい文章を口ずさんでみるがよい。――するとそれに応じて、たちどころに何という悪意と不遜の念が、美しさでは劣り、片意地なことでは優るらしいわれわれの魂、つまりドイツ的な魂のなかに、わきおこってくることであろう！」（『善悪の彼岸』信太正三訳）

ブルターニュで育ち、ブルターニュ語で喋ることもしたルナンが愛したケルト文化にまつわって、ある研究家はいう、「ルナンは〝原罪〟というものを決して信じなかったという印象を私はもっております。『ケルト民族の詩歌』の中で彼はペラギウスを称賛しました。一八八四年の講演では、「われわれケルトの民族はペラギウスの真の子孫であります」とあり、この偉大なケルトの思想家への言及は重大です」（J・バルクー『ルナン――ケルトの合理主義者』一九九七）。ペラギウスとはアダムの罪はアダムのみが負うとした五世紀のケルト人修道士である。

さて布教の旅を進め、ギリシャのアテネの町に入ったパウロがアクロポリスに上ったところ、パウロを指してルナンは言う、「この〝みにくいユダヤの小男〟！」迅雷耳《じんらい》を掩《おお》うにいとまあらず、つづけて「真実の美の女神よ」と呼びかけ、「このパウロは殿堂の庭をひとわたり見て歩いたあげく、あなたを理解することができず、碑銘をすっかりでたらめな読み方で読みました……小男のユダヤ人はあなたの祭壇を運び去りました。千年のあいだ、人々はあなたを偶像として扱ったのです。おお、真理よ、千年のあいだ、世界は一茎一花の芽ぐむことなき砂漠だったのです」（『アクロポリス丘上の祈り』）。ルナンにとって、ギリシャ彫刻の美に無感動な者は〝みにくい〟〝不快だ〟〝うてし〟なのだろう。もしパウロを一切の価値の精髄と見なして跪拝するあまり、その世界だけに人々が染まっていたら、ボッティチェリの「春」も、モジリアーニの裸婦のタブローもなかっただろうし、ことによったら〝美男におわす大仏〟も破壊されたかもしれない。ただしこれは「パウロを美の秩序から引き剥がすための強引な作業」（L・レタ）と評する向きもある。

次のように断言もしている、「パウロは誇り高く、容赦せず、居丈高である、自分が絶対正しいと固執する、いろいろな人と仲違いする。このような人物は聖者でもない！」。ともかくルナンの人物評価は多元的《マルティディメンジョナル》なのである。だから一方では美しい賛辞と高い評価が捧げられる。

まことの預言者の霊気にさそわれて、パウロはいましがた口にした錯謬《さくびゅう》をまじえた思想を一気にとび越えて、賛嘆すべき一ページを筆にした。これぞ全キリスト教文学を通じてならぶものなき唯一の短章、イエスの訓話に肩を並べるページである。

〝たとえ、わたしが人々の異言、天使たちの異言を語ろうとも、愛がなければ、わたしはさわがしい銅鑼《どら》、やかましいシンバル。たとえ、預言する賜物を持ち、あらゆる神秘とあらゆる知識に通じていようとも、たとえ山を動かすほどの完全な信仰をもっていようとも、愛がなければ、無に等しい〟

あるいは、

もしキリスト教が共同生活を送る夢想家の小グループに閉じこもった善良な者たちの掌中にとどまっていたら、ほとんど思い出されないまま消えていただろう。御《ぎょ》しがたいパウロだからこそ、その繁栄をもたらし、艱難なにするものぞ、果敢に教えを外洋に運んだのである。

本書が深く訴えかけてくる理由は、「パウロに対してルナンが公平でも純粋の愛からでも、心底からの憎悪からでもなく、尊敬と不信、称賛と非難を交錯しつつ書いたものだからなのであって、このことが史的人物像を精彩あらしめている」とR・シャドブルヌは評している。以下にこのルナン学者による丹念な要約をすこし拾ってみよう。

「ルナンの人物評価が最もきびしくなるのは、イエスに照らして見たときである。キリスト教における業績をテストする際にルナンが用いる簡単な尺度は、それがどれほどイエスの成分を含んでいるか、である」「……教会はイエスから出てきたものであるが、イエスの実像を曲げた。だが、完全にイエスと切れたことはなく、常に連続は維持していた。弟子たちの誤り、錯誤、卑小さの中でイエスの精神の光はたとえ微かであっても、輝いていた。」――「〝教会はイエスによって作りだされた後、イエスを作ったのである。〟そしてこの創造のプロセスは、まさに〝人類の内臓〟から発した〝ひそかな合奏〟であった。」

更に大きく見ると

「ルナンは歴史が目的を持って進んでいると確信していた。ただし〝歴史のカーペットを織っている職人たちには織物の裏側しか見えないから出来上がりがどんなパターンになるのかよく分からない〟」――「宇宙の中心的な役割は人類が担うというヘーゲルの考えは誤りであるとルナンは指摘した。〝人類の歴史はこの湿った地表を覆っている地衣類ほどにも重要でないのかもしれない。だがわれわれが知るかぎり人類だけが宇宙の良心を創っている、この一点においてわれわれは優位を保たねばならない〟」

一方、キリスト教起源史の華々しい舞台に登場することのない、大洋の底の地味な信仰に生きた人たちにルナンは思いを馳せることを忘れていない。

……みんなニンニクの臭いがした。このローマの聖職者の先祖たちは貧しいプロレタリアで、汚く、差別なく、気取らず、悪臭のするボロ服をまとい、吐く臭い息からひどい物を食っていることがわかる。彼らの小部屋はボロ着と狭い部屋に集まった人々が発散する貧乏の匂いが充満していた。ほどなく人数が増えすぎて、声高に話すことができなくなり、スラム街《ゲットー》にいって福音を説くことになった。ポントス州出身のユダヤ人でパウロと同じテント職についていたアキラと、その妻プリスキラという敬虔な夫妻がいた。彼らはコリントに難を避け、この地でパウロの親密な友、熱心な協力者となった。こういうわけで彼らはローマ教会の知る一番古いメンバーの二人である。が、彼らはほとんどまったく、思い出の手掛かりを残していない！……われわれは西方キリスト教発祥の真の起点を、聖ペテロに捧げられた大伽藍にではなく、ポルタ・ポルテーゼ即ちこの旧いゲットーにこそ見る。探し出して、くちづけすべきは普遍宗教をたずえきた流浪の貧しいユダヤ人たちの足跡であり、身は貧窮のうちにあって神の国を夢見ていた苦難の者たちが残した古跡なのだ。……ポントスの善良な二人のユダヤ人のために、ささやかなチャペルを建立した方がどれほどましだろう！

＊　　＊

Ⅰ　今日の困難な出版事情のため、「キリスト教の起源史」の第一部『イエスの生涯』訳出に次いで、傑作との名声の高い第三部『聖パウロ』の公刊が第二部をとばして先になった。また原著にある膨大な脚注を収録すれば、別冊を用意しなければならないほどの量があり、すべて省略した、ご了解を乞う。なお序文中に資料考証について詳述があるが、専門分野にわたるので割愛した。

Ⅱ　パウロの死の事情については、歴史はほとんど何も語ってくれないし、後六四年頃と見られたこともあって、いわば〝句またがり〟の形で、次巻『反キリスト』に一章を設けたルナンは、ここで次のように弔砲を参らせて筆を擱《お》いた。

パウロが難破し、見捨てられ、身内に裏切られ、老いの失望のうちに懐疑的になって果てるところを、われわれは空想したいのである。二度目のうろこが彼の目から落ちるよう、われわれは願っているのだ。又もし極端に独断的なこの人物が、スペインへの途上どこかの海辺で、うら悲しく絶望して（悟ってと言おうか）死んだのなら、われわれの内にある微かな不信感が、快哉《かいさい》をひそかに叫ぶだろう。

あまりにもどぎつい、この言葉の真意についてフランスの評論家の見解はまちまちである。ちなみに現今、酒浸りの生活を悔い改めて「回心（reborn）」し、キリスト教右派に支持されたブッシュ大統領が、むやみに神の理念を振りかざしてイラクに攻め込んでいる。彼はパウロ的福音主義の鬼子とルナンは言っているのではなかろうか。私にはそんな風に聞こえた。

Ⅲ　テキスト中の固有名詞（とくに地名は現在のものと変わってしまっていることもあって）に調べがつかないものが多くあった。その場合、参照に Ingersoll Lockwood "Saint Paul" 1869 Michel Levy Frères. Paris を用いた。

Ⅳ　原書は *Histoire des Origines du Christianisme, vol. 3, "Saint Paul"* (Edition établie par Laudyce Rétat), Laffont 1995 を用いた。副題の『伝道のオディッセー』は、パウロの長い旅路の生涯をキリスト教の一大オディッセー（La grande odysée chrétienne）とルナンが評しているので、ここから引いた。

Ⅴ　ルナンが四十歳の時から還暦になるまで書き進めて完成した『起源史』（全七巻）である。ところがわが国の内村鑑三は「起句」の部分だけ読んで論評をした。夏目漱石は英語版で全巻を通読し、それぞれについての感想をメモに残した。本書は「承句」に相当しよう。

Ⅵ　本書中に適宜挿入した挿絵は、M. Marillier（1740-1808）のデッサンを版画にしたもので、次の書物、LA SAINTE BIBLE traduite du François par M. Le Maistre de Saci ornée de 300 figures gravées d'après les dessins de M. Marillier, Paris, MDCCLXXXIX (1789) に拠った。

＊　　＊

どの良心的な日本の出版社も公刊をしり込みするといういきさつがあった。たとえばこう言って。「……かつてはこうしたレベルの本を出せる幸せな時代がありました。けれども現在の読者の数を考えますと、どうしても無理があります」。だから人文書院には深い感謝の意を表したい。

校正のなたを振るっていただいた福岡映子さん、仏文のニュアンスを教示してもらったマリヴォ

ンヌ・ナジェルさんにここでお礼を申しあげる。また貴重な資料利用の便宜をはかってくださった
ローマ自由大学のピノ・マラス教授、神戸大学の石原享一教授にお礼を申し上げます。

忽那錦吾

（訳者略歴）
忽那錦吾（くつな・きんご）
一九三二年生。神戸大学経営学部中退。仏国郵船会社（Cie des Messageries Maritimes）、川崎重工勤務を経て（株）日仏技術と画商を自営。
訳書に『フランスを創った人々』（ラジオ・フランス）、『大乗と小乗の世界』（永井財団）を編集、『船荷証券論』（P・ウェルディエ著、陽報出版）『イエスの生涯』（E・ルナン著、人文書院）など。

パウロ――伝道のオディッセー
二〇〇四年 三 月二〇日 初版第一刷印刷
二〇〇四年 三 月二五日 初版第一刷発行
著 者 エルネスト・ルナン
訳 者 忽那錦吾
発行者 渡辺睦久
発行所 人文書院
〒六一二-八四四七 京都市伏見区竹田西内畑町九
電話〇七五（六〇三）一三四四 振替〇一〇〇〇・八・一一〇三
印刷 内外印刷株式会社
製本 坂井製本所

ISBN4-409-42022-4 C0016

http://www.jimbunshoin.co.jp/